La Réunion

Jan Specht

interconnections

©Comité du Tourisme de la Réunion

Küste in Étang-Salé

www.la-reunion.de
Alles Wissenswerte zu Ihrem Urlaub

Der Verlag sucht weitere zum Programm passende Manuskripte

Impressum

Reihe Preiswert, Band 14
Jan Specht
Fotos: Jan Specht

La Réunion
2002, 2001, 2000
es gilt letzgenannte Jahreszahl
Umschlag, Layout und Satz: Sascha A. Koob

copyright: Verlag interconnections, Schillerstraße 44, 79102 Freiburg
Tel.: 07 61/700 650; Fax: 07 61/700 688
www.interconnections.de
interconnections@t-online.de

ISBN 3-86040-070-3

Inhalt

Inhalt

Wanderungen

Praktische Hinweise

Register

Vielen Dank...

Mme & M. Jibane
Christoph & Nath Beylot
Pierre Saliba
Comité du Tourisme de la Réunion (CTR)
Le Cri du Margouillat
Katharina Rickert
Claudia Mith
Andreas Joest

und allen anderen, die an der Entstehung dieses Reiseführers mitgewirkt und durch ihre tatkräftige Unterstützung dazu beigetragen haben, daß er (hoffentlich) nützliche und aktuelle Informationen liefert und seinen Lesern Freude bereitet.

...und eine herzliche Bitte

Der Gebrauchswert eines Reiseführers hängt von der Aktualität seiner Angaben ab. Der wachsende Fremdenverkehr der Insel Réunion bringt einen stetigen Wandel des Angebots an Unterkünften, Restaurants, etc. mit sich, so daß es vorkommen kann, daß angegebene Adressen schon kurz nach der Recherche nicht mehr aktuell sind. Wir würden uns sehr freuen, wenn Sie uns auf solche Mängel aufmerksam machen. Informationen über Adressänderungen oder Fehler sind für Folgeauflagen ebenso kostbar, wie erwähnenswerte Neuerungen. Für alle verwendeten Hinweise bedanken wir uns mit einem Buch aus dem Verlagsprogramm.

Warum gerade Réunion?

Eine häufig gestellte Frage, da nur wenige Europäer den kleinen französischen Flekken inmitten des Indischen Ozeans kennen. Dabei ist diese Frage durchaus berechtigt, wie sich zeigt, sobald klar wird, daß es sich bei Réunion um die Nachbarinsel des bekannteren Mauritius handelt: Sonne, Strand und gute Laune sind die Traumbilder, die mit einem tropischen Eiland verbunden werden. Doch kann Réunion diese Erwartungen überhaupt erfüllen? Kommt die Insel der Vorstellung eines kleinen Paradieses ohne Sorgen und Nöte nahe?

Unvorbereitet wird man ihr wahrscheinlich mit einer Mischung aus Faszination und Enttäuschung begegnen. Weiße Sandstrände und blaue Lagunen finden sich ausschließlich im Westen; der gesamte Rest der Küste ist zum Baden ungeeignet. Von einer idyllischen Trauminsel, auf der überall exotische Früchte von den Bäumen fallen, wohlschmeckende Fische in jedem Hafen für ein Trinkgeld zu haben sind und schützende Palmen als Nachtlager ausreichen, kann keine Rede sein. Auch wer auf Réunion einen günstigen Pauschalurlaub mit überwiegendem Strandaufenthalt verbringen möchte, findet für diesen Zweck sicher idealere und vor allem preiswertere Ziele. Aber was macht dann für Besucher den Reiz der Maskareneninsel aus?

Die unvergleichliche Bergwelt, die Höhen von über 3000 m erreicht, oder das harmonische Zusammenleben verschiedener Kulturen und Glaubensrichtungen? Sind es die beeindruckenden Bergkessel, von denen einer nur zu Fuß, bzw. mit dem Hubschrauber zugänglich ist oder vielleicht der immer noch aktive, für Leib und Leben aber ungefährliche Vulkan?

Der Grund, warum Réunion aufgeschlossenen Besuchern einen unvergeßlichen Aufenthalt bescheren kann, liegt wohl in der einzigartigen Vielfalt der Insel. Aktivurlauber kommen bei dem gewaltigen Angebot sportlicher Aktivitäten ebenso auf ihre Kosten, wie erholungsuchende Familien. Spektakuläre Landschaften lassen das Herz jedes Fotografen höher schlagen und der kulinarische Reichtum befriedigt auch den anspruchsvollen Gaumen. Réunion ist ein hervorragender Ausgangspunkt für Reisen in andere Länder des Indischen Ozeans. Als französisches Überseedepartement und somit Teil der Europäischen Union werden viele Einreise- und Aufenthaltsformalitäten erleichtert. Tropische Krankheiten gibt es hier ebensowenig wie gefährliche Tiere; Sicherheitsstandard und Infrastruktur stehen in vielen Bereichen dem europäischen Niveau in nichts nach.

Ob Réunion alle Erwartungen erfüllen kann, weiß ich nicht, aber ich hoffe, daß Sie die Insel und ihre Bewohner ebenso ins Herz schließen werden, wie ich es getan habe.

Jan Specht

Allgemeine Informationen

Geographische Lage

Gelegen im Indischen Ozean (55°29' östliche Länge, 21°05' südliche Breite), bildet Réunion zusammen mit Mauritius und Rodrigues die Inselgruppe der Maskarenen.

Zeitverschiebung

Von 31. März bis 25. Oktober +3h
Von 26. Oktober bis 30. März +2h

Nachbarstaaten und Entfernungen

Mauritius (ca. 250 km), Madagaskar (ca. 800 km), Seychellen (ca. 1800 km), Südafrika (ca. 2800 km).
Die Entfernung nach Europa beträgt etwa 10 000 km.

Ausdehnung

Die nach Nordwesten orientierte, elliptische Form (70 km Länge, 50 km Breite) umfaßt eine Fläche von 2 507 km². Höchster Berg ist der *Piton des Neiges* mit zirka 3 070 m.

Status

Französisches Überseedepartement/DOM

Hauptstadt

Saint-Denis (220 000 Einwohner)

Einwohnerzahl

675 000 (1997), davon 260 000 jünger als 20 Jahre

Blick über die Westküste

Bevölkerungsgruppen

Kreolen, Schwarzafrikaner, Europäer, Madegassen, Komorianer, Inder, und Chinesen

Religionen

Christentum, Hinduismus, Islam und Buddhismus

Sprachen

Französisch und Kreolisch

Tourismus

1998 zählte die Insel Réunion 382 000 Besucher, wovon 85-90% aus Frankreich kamen.

Die Geburt der Maskarenen

Etwa 8 Millionen Jahre ist es her, daß beinahe 3 000 km vom afrikanischen Festland entfernt eine neue Inselgruppe aus dem Ozean emporstieg. Durch gewaltige Vulkanausbrüche und die langsame Anhäufung erkalteten Magmas bahnte sich zunächst Mauritius, die älteste »Schwester« der heutigen Maskarenen, ihren Weg aus der 4 000 m tiefen See.

5 Millionen Jahre später, das Relief Mauritius' ähnelte mittlerweile dem auf Réunion heute, wiederholte sich ca. 250 km westlich dasselbe Phänomen. Eine weitere Insel entstand und wuchs in mehreren Ausbruchsphasen bis auf 4 000 Meter Höhe aus dem Meer heraus. La Réunion war geboren.

Das letzte Mitglied der Maskarenen, die nur 104 km^2 umfassende Insel Rodrigues, brauchte eine weitere Million Jahre um 650 km östlich von Mauritius die Wasseroberfläche zu durchstoßen.

Die Entstehung Réunions

Mögen sich die Zeiträume, in denen die Inselgruppe der Maskarenen entstand, auch noch so groß anhören, verglichen mit der Entstehungsgeschichte der Erde und ihrer Kontinente entsprechen sie einem flüchtigen Moment.

Die geologische Jugend Réunions läßt sich

auch heute noch am Relief der Insel able-
sen. Als vor etwa 500 000 Jahren die Aktivitäten des *Piton des Neiges* allmählich lei-
ser wurden, entstand am südlichen Rand
der Insel ein weiterer Vulkan, der *Piton de
la Fournaise.*

Die fortwährenden Ausbrüche und die danach immer wieder auftretenden Zusam-
menstürze sorgten in den folgenden Jahr-
tausenden für die Ausbildung der einzigartigen Struktur Réunions.

Während der ursprüngliche Vulkan vor
etwa 20 000 Jahren erlosch, ist der *Piton
de la Fournaise* bis heute aktiv geblieben,
und so wird die Insel auch weiterhin ihr
Gesicht verändern, wie etwa durch den Lavastrom vom März '86, der ihre Fläche
um beinahe 25 Hektar ausweitete.

Struktur der Insel

Die ovale Form Réunions entstand durch
das Zusammenspiel der beiden Vulkane.
Der Süden wird vom aktiven *Piton de la
Fournaise* (2 631 m) dominiert, während
sich im nördlichen Zentrum der Insel die
sogenannten *Cirques* um den 3 069 m hohen *Piton de Neiges* auftürmen.

Geteilt werden die beiden Massive durch
eine Hochebene, die an der südwestli-
chen Küste (Saint-Louis) beginnt und sich
quer über die Insel bis in den Osten
(Saint-Benoît) zieht.

Cirque de Mafate, Cirque de Cilaos und
Cirque de Salazie werden die drei Bergkessel genannt, die sich rund um den hohen Gipfel des *Piton des Neiges* reihen. Entstanden sind sie durch Absenkungen infolge von Vulkanausbrüchen. Die leeren Mag-
makammern, die nach dem Austreten der
flüssigen Lava übrigblieben, brachen meist
nach kurzer Zeit ein, und so entstanden
Bergkessel, die wie riesige Krater mit un-
bezwingbaren Steilwänden anmuten.

Für das zerklüftete Relief innerhalb dieser
Cirques sind vor allem starke Regenfälle,
deren Wassermassen auf ihrem Weg zur
Küste über Jahrtausende hinweg Schluchten in den Fels gegraben haben, verantwortlich. Lange Zeit bildeten diese trich-
terförmig zulaufenden *Ravines* die einzige Zugangsmöglichkeit zu den Bergkesseln. Als vierter *Cirque* ist noch der *Forêt
de Bélouve* zu nennen, der aufgrund unterirdischer Wasserläufe nicht so stark ausgeschwemmt wurde wie seine drei »größeren Brüder«.

Bedingt durch die Jugend Réunions bildet die Küste nur einen schlanken Strei-
fen, der nach wenigen Kilometern steil an-
steigt, bis er schließlich als Felsmassiv in
den Wolken verschwindet. In einigen Millionen Jahren werden sich, ähnlich wie auf
Mauritius, die Gebirge immer weiter ab-
senken und an der Küste Lagunen entstehen. Bis dahin wird sich der Fremdenverkehr mit den schmalen Korallenriffen auf
der westlichen Seite Réunions zufrieden-
geben müssen.

Im Cirque de Mafate zieht Nebel auf

La Réunion, ein Planet für sich

Welches Klima herrscht auf Réunion vor? Eine Frage, auf die man so einfach keine Antwort geben kann, denn die Insel ist eben nicht nur ein 70 km langer und 50 km breiter Fleck im Indischen Ozean. Betrachtet man all' ihre Klimazonen, könnte man eher annehmen, von einem eigenständigen Planeten zu sprechen.

Über 200 Mikroklimata und die entsprechenden Vegetationsstufen findet man auf Réunion. Tatsächlich ist es möglich, an einem Tag durch solch unterschiedliche Landschaften zu wandern, daß man glaubt, eine lange Reise getan zu haben. Trockenheit und Regenfälle, Hitze und Kälte liegen oft nur wenige Kilometer voneinander entfernt.

Erklären läßt sich dieses Phänomen durch das einzigartige Relief der Insel. Im südlichen Teil des Indischen Ozeans herrschen fast das ganze Jahr über aus Südosten kommende Passatwinde vor, so daß sich die Insel in zwei grundsätzliche Klimabereiche unterteilen läßt. Die dem Wind zugewandte Ostküste (côte au vent) und die durch hohe Bergmassive geschützte Westküste (côte sous le vent). Auf der Passatseite sorgen häufige Niederschläge nahezu das ganze Jahr über für milde Temperaturen von durchschnittlich 26°C im Sommer und 20°C im Winter.

Ganz anders der Westen der Insel. In den Küstenbereichen scheint fast immer die Sonne, so daß gerade im Sommer mit anhaltenden Dürreperioden zu rechnen ist. Die Temperaturen liegen im Schnitt 1°C bis 2°C über denen der Ostküste.

Insgesamt unterscheidet man auf Réunion eigentlich nur zwei Jahreszeiten, und auch die haben nur sehr wenig mit dem starken Temperaturwechsel, den wir aus Europa kennen, zu tun. Der von Mai bis Oktober vorherrschende Winter (Südhalbkugel!) ist eher mild und angenehm trocken. In den Küstenbereichen werden durchschnittliche Temperaturen um die 20°C gemessen, während es in den Bergregionen oft empfindlich kalt wird und das Thermometer gelegentlich sogar unter den Gefrierpunkt fällt.

Betrachtet man den Sommer, wird deutlicher, daß die Temperaturschwankungen weniger an den Jahreszeiten, als vielmehr an den verschiedenen Höhenlagen festzumachen sind. In den heißen Monaten von November bis April steigen die Temperaturen an den Küsten bis auf 28°C,

während in *Bourg Murat* in 1 600 m Höhe Temperaturen von 18°C nicht überschritten werden.

Durch das Zusammentreffen aufsteigender Warmluft mit den kalten Schichten der Höhenlagen bilden sich in den Bergregionen häufig schon sehr früh Nebel- und Wolkenfelder. Da diese Erscheinung nicht an Jahreszeiten gebunden ist, empfiehlt es sich, Ausflüge in die Berge auf den Vormittag zu verlegen.

Tropische Zyklone

Jenny, Clothilda, Florine, ..., kaum einem Bewohner des Indischen Ozeans können diese wohlklingenden Namen ein Lächeln entlocken. Zu tief sitzen Erinnerungen an Tod und Zerstörung, die von diesen »Damen« über die Inseln gebracht wurden. Die Rede ist von Zyklonen.

Diese »unfairerweise« meist weiblich benannten Wirbelstürme entstehen in der Zeit von Januar bis April, wenn sich das Wasser des Indischen Ozeans über eine längere Periode hinweg erwärmt. Die feuchte Luft steigt auf und gerät unter Einfluß der Erddrehung in Bewegung. In der Regel wandern die um sich selbst kreisenden Wirbel von Ost nach West; die Richtungen können sich aber jederzeit aprupt ändern, und genau das ist es, was sie so gefährlich und unberechenbar macht. Von einem Zyklon spricht man erst ab Windgeschwindigkeiten von 118 km/h, aus denen in Extremfällen bis zu 250 km/h werden können.

Die heutige Technik erlaubt es, durch Satellitenüberwachung und fortwährende Messungen den Weg und die Gewalt der Zyklone immer genauer zu berechnen, wirklich verläßliche Werte gibt es aber nicht. Noch häufig wird die Bevölkerung Réunions gebannt vor den Fernsehschirmen sitzen und in den Nachrichten verfolgen, ob einer dieser Stürme die Insel treffen oder an ihr vorbeiziehen wird. Die Angst er könne seine Richtung ändern und wieder zurückkehren hält die von Naturkatastrophen gebeutelten Bewohner Réunions auch nach einer positiven Nachricht noch lange in Atem.

Und doch, so groß das Leid nach dem Zyklon Hyacinthe, der im Jahre 1980 fünfundzwanzig Menschenleben forderte oder aber Firinga, der 1989 viele Bewohner der Insel obdachlos machte, auch gewesen sein mag, so tief die Furcht vor neuer Zerstörung auch sitzt, die Wirbelstürme üben eine seltsame Faszination auf die Menschen aus. Familien erleben in dieser Zeit eine ganz besondere Art der Zusammengehörigkeit und Geborgenheit, ähnlich wie Europäer in langen kalten Wintertagen.

Es ist auch nicht schwer nachzuvollziehen, warum die ein oder andere Geburt genau neun Monate nach einem großen Zyklon stattfindet.

Mögliche Bedrohung durch einen Zyklon

In den Nachrichten wird ständig auf eine mögliche Gefahr hingewiesen. Die Bevölkerung wird aufgefordert, Häuser auf lose Bauteile sowie Bäume auf brüchige Äste zu kontrollieren und sich mit Grundnahrungsmitteln einzudecken. Von Ausflügen in die Berge oder ans Meer wird abgeraten.

Oranger Alarm

Der Zyklon nähert sich der Insel.
Die Schulen werden geschlossen, die Bauern aufgefordert, ihr Vieh in die Ställe zu bringen.

Roter Alarm

Direkte Gefahr im Anzug.
In den nächsten drei Stunden könnte der Zyklon die Insel erreichen. Firmen und Fabriken werden umgehend geschlossen. Absolutes Ausgeh- und Fahrverbot.

Entwarnung

Der Alarm wird aufgehoben.
Vor Verlassen des Hauses unbedingt die Nachrichten hören. Vorsicht ist geboten, da gelockertes Geröll und abgeknickte Äste weiterhin Gefahren darstellen. In der nächsten Zeit kein Leitungswasser trinken.

Eine neue Flora entsteht

Als La Réunion vor etwa 3 Millionen Jahren aus dem Meer emporstieg, sah sich die jungfräuliche Insel umgeben vom Indischen Ozean, an dessen Enden Kontinente mit einer weit entwickelten Flora zu finden waren.

Die Anfänge der Vegetation kamen vermutlich mit den Passatwinden aus Australien oder dem Südasiatischen Bereich. Auch aus Afrika und Madagaskar erreichten leichte Samen, getragen vom Winde die Insel. Eine Vielzahl von Körnern, die für normale Luftströme zu schwer waren, wurden von Wirbelstürmen oder Vögeln übers Meer transportiert.

Wo auch immer die neue Vegetation herstammte, auf Réunion fanden sich ideale Bedingungen für die verschiedensten Arten von Pflanzen.

Durch das einzigartige Relief der Insel und die unzähligen Mikroklimata bildeten sich schnell neue Spezies, die sich perfekt an ihre Umgebung anpaßten. Bis heute wachsen auf Réunion zahlreiche endemische, d.h. ausschließlich auf der Maskareneninsel vorkommende, Pflanzen, die man selbst im nahen Mauritius vergeblich sucht.

Mit der Ankunft des Menschen fanden weitere Arten den Weg nach Réunion, woraufhin die einheimischen Flora in weiten Teilen der Kultivierung landwirtschaftlicher Nutzpflanzen zum Opfer fiel.

La fôret de Bélouve

Die Vegetationsbereiche der Insel

Gerade in den Küstengebieten findet sich nur noch wenig von der ursprünglichen Pflanzenwelt Réunions. Über die Hänge verteilte Zuckerrohrfelder lassen kaum mehr einen Schluß auf das Gesicht der Insel vor Ankunft der ersten Siedler zu. Es ist schwierig, die Vegetation in fest definierte Bereiche einzuteilen, da sie sich konform mit den unzähligen Klimazonen sehr schnell ändern kann. Vollkommen verschiedene Vegetationsstufen liegen oft dicht beieinander.

Zur besseren Orientierung lassen sich jedoch vier Grundzonen unterscheiden:

Die Pflanzenwelt der Küste

Die *Végétation littorale* zählt zu den Bereichen, die durch Menschenhand am stärksten verändert wurden. Von den ehemaligen Trockenwäldern ist kaum noch etwas zu finden. An den Stränden wurden zur Befestigung im 19. Jahrhundert unzählige *Filaos* angepflanzt, Bäume, deren Blätter wie lange Nadeln anmuten. Die Felsenküste wird von *Vacoas* dominiert, einer Palmenart, die seit Generationen der Herstellung von Flechtwaren dient. Während sich die Pflanzendecke der östlichen Küstenregionen, bedingt durch die regelmäßigen Schauer, auch im Sommer in sattem Grün zeigt, findet man im Westen häufig verbrannte Erde vor. Abwechslung bietet nur die Flora an den Ufern der Seen von *Saint-Louis* und *Saint-Paul*.

Die Regenwälder der Tieflagen

Wenngleich die *Fôrets de bois de couleurs des Bas* großflächigen Abholzungen, die an den Küsten zugunsten landwirtschaftlicher Nutzung vorgenommen wurden, nicht entgangen sind, findet man heute noch zahlreiche intakte Gebiete vor. Da dieser sogenannte Farbholzwald regelmäßigen Niederschlag benötigt, ist er im trockenen Westen erst ab einer Höhe von 750 m zu finden, während er im Osten bereits in 0 bis 700 m auftaucht.

Die Regenwälder der Hochlagen

In den Hochlagen verdichtet sich der Regenwald. Die Bäume erreichen geringere Höhen und geben im dichten, feuchten Nebel mit ihren herabhängenden Moosen gespenstische Silhouetten ab. Im Osten beginnen die *Fôrets de bois de couleurs des Hauts* schon auf 700 m, im Westen findet man sie erst ab 1 100 m.
Die Artenvielfalt der Höhen kann man am besten in den Wäldern von *Bébour* und *Bélouve* erleben. Neben dem Farbholzwald trifft man in diesen Regionen auch die endemische Höhentamarinde an. Die eindrucksvollen Bäume treten meist mit dem ebenso endemischen *Calumet-Bambus* auf. Beeindruckend sind auch oft meterhohe Farnarten, die sich aus dem Unterholz des Regenwaldes erheben.

Die Vegetation der Gipfelregionen

Oberhalb 1 800 m löst sich der Wald zu einem Dickicht aus Farnen, Heidegewächsen und Moosen auf. In der kargen Landschaft hat sich durch die außergewöhnlichen Lebensbedingungen, verglichen mit anderen Regionen, der im Verhältnis gesehen höchste Anteil endemischer Pflanzenarten entwickelt.
Die Vegetation nimmt nach oben hin konstant ab, bis an den Berggipfeln nur noch vereinzelt Flechten zu entdecken sind.

Der unaufhaltsame Wandel eines zerbrechlichen Ökosystems

Der wahre Reichtum Réunions steckt in seiner einzigartigen Vegetation: eine Erkenntnis, die im Bewußtsein der Menschen nur sehr langsam auftaucht, war es doch seit Menschengedenken selbstverständlich, die Natur für die eigenen Bedürfnisse auszunutzen. Nun mag dieser Umstand in den meisten anderen Ländern nicht sehr viel anders aussehen, Tatsache aber ist, daß die über Jahrmillionen isolierte Flora und Fauna einer Insel sehr viel empfindlicher auf äußere Einflüsse reagiert als die ökologischen Systeme der Kontinente. Seit einigen Jahren gehen die Bemühungen verstärkt in Richtung einer Wiederherstellung ursprünglicher Lebensräume und den Schutz intakter Territorien. Nicht zuletzt steht und fällt der Fremden-

verkehr mit der Natur der Insel. Gelingt es Einheimische und Besucher in diese Richtung zu sensibilisieren, kann der Erhalt der einzigartigen Naturräume auf lange Sicht zur Verbesserung der wirtschaftlichen Lage beitragen. Vielleicht läßt es die Arbeitsmarktsituation der Insel sogar eines Tages zu, daß man die großflächigen Monokulturen aufgibt und stattdessen Wiederaufforstung betreibt.

Doch selbst wenn all' diese ehrgeizigen Projekte in ferner Zukunft in die Tat umgesetzt werden sollten, ein großes Problem würde bestehen bleiben: die über Jahrhunderte unkontrolliert von Menschenhand eingeführten Nutzpflanzen haben die Natur schlichtweg überrumpelt. Viele Arten fanden auf der Insel ideale Lebensbedingungen vor, so daß sie sich aggressiv ausbreiteten und einheimische Pflanzen damit auszurotten drohten.

Die Natur bahnt sich ihren Weg

Früchte

Ananas: Saison – Dezember bis Januar
Bromeliazeenstaude mit saftigem, gelben Fruchtfleisch. Beliebteste Sorte auf La Réunion ist die aromatisch süße *Victoria*.

Avocado: Saison – Februar bis September
Steinobstbaum mit Früchten die Birnen ähneln. Cremiges, hellgrünes Fleisch.

Banane: Saison – ganzjährig
Hohe, breitblättrige Staude mit gelben Früchten. Auf kreolisch auch *figue*.

Bibasse: Saison – April bis September
Hoher Baum mit orange-gelben, Früchten. Bevorzugt frisch oder als Konfitüre.

Combava: Saison – ganzjährig
Grüne Zitrusfrucht, die in der kreolischen Küche Anwendung findet. Als Gewürz für *Caris* sowie als Punsch oder Likör.

Evi: Saison – Mai bis September
Aus Tahiti stammende Bäume von über 10 m Höhe. Kreolische Küche bevorzugt die noch grüne Frucht, die kleingehackt zu *Rougail* verarbeitet wird. In reifem Zustand sind Schale und Fleisch gelb.

Guave: Saison – April bis September
Beerenfrucht des ca. 4 m hohen Guavenbaumes. Weißes bis rosa Fruchtfleisch mit hohem Gehalt an Vitamin-C.

Goyavier: Saison – April bis August
Aus Brasilien eingeführte Sträucher, die durch ihre ungehemmte Ausbreitung eine Gefahr für einheimische Pflanzenarten darstellen. Die kleinen roten Früchte sind außerordentlich vitaminreich und werden gerne zu Süßspeisen, Punsch oder Konfitüre verarbeitet.

Jackfrucht: Saison – ganzjährig
Zwanzig Meter hoher Baum, dessen riesige Früchte ein Gewicht von 15 kg überschreiten können. Geschmacks- und geruchsintensive Verwandte der Brotfrucht. Am bekanntesten ist auf Réunion die Zubereitung zu einem Cari mit dem bildhaften Namen *Ti-Jaques*.

Karambole: Saison – Februar bis Juli
Dekorativer Baum mit roten Blüten und gelben, sternförmigen Früchten. Das saftige Fleisch ist reich an Vitamin C. Frisch oder als Konfitüre zu verzehren.

Kokosnuß: Saison – ganzjährig
30 bis 40 m hohe Palme. Das fetthaltige, weiße Fleisch der großen Samen wird ebenso wie die Milch zur Herstellung von Likören und Süßspeisen sowie im traditionellen *Cari* verwendet.

Litschi: Saison – Dezember bis Februar
Die pflaumengroßen Früchte besitzen eine rauhe, rote Schale und ein stark duftendes, weißes Fruchtfleisch. Im Dezember überall feilgeboten, symbolisieren Litschis den Beginn der Weihnachtszeit. Roh oder als *Rhum arrangé* zu genießen.

Longanie: Saison – Februar bis März
Gelbbraune Kugeln mit glänzend schwarzem Kern. Erfreuen sich nicht derselben Beliebtheit wie die deutlich größeren Litschis ähnlichen Geschmacks.

Mango: Saison – Oktober bis März
Aus Indien eingeführtes Steinobst mit großem Kern. Reife Mangos besitzen ein aromatisch gelbes Fleisch. Die Früchte werden gerne noch grün, mit Salz und *Piment* verzehrt oder zu *Rougail* verarbeitet.

Papaya: Saison – ganzjährig.
In reifem Zustand grün-gelbe Frucht mit süßem Fleisch und schwarzen Kernen. Es gibt unzählige Zubereitungsmöglichkeiten; roh wird die aus Südamerika stammende Papaya mit etwas Zucker oder Zitronensaft genossen.

Tamarinde: Saison – Juni bis Oktober.
Die aus Afrika importierte Tamarinde (nicht zu verwechseln mit der endemischen Höhentamarinde) findet sich vornehmlich an den Küsten der Insel. Die braunen, erdnußähnlichen Früchte sind mit einer zähen, säuerlich schmeckenden Masse gefüllt, die sich vor allem bei den Kindern großer Beliebtheit erfreut. Auch als Paste oder Sirup zu erhalten.

Gemüse- und Gewürzpflanzen

Chouchou:
Lianengewächs mit hellgrünen, birnenförmigen Knollen. Neben der Frucht werden auch Blätter und Ranken als sogenannte *brèdes* gedünstet oder gekocht serviert. Hauptanbaugebiet ist der *Cirque de Salazie*.

Curcuma: (siehe auch Seite 123)
Zu Pulver gemahlene Gelbwurzel

Ingwer:
Staude indischer Herkunft. Die Wurzeln stellen das gleichnamige Gewürz dar.

Maniok:
Staudengewächs, das seine Position als Grundnahrungsmittel weitgehend verloren hat. Zu Mehl verarbeitet kommen die stärkehaltigen Knollen noch bei der Zubereitung von Süßspeisen zum Einsatz.

Piment:

Die kleinen, roten und grünen Schoten gehören zu den wichtigsten Bestandteilen der kreolischen Küche. Frisch oder getrocknet werden sie zerdrückt, um dem traditionellen *Cari* oder dem *Rougail* die nötige Schärfe zu verleihen.

Vanille: (siehe auch Seite 138)
Aus Mexiko stammende Kletterorchidee .

Genuß- und Parfümpflanzen

Geranium:
Die aus Südafrika stammende Pflanze wird in den Bergregionen zur Gewinnung von Parfümdestillaten angebaut. Wirtschaftlich spielt der Export der wertvollen Essenzen nur noch eine untergeordnete Rolle, da sie in den letzten Jahrzehnten weitgehend durch synthetische Duftstoffe ersetzt wurden.

Kaffee:

Bis zu 2 m hohe Bäume mit stark duftenden, weißen Blüten. In den roten Beeren befinden sich Samen, die aromatische Öle und Koffein enthalten. Trotz der langen Tradition greifen, wegen des hohen Aufwandes bei Anbau und Veredelung, immer mehr Kreolen zu importierten Fertigprodukten.

Vetyver:
Gräser, aus deren Wurzeln Duftessenzen gewonnen werden.

Zuckerrohr:
Schilfartiges Gras ostindischer Herkunft. Der Saft des Halmes enthält bis zu 18% Zucker. Landschaft und Geschichte Réunions werden gleichermaßen von dieser Monokultur geprägt.

Die oben genannten Arten zeigen nur einen Teil der gängigen Nutzpflanzen.

Das Eingeschlafene, der Tenrek und andere Zeitgenossen

Die Tierwelt Réunions zeigt sich bei weitem nicht so facettenreich wie die Flora der Insel, wenngleich die meisten Tierarten auf dieselbe Weise über den Ozean gelangt sind, wie die Samen der Pflanzen. Passatwinde und Wirbelstürme sorgten für den Transport verschiedener Insekten und Vögel, die das Eiland aus eigener Kraft nicht erreichen konnten. Es ist anzunehmen, daß einige Reptilienarten mit Treibgut angeschwemmt wurden.

Ebenso wie die einheimische Vegetation unter der Einführung fremder Nutzpflanzen zu leiden hatte, nahm auch die Fauna großen Schaden, nachdem Haustiere und Ratten mit dem Menschen die Insel erreichten. Viele Arten, die bis dato keine natürlich Feinde hatten, wurden von den aggressiven Eindringlingen ausgerottet. Andere Gattungen, wie die große Landschildkröte, fielen schlicht den kulinarischen Gelüsten der ersten Siedler zum Opfer und landeten in großer Zahl im Kochtopf.

Die Insel zählt nur wenige einheimische Säugetierarten. Der *Tenrek*, eine Spezies madegassischer Herkunft, ähnelt dem uns bekannten Igel.

An Reptilien begegnet man zuerst *Margouillats*, kleinen Geckos, die den abendlichen Lichtschein der Häuser zur Insektenjagd nützen. Seltener bekommt man das aus Madagaskar stammende Chamäleon zu Gesicht, wegen seiner langsamen Bewegungen von den Einheimischen liebevoll *l'Endormi*, das Eingeschlafene, genannt.

Arachnophobiker schrecken panisch zusammen, wenn sie in den Höhenlagen

Chamäleon – Meister der Tarnung

die großen Seidenspinnen entdecken, die bewegungslos in bis zu 5 m großen Netzen sitzen. Da sie völlig ungefährlich sind, gibt es keinen Anlaß zur Furcht. Im übrigen gilt das für alle Tiere der Insel, sieht man von den für Allergiker gefährlichen Wespen oder Mücken ab.

Reich präsentiert sich die Vogelwelt, welche neben eingeführten Arten und Zugvögeln auch einige endemische Vertreter in ihren Reihen zählt. Neben dem geschützten *Maillard-Bussard* gehören dazu der kleine *Tec-tec* und der äußerst seltene *Tuit-tuit*, dessen Lebensbereich sich auf ein schmales Gebiet unterhalb des *Roche Écrite* beschränkt. Imposant anzusehen sind der *Paille-en-Queue* mit seinem langen Federschweif, ebenso wie der strahlend rote *Cardinal* oder der gelbe, kugelförmige Nester bauende *Tisserin*, den wir unter dem Namen Webervogel kennen.

Tenrek

Die Legende des Paille-en-Queue

Der *Paille-en-Queue* gehört zu den sagenumwobenen Vögeln der Insel, obwohl seine Art glücklicherweise bislang nicht vom Aussterben bedroht ist.

Der Legende nach lebte einst vor langer Zeit, tief unten am Boden des Meeres, ein Prinz, dessen Vater über ein riesiges Reich herrschte. Seit seiner Geburt war der Jüngling einer wunderschönen Nixe zum Manne versprochen. Als sie eines Tages zusammen durch die Wellen streiften, verlor die Meerjungfrau ein Diadem. Auf der Suche danach näherte sich der Prinz dem Strand und entdeckte dort ein junges Mädchen. Sie trug die kleine Krone auf dem Kopf und sang vor Freude über ihren wertvollen Fund. Fasziniert von ihrer Anmut und Schönheit legte der Prinz in den folgenden Tagen immer weitere Schmuckstücke in den Sand, um so dem Gesang des Menschenmädchens lauschen zu können. Als er sie schließlich kennenlernte, verliebten sie sich ineinander, was die Verlobte des Prinzen, nachdem sie die beiden beobachtet hatte, eifersüchtig seinem Vater erzählte. Der König verlangte von seinem Sohn, die Angebetete sofort zu verlassen. Als er jedoch die Bestürzung des jungen Prinzen sah, sann er nach einem Ausweg. Am Ende des Reiches, in einer Grotte, hauste ein alter Zauberer. Mit seiner Hilfe sollte es möglich sein, aus dem Mädchen eine

Nixe zu machen. Als der Prinz seiner Geliebten diese gute Nachricht überbrachte, willigte sie freudig ein und alsbald verwandelten sich ihre Beine in den glänzenden Schuppenschwanz einer Meerjungfrau. Kurz vor der Vermählung des Paares sann die ehemalige Verlobte des Prinzen nach Rache. Unter dem Versprechen, ihn zum Mann zu nehmen, rang sie dem alten Magier einen Zaubertrank ab, den sie am Tage der Vermählung in den Wein des königlichen Paares goß. Kaum davon getrunken, verwandelten sich beide in weißgefiederte Vögel, und als sie aus dem Meer emporstiegen, wurden ihre schuppigen Schwänze zu einem langen Federschweif.

Noch heute schweben die *Paille-en-Queue* paarweise über den Wellen des Ozeans, immer in der Hoffnung, einen Schimmer ihres Königreiches in der rauhen See erblicken zu können.

Unzählige Geschichten ranken sich um den *Dodo*, einen flugunfähigen, am Boden lebenden Einzelgänger. Anders als bisher angenommen, haben der den Mauritianern als Wahrzeichen dienende *Dodo* und die sehr ähnlich anmutende Art auf Réunion nicht dieselben Verwandten.

Vieles deutet daraufhin, daß beide von unterschiedlichen Vögeln abstammen, die sich im Laufe der Zeit mangels natürlicher Feinde immer mehr an das Leben auf dem Boden gewöhnten und ihre Fähigkeit zu fliegen schließlich ganz verloren haben. Das vergleichbare Erscheinungsbild der beiden Arten schreibt man den ähnlichen Lebensbedingungen der Inseln zu.

Wegen ihres schmackhaften Fleisches wurden die schweren *Dodos* von den ersten Bewohnern der Maskarenen alsbald zur Delikatesse erhoben, und diejenigen die nicht überm Feuer landeten fielen Ratten oder Hunden zum Opfer. Im Naturkundemuseum von *Saint-Denis* erinnert ein Skelett an den ausgestorbenen Vogel, dem die Siedler wegen seiner plumpen Art den Namen *Dodo* verpaßten. Als Bezeichnung einer Biersorte lebt er noch heute überall auf Réunion fort.

»Uuups!!«

Verletzliche Welt der Riffe

Millionen von Lebewesen haben Teil am fortwährenden Aufbau der Korallenriffe, die man ausschließlich entlang der Westküste findet. Grundlage dieser sensiblen Ökosysteme sind am Untergrund sitzende Korallenpolypen, denen Tentakel zur Nahrungsaufnahme dienen. Der Korallenstock entsteht durch Fortpflanzung dieser Polypen, wobei die Einzeltiere durch ein System von Ernährungskanälen in Verbindung bleiben. Den Zusammenhang gewährleistet ein durch Ausscheidungen entstehendes, kalkhaltiges Skelett. Riffe, denen schon geringfügige Verunreinigungen immense Schäden zufügen können, entstehen nur in warmen, sauerstoffreichen Gewässern mit ausreichendem Salzgehalt und hohen Lichtmengen. Sowohl die verheerende Wirbelstürme die in der Zeit von Januar bis April im Indischen Ozean auftreten, als auch die durch Menschen verursachte Umweltverschmutzung stellen eine Bedrohung für diese bedeutsamen Lebensbereiche dar. Sterben Korallen, verschwindet auch die Nahrungsgrundlage der bunten Schmetterlings-, Papageien- und anderen Korallenfische, der Aktinien, Röhrenwürmer, Schwämme, Muscheln, Schnecken, Krebse, Seeigel sowie unzähliger weiterer Arten.

Oberstes Gebot beim Schnorcheln und Tauchen sollte immer die Erhaltung dieser Lebensräume sein. Nur mit den Augen schauen, nicht mit den Fingern. Wer Stücke der Korallen abbricht trägt zu ihrer Zerstörung bei.

»Ich hab´ einen Dodo gesehen!« *»Hey! Warte einen Moment!«* *»Ich hab´ den Öffner vergessen«*

Zusammenkunft mit Hindernissen

Lange Zeit bevor die Europäer von der Existenz der Maskarenen wissen, sind die Inseln schon auf den Karten arabischer Seefahrer verzeichnet. Unbewohnt und weitab ihrer geläufigen Schiffahrtswege bringen die arabischen Entdecker der Inselgruppe jedoch kein großes Interesse entgegen, und so kommt es, daß sie ihren heutigen Namen einem Europäer verdankt.

Der portugiesische Seefahrer *Pedro Mascarenhas* stößt abseits der Route nach Indien zwischen 1505 und 1513 auf die entlegenen Vulkaninseln.

Im Jahre 1638 nimmt Frankreich die spätere *Île Bourbon* in Besitz. Die ersten Siedler, Aufständige aus Madagaskar, werden 1646 auf die Insel verbannt und finden sich in einem paradiesischen Gefängnis wieder. Die wahre Kolonisation beginnt 1665, als im Auftrag der nach englischem Vorbild gegründeten *Compagnie des Indes* die ersten 20 Siedler auf Bourbon eintreffen. Sechs Jahre später landet eine weitere Gruppe, darunter Franzosen, Madegassen und Inder.

Neben Fischfang und Jagd beginnt man mit der Rodung großer Flächen zugunsten der Landwirtschaft. Ausgehend von der Hauptstadt *Saint-Paul*, spielt sich das Leben vorwiegend an der Küste, der als Versorgungsstützpunkt an Bedeutung gewinnenden Insel, ab.

Anfang des 18. Jahrhunderts kommen mit einem Schiff der *Compagnie des Indes* die ersten arabischen Kaffeepflanzen auf das Eiland. Trotz des starken Bevölkerungszuwachses lassen sich die erhofften Gewinne nur mit Hilfe von Zwangsarbeitern verwirklichen, so daß im Jahre 1718 der Handel von Sklaven erlaubt wird. Um den Umgang mit der aus Ostafrika oder Madagaskar stammenden »Menschenware« zu regeln, wird fünf Jahre später von *Ludwig XV* der sogenannte *Code Noir* erlassen, ein Werk, dessen unzählige Paragraphen Rechte und Pflichten, sowie den Besitzstatus der Sklaven und ihrer Herren festlegen.

1738 übernimmt *Saint-Denis* die Rolle der alten Hauptstadt *Saint-Paul*. Verteidigungstellungen und Infrastruktur werden im aufkeimenden Konflikt der beiden Großmächte Frankreich und England weiter ausgebaut.

Am Ende des Krieges gehört *Bourbon* der französischen Krone. Die *Compagnie des Indes* hat in den jahrelangen Kämpfen unzählige Schiffe verloren und steht 1767 vor dem Ruin.

1794 erhält Bourbon den Namen *Île de la Réunion*, die Insel der Zusammenkunft. Im Zuge der französischen Revolution unternommene Versuche, die Sklaverei auf den Maskarenen abzuschaffen, werden ebenso wie von den Insel ausgehende Bemühungen abgewehrt. Napoleons Beschluß zur offiziellen Wiederaufnahme der Sklaverei wird ihm zu Ehren mit einer zeitweisen Umbenennung Réunions in *Île Bona-parte* honoriert.

1810 erobert England die gesamten Mas-karenen. Bourbon wird vier Jahre später im Pariser Vertrag den Franzosen zuge-sprochen, während Mauritius und Rodri-gues in englischer Hand bleiben. In den folgenden Jahren erlebt der Anbau von Zuckerrohr eine Blüte. Mit der Entstehung großer Plantagen in den Küstenzonen be-ginnen die um ihre Existenz gebrachten Kleinbauern die kaum bevölkerten Bergre-gionen zu erschließen.

Am 20. Dezember 1848 ruft *Joseph Napo-léon Sébastien Sarda*, besser bekannt als *Sarda Garriga*, in *Saint-Denis* die Abschaf-fung der Sklaverei aus. 60000 Leibeigene erhalten den gleichen Status wie 35000 freie Bürger. In der Landwirtschaft wer-den nun verstärkt Einwanderer aus Indi-en, Afrika und China eingesetzt, die den Anbau und Export von Zuckerrohr weiter vorantreiben.

Die sinkenden Weltmarktpreise für Zucker zeigen 1865 die fatale Abhängigkeit von der Monokultur. La Réunion erlebt eine wirtschaftliche Krise. Zeitgleich machen der Bevölkerung von den Vertragsarbei-tern eingeschleppte Krankheiten zu schaf-fen. Zu Malaria gesellen sich jetzt Pocken, Cholera und Pest.

Die Inbetriebnahme der Eisenbahnlinie von *Saint-Benoît* nach *Saint-Pierre* läutet 1882 eine neue Ära der infrastrukturellen Ent-wicklung ein. Fortan können sich Perso-nen zügig auf der Insel fortbewegen und Zuckerladungen zum Export in die neue Hafenanlage *Le Port* befördert werden. Die stärker werdende Konkurrenz des Straßen-verkehrs führt zwischen 1957 und 1972 zur Stilllegung der Zugstrecke. Am Ende des ersten Weltkrieges, hält große Not Einzug. Réunion leidet unter dem Verlust seiner in den Kampf gezogener Söhne, was sich im Verlauf des Zweiten Weltkrieges wiederholen soll.

Nach Kriegsende steht die importabhän-gige Insel am Rande einer Hungersnot. Die Notwendigkeit eines politischen Wan-dels führt 1946 dazu, La Réunion, Marti-nique, Guyana und Guadeloupe in die französische Republik einzugliedern. Mit dem Status des Überseedepartements (Dé-partement d'Outre-mer), werden ihre Be-wohner der Bevölkerung Kontinentalfrank-reichs gleichgestellt.

Auch eine Art mit Geschichte umzugehen!

Aufschwung oder Illusion

Gegen Ende des 2. Weltkrieges befindet sich Réunion in desolatem Zustand. Die Bevölkerung ist unterernährt, die Kindersterblichkeit hoch. Zur Annäherung an Europa wird der Kolonie 1946 der Status eines Überseedepartements verliehen: ein Wendepunkt in der Geschichte der Insel, die trotzdem noch lange auf einen echten Fortschritt warten soll.

In den sechziger Jahren macht sich zunächst die steigende Zahl von Medizinern und der damit einhergehende Abfall der Kindersterblichkeit bemerkbar. Das rapide steigende Bevölkerungswachstum verlangt nach weiteren Maßnahmen, so daß man mit dem Bau neuer Schulen und der Ausweitung von Gesundheitswesen und Infrastruktur beginnt. Moderne Kraftwerke werden ebenso errichtet wie vierspurige Schnellstraßen. Die Küstentrasse N1 (Route Nationale 1) von *Saint-Denis* nach *La Possession* stellt sich dank schwieriger Bedingungen sogar als teuerstes Straßenbauprojekt der Welt heraus.

Es scheint so, als habe die Insel in wenigen Jahren einige Epochen übersprungen. Der Lebensstandard kommt dem in Europa nahe; die Abgrenzung gegenüber den armen Nachbarn wächst. Daß dieser von außen herbei geführter Wandel nicht frei von Nebenwirkungen ist, zeigt sich heute ganz deutlich. Die moderne Infrastruktur kann nicht darüber hinwegtäuschen, daß sich die Wirtschaft der Insel nicht selbst trägt. Kaum ein Konzern zeigt Interesse daran, seine Produktionsstätten in einen weit entfernten, winzigen Markt zu verlegen, in dem vergleichsweise hohe Lohnkosten anfallen. Hinzu kommen die schlechten geologischen Voraussetzungen, die nur einen dicht besiedelten, schmalen Küstenstreifen als Standort zulassen. Wo also sollen die Jugendlichen, die Jahr für Jahr auf den Arbeitsmarkt strömen, unterkommen? Wie soll man Kindern angesichts einer Arbeitslosenquote von über 35% vermitteln, daß eine gute Ausbildung die Zukunft ausreichend sichert? Wie tief der Unmut über Abhängigkeit und Mangel an Perspektive sitzt, wird deutlich angesichts der schweren Ausschreitungen, die 1991 in *Chaudron*, einem der ärmsten Stadtteile von *Saint-Denis*, stattfanden.

Hat die Zuckerproduktion noch Zukunft?

Konsum und Subventionen

Stützten sich zur Zeit der Kolonisation Wirtschaft und Wohlstand Réunions auf den Zuckerexport, so haben sich heute die Verhältnisse verschoben. Noch immer ist man auf den Anbau der »Grünen Königin« angewiesen, nur daß heute damit nicht mehr viel zu verdienen ist. Ohnehin leben nur noch wenige von den knappen Einnahmen aus der Landwirtschaft, obwohl die Preise, die für jede Tonne Zuckerrohr bezahlt werden, noch weit über denen des Weltmarktes liegen. Für Frankreich und die Europäische Union ist es sinnvoller den Agrarbereich zu subventionieren, als einen weiteren Abbau zu billigen und so noch mehr Menschen in die Arbeitslosigkeit zu drängen. Die eingesparten Subventionsgelder würden dann in Sozialhilfe und Arbeitslosenunterstützung fließen. Woher aber sollen auf einer Insel, deren Exporte nur einen Bruchteil der eingeführten Waren ausmachen, in Zukunft die Gelder kommen? Auch wenn die Bemühungen, den Fremdenverkehr zu fördern, langsam Früchte tragen und die einzigartige Natur immer mehr Menschen auf die Insel zieht, der Mangel an ausgedehnten Stränden und die hohen Preise werden auch in Zukunft ein Handicap in diesem sensiblen Marktsegment darstellen. Selbst bei positiver Betrachtung ist kaum davon auszugehen, daß sich Réunion in den nächsten Jahrzehnten vom »finanziellen Tropf« des Mutterlandes lösen kann. Wer nun annimmt, die hohen Zuwendungen Frankreichs und der Europäischen Union seien selbstloser Natur, irrt. Neben der militärischen Präsenz im Indischen Ozean sichert das Überseedepartement seinem Mutterland nicht zu unterschätzende Fischereigründe. Außerdem kommt die durch Subventionen entstandene Kaufkraft zum großen Teil wieder der heimischen Wirtschaft zugute.

Handel und Konsum unterliegen bedingungslos den Gesetzen französischer Konzerne. Es gibt nichts was man auf Réunion nicht kaufen könnte, nur daß die importierten Waren durch Transport und spezielle Steuern eben sehr viel teurer sind als in Europa. Während der durch Zuschläge verwöhnte Beamtenstab der Insel kaum ein Problem mit den hohen Lebenshaltungskosten hat, müssen die ärmeren Bevölkerungsschichten gewaltige Entbehrungen in Kauf nehmen, um in den Genuß reizvoller Statussymbole zu gelangen. Nicht selten kommt es vor, daß sich Familien über Jahrzehnte hinweg verschulden, um einen überteuerten Wagen zu erwerben. Ohnehin wird auf Réunion kaum einem Bereich soviel Aufmerksamkeit gewidmet wie der Automobilbranche.

Betrachtet man sich die Insel aus der Luft erscheint sie wie ein bunter Ameisenhaufen, auf dem ohne einen nachvollziehbaren Grund unaufhörlich kleine Blechkisten umherwuseln.

Die neue Identität und das Wissen um die eigenen Ursprünge

Zusammengewürfelt aus drei Kontinenten, stellt La Réunion mit seinen 675 000 Einwohnern die höchste Bevölkerungszahl eines französischen Überseedepartements. Besucher fasziniert vor allem die Harmonie, in der die verschiedenen Volksgruppen augenscheinlich vorurteilsfrei zusammenleben.

Réunion scheint keinen Rassismus zu kennen. Oder täuscht der erste Eindruck?

Afrikanische Sklaven, die gegen ihren Willen auf die Maskarenen verschifft wurden, und reiche Europäer, die in den ehemaligen Kolonien ihr Glück suchten: vor einigen Jahrhunderten wagte noch niemand daran zu denken, daß einmal Toleranz und Gleichheit auf La Réunion vorherrschen würden, zu tief die Gräben, die jahrzehntelange Unterdrückung ausgehoben hatte.

Das Ende der Sklaverei bedeutete nur einen ersten Schritt der Annäherung, denn noch war die gesellschaftliche Spaltung

Réunion, seiner Zeit ein Stück voraus

zu groß, um von einem wirklichen Gefühl der Gleichheit zu sprechen. Mit der Zuwanderungswelle chinesischer und indischer Vertragsarbeiter stärkte sich das Identitätsbewußtsein der einstigen Sklaven, die sich ihrer Rolle als Einheimische bewußt wurden und den Fremden zunächst mit Geringschätzung begegneten. Die Barrieren, welche die Volksgruppen voneinander trennten, verschwanden im Laufe der Zeit, und doch blieb man seinen Ursprüngen verbunden. Am stärksten vermischten sich die Bewohner afrikanischer und europäischer Herkunft, so daß man heute die verschiedensten Hautfarben auf der Insel antrifft. Die Palette reicht von einem blassen Weiß bis hin zu dunklem Kaffeebraun und häufig tauchen in ein und derselben Familie die unterschiedlichsten Nuancen auf.

Auch die indischen und chinesischen Bewohner haben sich der »Durchmischung« nicht verschlossen, wenngleich sie vor allem in religiöser Hinsicht sehr stark mit ihren Traditionen verbunden blieben.

Menschen verschiedener Nationen sind auf Réunion zusammengewachsen. Man hat Krisen und Kriege zusammen überstanden und entgegen jeglicher Voreingenommenheit eine neue Gesellschaft erschaffen. Eine tolerante Gesellschaft mit selbstbewußter Identität. Ein großer Teil der Bewohner Réunions fühlt sich nicht als Schwarz oder Weiß, nicht als Franzose, Europäer oder Afrikaner, man fühlt sich schlicht kreolisch und das hat eben ein wenig von allem mit einer eigenen charmanten Note.

Wer jedoch davon ausgeht, Rassismus und Neid gebe es nicht, der liegt falsch. Auch wenn verschiedene Religionen und Hautfarben in beispielloser Eintracht zusammenleben können, sollte man nicht vergessen, daß oft auch heute noch die Herkunft mit einem gesellschaftlichen Status verbunden und die finanzielle Situation der Minderheiten sehr unterschiedlich bemessen ist.

Wo gutbezahlte Beamte aus dem französischen Mutterland einer hohen Zahl arbeitsloser Einheimischer gegenüberstehen und mit neuen Einwanderern aus den ärmeren Nachbarstaaten Minderheiten entstehen, die unter demselben Gefühl der Benachteiligung und Geringschätzung zu leiden haben wie ehemals die indischen oder chinesischen Vertragsarbeiter, ist es unrealistisch zu glauben, es würden keine sozialen Spannungen entstehen.

Selbst wenn die Vorstellung, auf Réunion einer vorurteilsfreien Gesellschaft zu begegnen ein wenig übertrieben ist, sucht die Toleranz die sich die Angehörigen der verschiedenen Glaubensrichtungen und Abstammungen entgegenbringen weltweit ihresgleichen.

Die Frage, ob eine multikulturelle Gesellschaft Bereicherung oder Entfremdung bedeutet, stellt sich auf der Insel schon seit vielen Generationen niemand mehr.

Bevölkerungsgruppen

Im Laufe der Jahre hat der Volksmund spezielle Spitznamen für die verschiedenen Bevölkerungsgruppen gefunden. Im allgemeinen werden die Begriffe wertfrei benutzt, auch wenn ihre Ursprünge nicht immer ganz frei von Hohn oder Vorurteilen sein mögen.

Les Cafres
Nachfahren der aus Madagaskar oder Afrika stammenden, ehemaligen Sklaven. Mit über 30 Prozent bilden sie die größte Bevölkerungsgruppe der Insel. Viele *Cafres* sind auch heute noch in der Landwirtschaft tätig.
Überwiegend Angehörige der christlichen Glaubensrichtungen.

Les Malabars
Ursprünglich nur für die Einwanderer der Malabarküste im Südwesten Indiens gedacht, wird die Bezeichnung heute auch für die Nachfahren der tamilischen Immigranten verwendet. Die *Malabars*, die im Osten der Insel einen großen Teil der Bevölkerung stellen, sind in der Regel stark mit dem hinduistischen Glauben verbunden.

Z'arabes
Ihres islamischen Glaubens wegen fälschlicherweise als »Araber« bezeichnete Einwanderer, die ab der zweiten Hälfte des 19. Jahrhunderts aus dem nordwestlichen Indien kamen. Ursprünglich in der Landwirtschaft tätig, suchte ein großer Teil der nur 5% der Bevölkerung stellenden Minderheit sein Glück in Handel und Gewerbe. Die Bekleidungsindustrie wird heute von den *Z'arabes* dominiert.

Les Chinois
Die Nachkommen der chinesischen Einwanderer umfassen in etwa den gleichen Bevölkerungsanteil wie die islamischen Inder. Waren schon unter den Sklaven einige Chinesen zu finden, so setzte die große Einwanderungswelle erst nach 1850 ein.
Heute sind die *Chinois* meist in Gastronomie und Lebensmittelbranche zu finden. Die alten chinesischen Kramläden weichen immer häufiger großen Supermärkten. Ähnlich wie die islamischen und hinduistischen Inder, ist die chinesische Volksgruppe heute noch sehr stark in ihre ursprünglichen Kultur eingebunden.

Les Malgaches et les Comoréens
Als *Malgaches* und *Comoréens* werden aus Madagaskar oder den Komoren kommende Einwanderer der jüngsten Generation bezeichnet.
Die Nachfahren der madegassischen Sklaven sehen ihre Wurzeln schon lange nicht mehr auf der »Großen Insel« und grenzen sich als Kreolen scharf von den neuen Einwanderern ab.

Les Yabs

Nachkommen der *Petits Blancs*, der kleinen Weißen, die durch Großgrundbesitzer von den Küsten in die Bergregionen gedrängt wurden und sich dort als Kleinbauern einen bescheidenen Lebensunterhalt verdienten. Nach der Sklavenbefreiung haben sie sich stark mit der farbigen Bevölkerung vermischt.

Les Grands (Gros) Blancs

Nachfahren der reichen Großgrundbesitzer, die auch heute noch mächtige Positionen in Industrie und Wirtschaft innehaben.

Les Zoreils

Warum die etwa 7% der Bevölkerung umfassende Schicht der Festlandfranzosen als *Les Zoreils*, die Ohren bezeichnet wird, weiß niemand genau. Am stärksten hält sich die Vermutung, daß sich die der kreolischen Sprache nicht mächtigen Franzosen häufig hinters Ohr griffen, um mit dieser Geste eine Wiederholung des Satzes zu erbitten. Wie dem auch sei, Tatsache ist, daß der Begriff heute meist einen diskriminierenden Beigeschmack hat und man anstelle dessen häufig das neutralere *les métros* zu hören bekommt.

Neben den Beamten, die sich bei einer Versetzung nach Réunion über hohe Zusatzgratifikationen freuen können, entfliehen immer häufiger junge Franzosen dem kalten Europa, um, gut ausgebildet, in tropischer Kulisse Arbeit zu finden.

Verschiedene Hautfarben – eine Familie

Sprache als Spiegel der Geschichte

Wenn es Touristen aus dem fernen Frankreich auf die Maskareneninsel La Réunion zieht, dann liegt das nicht nur an der überwältigenden Natur, dem spektakulären Vulkan, der vielfältigen Bevölkerung und dem tropischen Ambiente – beruhigend ist vor allem, daß man im eigenen Land bleibt. Gezahlt wird in *Francs*, zur Einreise ist nur der Personalausweis nötig, eine besondere Krankenversicherung muß selbstverständlich nicht abgeschlossen werden, und am besten ist die problemlose Kommunikation mit den Einheimischen. Problemlos?

Obwohl die offizielle Sprache des Überseedepartements Französisch ist, spricht ein Großteil der Bevölkerung Kreolisch. Lange Zeit als Dialekt und primitive Sprache der Schwarzen abgetan, gewinnt das Kreolische in jüngster Zeit immer mehr Anerkennung. Längst hat man den kulturellen Wert des bildhaften *Créole* entdeckt, und immer mehr Sprachwissenschaftler, Universitäten, Journalisten und Schriftsteller beginnen, sich damit auseinanderzusetzen. Entstanden zur einfachen Verständigung zwischen Leibeigenen und ihren Herren sowie den aus verschiedenen Regionen stammenden Sklaven untereinander, wurde das Kreolische im Laufe seiner Entwicklung zu einem Spiegel der Geschichte. Basierend auf dem Französisch der Kolonialzeit, wurde es zunächst mit madegassischen und afrikanischen Elementen angereichert. Mit den neuen Einwanderern kamen indische, chinesische und andere Einflüssen hinzu. Bis heute kommt die Sprache mit einer sehr vereinfachten Grammatik aus und unterliegt dabei einem ständigen Wandel. Das rührt daher, daß es nur sehr wenig Literatur gibt, und die Weitergabe über viele Generationen hinweg nur mündlich stattfand. Im Rahmen der schulischen Ausbildung wird ausschließlich auf Französisch unterrichtet, was dazu führt, daß viele Schüler ihre kreolische Sprache als Belastung empfinden. Im gleichen Maße, wie sie der Identifikation der kreolischen Bevölkerung Réunions dient, verstärkt sie das Gefühl der Abgrenzung gegenüber dem Mutterland Frankreich. Auch wenn, oder aber gerade weil die Kenntnis des Hochfranzösisch im künftigen Berufsleben der jungen Menschen dringend notwendig ist, wird man sich verstärkt Gedanken machen müssen, wie die Bindung zur kreolischen Sprache auf Dauer erhalten werden kann.

Auf vielen ehemaligen französische Kolonien hat eine ähnlich Entwicklung stattgefunden, die erklärt, warum auch auf Guadeloupe oder Martinique eine eigene Art des *Créole* existiert. Wenngleich ähnliche Strukturen zugrunde liegen, können die Bewohner der verschiedenen Inseln in ihren Sprachen nur schwer miteinander kommunizieren.

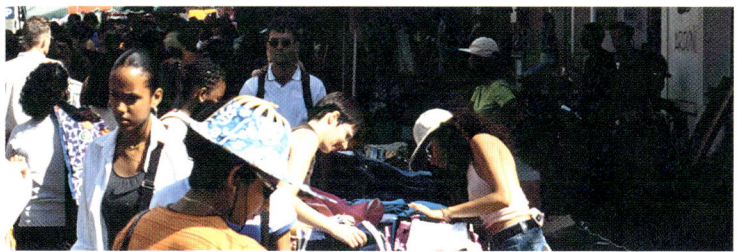

Markttreiben in Saint-Denis

Kleines kreolisches Lexikon

Kreolisch	Französisch	Deutsch
à cause	pourquoi, parce que	warum, weil
adié	adieu, au revoir	auf Wiedersehen, Tschüß
aster	à cette heure, maintenant	jetzt, in diesem Moment
bat' carré	se promener	Spazieren gehen
ben sir	bien sûr	sicher, klar doch
case	maison	Haus
Commen y lé?	Comment ca va?	Wie geht's?
ek	avec	mit
kabar	fête	Fest
ko ca ou fait?	qu'est-ce que tu fais?	Was machst Du da?
marmaille	enfant	Kind
Mi aime a ou!	Je t'aime!	Ich liebe Dich!
na pi	il n'y en a plus	es ist nichts mehr da
ou	tu, vous	du, Sie
ou koné	tu sais, tu connais	Kennst Du das? Weißt Du,...
tantine	petite amie, fille	Freundin, Mädchen
ti monnaie	petite pièce, pourboire	Kleingeld, Trinkgeld
zoli	joli	schön
zordi	aujourd'hui	heute

Opferschrein zu Ehren Marias

Religion und Toleranz

Saint-Denis, Saint-Paul, Saint-Louis oder *Saint-Pierre*, kaum eine Stadt, die nicht den Namen eines Heiligen trägt. Überhaupt ist Religion allgegenwärtig auf Réunion und, was für Kultur und Sprache gilt, ist auch bei den Glaubensrichtungen, die aus den verschiedensten Regionen der Erde auf die Insel gebracht wurden, zu beobachten: Es hat sich im Laufe der Zeit ein bunter Mischmasch gebildet, der zum Teil zusammenwächst, an anderer Stelle harmonisch nebeneinander existiert und einer ständigen Dynamik unterliegt. Allerorts findet man hinduistische Tempel neben christlichen Kirchen oder Moscheen unweit buddhistischer Pagoden, wobei sich keiner vom anderen gestört zu fühlen scheint. Toleranz gehört zur obersten Maxime im Umgang der Religionen miteinander, so daß es, wenn sich Angehörige unterschiedlichen Glaubens vermählen, auch vorkommt, daß einer der Partner konvertiert oder man fortan eben beide Konfessionen praktiziert.

Christentum

Ausgehend von der Zeit der Kolonisation wird die Insel noch heute vom Katholizismus geprägt. Die aus Afrika stammenden Sklaven mußten in der Regel zum Christentum konvertieren, einer Konfession die im Laufe der Zeit sehr stark von den Einflüssen verschiedener Kulturen und dem tropische Umfeld geprägt wurde. Parallele Glaubensrichtungen, wie beispielsweise die Anhänger der *Mission Salut et Guérisson* oder die *Zeugen Jehovahs* sind ebenso omnipräsent wie religiöse Bräuche und Rituale, die in Legenden und Überlieferungen ihren Ursprung finden. Neben den Ruhestätten der Pfarrer *Martin* (Les Avirons) und *Lafosse* (Saint-Louis), die sich nachhaltig für die Abschaffung der Sklaverei eingesetzt haben, erfreuen sich zahlreiche Heiligenstatuen und Kapellen eines wahren Kultes.

Populäre Beispiele sind *La Vierge Noire* in den Höhen *Sainte-Maries*, die einst einen flüchtigen Sklaven vor seinen Häschern beschützt haben soll, *La Vierge au Parasol*, deren symbolisch über dem Haupte schwebender Schirm dafür Sorge getragen haben soll, daß eine Region im Süden der Insel vor den drohenden Lavamassen bewahrt wurde, und nicht zuletzt die Kapelle *Notre-Dame de la Salette*, deren Errichtung man es zuschreibt, daß *Saint-Leu* einer schrecklichen Choleraepidemie entgehen konnte.

Auffällig sind auch die roten, blumengeschmückten Opferschreine zu Ehren Marias oder *Saint-Expédits*, die man überall auf der Insel vorfindet. Wenngleich Herkunft und Status des *Saint-Expédit* nicht abschließend geklärt sind und es wohl auf einem Zufall beruht, daß die Heiligenfigur auf der Insel gelandet ist, erfreut sich *Saint-Expédit* größter Beliebtheit und steht in dem Ruf, auf Anliegen seiner Anhänger besonders schnell zu reagieren.

Hinduismus

Der hinduistische Glaube hat die Insel zusammen mit den indischen Einwanderern erreicht. In den farbenprächtigen Tempeln wird Göttern wie *Vishnu, Brahma, Shiva* und *Ganesh* gehuldigt. Unter bestimmten Auflagen (zum Beispiel Schuhe ausziehen, keine Fotos, kein Leder mit sich führen, etc.) sind einige der Gotteshäuser Besuchern zugänglich. Religiöse Zeremonien finden alljährlich an verschiedenen Orten rund um die Insel statt. Am spektakulärsten sind der *Cavadee*, bei dem sich Bußgänger Nadeln durch die Haut stechen und schwere, blumengeschmük-

La chapelle du Rosaire in Saint-Louis

kte Altäre tragen, der Lauf über heiße Kohlen und das Fest der Lichter, der sogenannte *Dipavali* (s.S.143).

Islam

Wie der Hinduismus, so gelangte auch der
Islam aus dem fernen Indien nach Réunion. Die wegen ihres islamischen Glaubens von den Kreolen *Z'arabes* genannten Einwanderer stammen aus Provinzen
im nordwestlichen Teil des Landes, an der
Grenze zu Pakistan, zu denen auch heute
noch ein reger Kontakt besteht.
Über beinahe allen Gemeinden der Insel
schweben schlanke Minarette vorwiegend
sunnitischer Moscheen, welche Besuchern
außerhalb der Gebetsstunden offenste-
hen. Insgesamt zeigen sich auf Réunion

islamische Gläubige tolerant und offen
gegenüber anderen Religionen.

Buddhismus, Taoismus und Guan-Di

Obwohl viele der chinesischen Immigranten zum Christentum übergetreten sind,
blieben die Wurzeln zu ihrem ursprünglichen Glauben bestehen. Die Ausübung gestaltet sich heute sehr unterschiedlich, ver-
bindend sind aber, neben einigen anderen Zeremonien, das Neujahrsfest, an dem
mit Kanonenschlägen und Feuerwerk die
bösen Geister vertrieben werden und die
Feierlichkeiten zu Ehren *Guan-Di's*, eines
legendären Helden, dessen Name für Mut
und Aufrichtigkeit steht.
Chinesische Pagoden findet man in *Saint-
Denis* und *Saint-Pierre*.

Tamilischer Tempel in Saint-Louis

Hexenzauber und Aberglauben

Früchte, Bananenblätter, Blumen und Gewürze mitten auf einer stark frequentierten Kreuzung? Wer beim Anblick dieses tropischen Cocktails annimmt, die weggeworfenen Reste eines abendlichen Büfetts vor sich zu haben, irrt. Wenngleich Anleihen des Hinduismus zu finden sind, handelt es sich hierbei um einen der unzähligen spiritistischen Bräuche, die von Angehörigen verschiedener Glaubensrichtungen praktiziert werden. Einheimische warnen davor, solche Zusammenstellungen zu berühren oder gar durcheinander zu bringen, möchte man sich nicht dem Risiko aussetzten, mit einem Fluch behaftet zu werden.

Auf Réunion lebt jeder seine eigene Art von Glauben aus, wobei der Übergang zwischen traditioneller Religion und spiritistischer Vorstellung fließend ist und vom frommen Wunsch am Schrein des *Saint-Expédit* bis zur schwarzen Messe reicht. Nun sind nächtliche Rituale, bei denen mit Hilfe von Opfergaben die Geister des des Piraten *La Buse* (siehe S.78) oder des Massenmörders *Sitarane* (siehe S.111) beschworen werden, nicht jedermanns Sache, einem gewissen Hang zum Aberglauben kann auf Réunion allerdings niemand entsagen. Verlorene Seelen, Hexerei (sorcellerie), böse Geister und Flüche sind allgegenwärtig, und wehe dem, der sich nicht davor in acht nimmt.

Die kreolische Hütte

Die ersten Behausungen Réunions wurden mit Baustoffen errichtet, die den Siedlern im Überfluß zur Verfügung standen: Holz, Bambus und Gräser bildeten die Grundlage der case créole, der kreolischen Hütte. Einfachen Unterkonstruktionen wurden zunächst mit Palmwedel oder gebündeltem Vétivergras bedeckt, später folgten dann die *bardeaux*, Holzschindeln aus Tamarindenholz, die zur Verkleidung der Wände und des Daches dienten.

Die traditionelle *case créole* ist auch heute noch überall auf der Insel zu finden; ihre Bauweise hat sich im Laufe der Zeit nicht wesentlich verändert. Zwar wurde die Baustoffpalette um Beton und Wellblech erweitert, der modulare Aufbau, in dessen Kern der Hauptraum mit rechteckigem Grundriß steht, blieb jedoch erhalten. Je nach finanzieller Situation und Familienzuwachs werden diesem Wohnbereich an den Längsseiten weitere Räume und überdachte Veranden angegliedert.

Case créole in Le Brûle

43

Stadtvilla in Saint-Denis

Von Landgütern, Sommerresidenzen und Stadtpalästen

Majestätische Herrenhäuser, die am Ende langer Palmalleen liegen und von Zuckerrohrfeldern, Pferdeställen und den ehemaligen Behausungen der Sklaven umgeben sind, zeugen noch heute von der kolonialen Blütezeit der Insel. Die Konstruktionsprinzipien und Baumaterialien der *grandes cases*, wie die kreolischen Villen genannt werden, waren in ihren Anfängen dieselben, wie die der einfachen *case créole*. Eine großzügige Veranda führte in der Regel in den Salon, an den rechts und links Privaträume anschlossen. Nach Bedarf konnten die Villen zu den Seiten, nach hinten, oder sogar um ein ganzes Geschoß erweitert werden. Küche und Sanitärbereich befanden sich häufig in Nebengebäuden. Ende des 18. Jahrunderts machten sich dann klassizistische Einflüsse in der Villenarchitektur Réunions breit. Im Zuge der Französischen Revolution ließen sich viele Aristokraten auf der Maskareneninsel nieder und brachten aus Frankreich die wiederaufgenommenen Architekturvorstellungen der Antike mit. Die Harmonie der Proportionen, der repräsentative Charakter und die symmetrische, eine großartige Durchlüftung gewährleistende Gestaltung des Klassizismus setzten sich im exotischen Umfeld der Insel schnell durch. Viele der mächtigen Zuckerbarone verfügten neben dem Landgut über einen Sommersitz in den Bergen und eine Stadtvilla. Zu gesellschaftlichen Ereignissen traf sich vor allem in *Saint-Denis* die feine französische Gesellschaft, warum es wenig verwunderlich ist, daß in der historischen *Rue de Paris* auch heute noch die prächtigsten Stadtpaläste zu finden sind.

Der Siegeszug des Beton

Die Entwicklung moderner Baustoffe führte seit den zwanziger Jahren zu einem
Wandel der Stadtstrukturen. Die Möglichkeit, kostengünstig und schnell bauen zu
können, zog die Errichtung großer Wohn-
anlagen nach sich; eine Entwicklung, die
mit der Bevölkerungsexplosion in den
sechziger Jahren ihren Höhepunkt fand.
Heute werden jährlich zirka 9000 Wohnungen gebaut, davon sind über die Hälfte Sozialwohnungen. Obwohl die Massiv-
bauweise gerade in Bezug auf die zerstö-
rerischen Zyklone (Wirbelstürme denen

viele der traditionellen Holzhäuser zum Opfer gefallen sind) große Vorteile mit sich
bringt, scheint sich bei den heimischen
Architekten und Stadtplanern langsam die
Erkenntnis zu manifestieren, daß maxima-
le Fläche und minimale Kosten nicht die
einzigen Kriterien bei der Errichtung moderner Gebäude sein können.
Immer häufiger entdeckt man Neubauten,
bei denen versucht wurde, die Umgebung
in das Bauwerk mit einzubeziehen oder
aber Elemente der klassischen kreolischen
Architektur zu integrieren und wieder verstärkt Materialien wie Holz und Blech zu
verwenden.

Wohn- und Baumesse in Sainte-Clotilde

Les lambrequins

Das auffallendste kreolische Element, daß die einfache *case créole* mit der prächtigen Villa vereint und auch bei Neubauten häufig zur Anwendung kommt, ist das *lambrequin*, eine Art Ornamentgirlande, die in der Regel Giebel und Ortgang des Gebäudes ziert. Die symmetrischen Schnitzereien sind in vergleichbarer Form auch in anderen kreolischen Regionen zu finden, eine so phantasievolle und prächtige und Darstellung wie auf Réunion sucht jedoch ihresgleichen. Die Vielfalt der *lambrequins* geht nicht zuletzt auf die indischen Einwanderer zurück, was die Gestaltung der prächtigen hinduistischen Tempel, schon erahnen läßt.

Traditionell werden die Girlanden, die nicht nur als Dekor dienen, sondern ursprünglich einen geregelten Regenabtropf gewährleisten sollten, aus Holz oder Metall hergestellt, der Fortschritt bringt es aber mit sich, daß heutzutage auch Modelle aus Plastik erhältlich sind.

Case créole mit Lambrequins

Literatur

Die paradiesische Insel des Indischen Ozeans hat schon im 18. Jahrhundert Dichter, Autoren und Maler inspiriert, ihre Schönheit auf Papier festzuhalten. Da man dem Kreolischen lange seinen Wert als Schriftsprache aberkannte, ist es wenig verwunderlich, daß die Literatur der Insel ihre Anfänge im Französischen fand. Die ersten kreolischen Texte waren Märchen, die bis dato über Generationen hinweg mündlich überliefert wurden.

Im Laufe ihrer Entwicklung hat die Literatur der Maskareneninsel einige berühmte Schriftsteller und Poeten hervorgebracht, deren Werke in Frankreich und zum Teil sogar international Anerkennung finden. *Charles Leconte de Lisle* (1818-1894), als Sohn reicher Eltern in *Saint-Paul* geboren, verbrachte die meiste Zeit seines Lebens in Frankreich. Die feinfühligen Verse, in welchen er seiner Insel huldigt, haben ihn zu einer der bekanntesten Persönlichkeiten Réunions gemacht. Auch der Dichter und Maler *Léon Dierx* (1838-1912) machte Karriere im französischen Mutterland. Seine Gemälde kann man im *Musée Léon Dierx* in *Saint-Denis* bewundern. Als Autoren der Neuzeit, deren Werke über die Grenzen der Insel hinaus veröffentlicht wurden, sind vor allem der 1948 in Lothringen geborenen Journalist und Historiker *Daniel Vaxelaire* und der Autor *Axel Gauvin* zu erwähnen. *Vaxelaire*, auf dessen

Straßenmusik in Saint-Denis

Konto neben Romanen und Reiseführern auch Comicbände und Radiosendungen gehen, gilt als geschichtlicher Experte in Bezug auf Réunion.

Die auf Kreolisch verfaßten Romane des 1944 geborenen, einheimischen Lehrers *Gauvin* wurden in verschiedene Sprachen übersetzt. In Deutschland ist sein Buch »Faims d'enfance« unter dem Titel »Kindheitshunger« beim Peter Hammer Verlag erhältlich.

Musik

Wie so vieles auf der Insel, ist auch die Musik durch und durch kreolisch, d.h. sie ist ein Mischprodukt, das sich afrikanischer, madegassischer und europäischer Anleihen bedient. Als vor über einem Jahrhundert, mit der Abschaffung der Sklaverei die Grenzen zwischen den Volksgruppen verschwammen, kamen sich auch die unterschiedlichen Musikrichtungen näher. Afrikanische Rythmen und Bewegungsabläufe wurden salonfähig und vermischten sich mit europäischen Melodien. Der *Sega*, den man in verschiedenen Formen im gesamten Indischen Ozean antraf, symbolisierte ähnlich wie die kreolische Sprache ein neues Identitätsbewußtsein.

Im Laufe der Zeit entwickelte sich der *Sega* zu einer Art Volksmusik. Die Tatsache, daß soziale und politische Elemente mehr und mehr in den Hintergrund rückten, führte dazu, daß Kritiker ihre Wurzeln eher im *Maloya*, der völlig auf moderne, europäische Instrumente verzichtet und sich in seinen Texten oft mit dem Schicksal der ehemaligen Sklaven beschäftigt, suchten. Auch heute erzählt der *Maloya* von den Problemen der kreolische Bevölkerung. Ebenso wie der *Sega* wird er gerne mit dem karibischen *Reggae* gemischt, wobei dann von *Seggae* und *Maloggea* gesprochen wird. An bekannten Gruppen und Sängern sind *Gramoun lélé, Firmin Viry, Ziskakan, Baster, Danyél Waro* und *Ti-Fock* zu nennen.

Ti Burce, ein kreolischer Comic-Held

Vor über zehn Jahren eroberte die kreolische Comickultur die Buchläden und Zeitschriftenhandlungen Réunions. Zu Werken aus Frankreich und Amerika gesellten sich nach und nach Publikationen einheimischer Künstler. Farbig Illustrierte Bücher erzählten die Geschichte der Maskareneninsel und des Piraten *La Buse*. Hinzu kam der, in dreimonatigen Abständen erscheinende, *bande dessinée* der Vereinigung *Le Cri du Margouillat*. *Ti Burce*, der kleine Held dessen Abenteuer auf einigen Seiten dieses Reiseführers nachzulesen sind, wird im selben Verlag herausgeben und befindet sich bereits in seiner zweiten Folge. Der Autor *Thierry Maunier*, besser bekannt als *Tehem*, beschreibt darin die lokale Politik und das alltäglich Leben aus der Sicht eines kleinen Jungen, der mit seinen Freunden in den Bergen lebt. Klischees und Vorurteile werden ebenso feinfühlig und humorvoll in den kurzen Comicstrips verarbeitet wie die Sorgen und Nöte der kreolischen Bevölkerung.

Weitere Informationen können unter folgender Adresse angefordert werden:

Le Cri du Margouillat
Espace Jeumon
23, rue Rambo
97490 Sainte-Clotilde
La Réunion
Tel.: 00262 41 58 56
Fax.: 00262 94 14 72
E-mail: margouillat@guetali.fr
Internet: margouillat.guetali.fr

© BAND´ DECIDEE

Kreolische Köstlichkeiten

Ein Spaziergang durch Réunions Metropolen offenbart schnell die multikulturellen Ursprünge der inseltypischen Gastronomie. Chinesische Restaurants stehen neben indischen Schlemmertempeln und französischen Bistros; der über allem schwebende Begriff aber lautet: »la cuisine créole«.

Reich und einfach zugleich spiegeln sich in der kreolischen Küche die kulturelle Vielfalt und das tropische Umfeld der Insel wider. Alles dreht sich um das sogenannte cari, eine Art Ragout, in dessen unzähligen Zubereitungsarten die Spuren kulinarischer Einflüsse der verschiedenen Kontinente zu finden sind. Die Grundlage bildet eine Soße aus Tomaten, Zwiebeln und dem häufig als Safran bezeichneten Curcuma. Je nach Gericht kommen Gewürze, verschiedene Gemüsesorten und Fleisch- oder Fischstücke hinzu. Beilagen sind neben dem in großen Mengen eingeführtem Reis, der schon lange Maniok, Mais und Brotfrucht als Hauptnahrungsmittel verdrängt hat, grains und rougail. Unter grains versteht man Hülsenfrüchte, wie Linsen und Bohnen (nicht aber Erbsen), während das rougail, mit feurig scharfen Chilischoten (piment) versehen, der Mahlzeit die nötige Würze verleiht. Wird es auf Basis kleingehackter Tomaten oder Gurken zubereitet, laufen unerfahrene Besucher schnell Gefahr, es mit einem Salat zu verwechseln; ein Fehler der sicher nicht ein zweites Mal passiert. Zu den bekanntesten Speisen der Insel zählen das mit Ziegenfleisch und einer speziellen Würzmischung zubereitete cabris massalé, aus geräuchertem Schweinefleisch hergestelltes cari boucané und rougail saucisse, ein mit Würsten angerichtetes cari, welches trotz der Namensgleichheit nichts mit der oben als pikante Beilage beschrieben Chilisoße zu tun hat. Deren beliebteste Vertreter sind rougail tomate, mit zerdrückten grünen Mangos zubereitetes rougail mangue und aus Erdnüssen hergestelltes rougail pistache.

Wem ausgefallenere Gerichte vorschweben, der findet unter den lokalen Spezialitäten Wespenlarven (friture de guêpé), Süßwasserkrebse (cari camaron), Fischbrut (cari bichique), und den igelähnlichen Tanrek (cari tangue). Da einige dieser Arten mittlerweile vom Aussterben bedroht sind, sollte man von ihrem Genuß absehen.

Von Knabberkram und Spirituosen

Die traditionelle kreolische Mahlzeit verzichtet außerhalb besonderer Festtage auf Vor- und Nachspeise. Zu cari, Reis, grains und rougail werden zwar bisweilen ein pikanter Salat aus Kohl, Karotten und grünen Bohnen (achards) oder als Nachspeise tropische Früchte gereicht, ausgedehnte Menüs bieten aber lediglich Gîtes, Table d'hôtes (siehe S.218) und Restaurants. Dort kommt man auch in den Genuß eines Fruchtpunsches oder des mit Vanille, Gewürzen, tropischen Früchten und anderen Zutaten angesetzten *rhum arrangé*, für den jede Familie ihr eigenes Geheimrezept hat.

Für den kleinen Hunger zwischendurch bieten Händler an jeder Straßenecke eine reiche Auswahl köstlicher Knabbereien (amuses-gueules) indischer und chinesischer Herkunft. Dabei erfreuen sich *samoussas*, dreieckige Teigtaschen, die in unzähligen Geschmacksrichtungen zu haben sind, ebenso großer Beliebtheit wie im heißen Wasserdampf gegarte und mit Hackfleisch gefüllte *bouchons* oder scharfe *bonbons piments*. Sie kosten meist nur wenige *Francs* und können kalt ebenso wie warm verzehrt werden.

Cari poulet (für 6 Personen)

1 großes Huhn

3 Tomaten

2 Zwiebeln

5 Knoblauchzehen

1 Zweig Thymian

1/2 Teelöffel Curcuma

1 Messerspitze Gewürznelkenpulver

ca. 200 ml heißes Wasser

Salz und Pfeffer

Das in kleine Teile zerlegte Huhn anbraten, bis die Stücke goldgelb sind. Die in Ringe geschnitten Zwiebeln, das zerstoßene Knoblauch und etwas Salz beigeben. Kleingeschnittene Tomaten untermi-

© BAND´ DECIDEE

»Mémé Florida!
Ich will ein Samoussa!«

»Ne, Ne! Der ist zu scharf
für Deinen Magen«

»Hey! Woh
wissen, ohr

schen und das Ganze mit Thymian, *Curcuma*, Gewürznelke und Pfeffer würzen. Unter ständigem Rühren einige Minuten kochen, anschließend nach Gefühl heißes Wasser beigeben.

Auf kleiner Flamme schmoren lassen, bis das Fleisch gar ist, wenn notwendig erneut Wasser zugeben.

Mit Reis, *grains* und *rougail* servieren.

Rougail de tomates

4 Tomaten

3 grüne Chilischoten (piments verts)

1 Zwiebel

1 Messerspitze *Combava* oder Ingwer (am besten frisch)

Salz

Tomaten schälen, entkernen und in kleine Stücke zerteilen. Die Chilischoten mit Salz und *Combava* (oder Ingwer) im Mörser zerstampfen. Zwiebel in feine Ringe schneiden und zusammen mit den Tomaten und der Chili-Salz-Mischung zerreiben. Frisch servieren.

Grains

500g getrocknete Bohnen oder Linsen

1 Zweig Thymian

1/2 Zwiebel

2 Knoblauchzehen

Salz und Pfeffer

Bohnen oder Linsen kochen, bis sie gar sind. Öl in einem Topf erhitzen, und die in Ringe geschnittenen Zwiebeln zusammen mit dem zerstampften Knoblauch anbraten. Salz, Pfeffer und Thymian zugeben.

Linsen oder Bohnen zusammen mit dem Abkochwasser in den Topf zu den Gewürzen schütten und unter Rühren einkochen lassen bis die Soße cremig wird.

»...ollen Sie das ...u kosten?!«   *»Wieder mal mein 6. Sinn«*   *»Dreilagiges Toilettenpapier 10 FF«*

Der Norden

Den ersten Eindruck der Insel gewinnt man beim Landeanflug. Bevor wie aus dem Nichts die Piste vor dem Flugzeug erscheint, eröffnet sich dem Betrachter der, von der Hauptstadt *Saint-Denis* geprägte, Norden Réunions. Ein dichter Häuserteppich bedeckt die Küste und verliert sich in den steil ansteigenden Bergmassiven. Im Westen stößt eine schroffe Klippenlandschaft an den geballten Siedlungsraum, der die *Route du Littoral* vorgelagert ist. Wegen ihrer schwierigen Lage direkt am Meer und den immer wieder durch Steinschläge und Unwetter verursachten Schäden gilt sie als teuerstes Straßenbauprojekt der Welt.

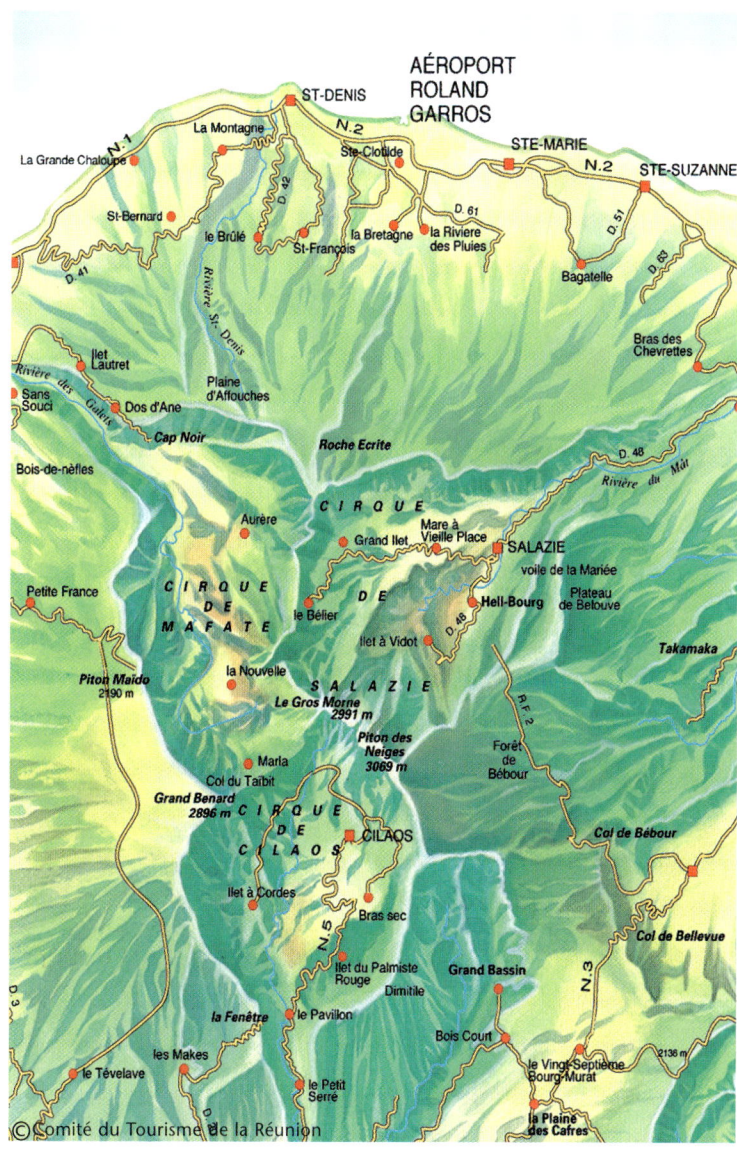

Ihren Namen verdankt die Stadt einem Handelsschiff, das 1667 in der Mündung des heutigen *Rivière Saint-Denis* ankerte. Knapp zwei Jahre später traf der erste Gouverneur der französischen Kolonie, *Etienne Regnault* ein, aber erst *Mahé de La Bourdonnais* ernannte 1735 *Saint-Denis* anstelle *Saint-Pauls* zur neuen Hauptstadt Réunions. Von 77 Einwohnern im Jahre 1690 und 7000 zu Anfang des 19. Jahrhunderts wuchs die Bevölkerung auf mittlerweile über 140000 Seelen an und macht *Saint-Denis* damit zur größten französischen Siedlung in Übersee.

Die ehemalige Hafenanlage *Le Barachois*, in früheren Zeiten immer wieder von Zyklonen zerstört, bietet heute angenehm mediterranes Flair. Angesichts der *Route Nationale*, die den gesamten Küstenstreifen von der Stadt trennt, stellt sie damit die einzige attraktive Aufenthaltsmöglichkeit am Meer dar, die *Saint-Denis* zu bieten hat. Vom *Barachois* führt die historische *Rue de Paris* mit ihren herrlichen kreolischen Villen bis zum Staatsgarten, dem *Jardin de l'État*. Insgesamt bietet die im Schachbrettmuster angelegte Innenstadt ein sehr widersprüchlich Bild: Historische Bauten und Straßenanzüge werden von dreckigen Betonklötzen, die Wohnungen oder Boutiquen beherbergen, abgelöst. Moscheen stehen inmitten lebendiger Geschäftsstraßen neben chinesischen Kramläden, modernen Bankgebäuden, heruntergekommenen Hallen oder hinduistisch-

Le Barachois

en Tempeln. Zur Hauptverkehrszeit, wenn die Geschäfte schließen, verwandelt sich der gesamte Kern zu einer einzigen, zusammenhängenden Blechlawine, in der sich die Autos zentimeterweise vorwärtsschieben. Nur wenige Zeit später ergibt sich dann ein ganz neues Bild: Die Straßen der Stadt sind wie ausgestorben, da nach Anbruch der Dunkelheit die Bürgersteige hochgeklappt werden, und nur in wenigen Bezirken der Ansatz eines Nachtlebens stattfindet.

Schön oder häßlich, schmutzig oder charmant, aufregend oder langweilig, dieses ganze Zusammenspiel verleiht *Saint-Denis* eine Dynamik, welche die Stadt einzigartig macht.

Im Zuge des Bevölkerungswachstums hat sich *Saint-Denis* immer weiter ausgedehnt und ist mit anderen Siedlungen zusammengewachsen, die heute Randzonen der Hauptstadt darstellen. Gerade dort haben sich soziale Ballungsräume gebildet, die ganz besonders unter hoher Arbeitslosigkeit leiden. Mangel an Chancengleichheit und Perspektive hat in *Chaudron* schon zu blutigen Ausschreitungen geführt.

Sehenswert

Hôtel de la Préfecture
Historisches Gebäude

1734 errichtet und ursprünglich als Lagerstätte der französischen *Compagnie des Indes* genutzt, wurde der Komplex bald von *Mahé de la Bourdonnais* umgebaut und vergrößert, um ab 1767 als Sitz des französischen Gouverneurs zu dienen.

Heutzutage residiert der Präfekt in dem klassizistischen Gebäude, das in der Regel Touristen nicht zugänglich ist, aber auch von außen einen Blick lohnt.

Rue de Paris
Historische Straße

In der *Rue de Paris* befinden sich zahlreiche, zum Teil gut erhaltene Villen der Kolonialzeit, wie zum Beispiel die *Maison-Barre*, das Geburtshaus des Malers und Dichters *Léon Dierx* sowie des ehemaligen französischen Premierministers *Roland Barre*. Die meisten sind für die Öffentlichkeit geschlossen, da sie sich entweder in privaten Händen befinden oder aber staatliche Institutionen beherbergen. Ausnahmen bilden neben einigen kleineren Galerien die beiden Museen *Léon Dierx* und *L'Artothèque*.

Am *Monument aux morts* geht die *Rue de Paris* in die *Avenue de la Victoire* über. Beide zusammen bilden die historische Nord-Süd-Achse vom *Barachois*, als ehemaliger Hafen, bis zum *Jardin de l'État*, dem Stadtpark.

Stadtvilla in der Rue de Paris

L'Hôtel de ville

Altes Rathaus

Zwischen 1846 und 1860 errichtetes Rathaus am Beginn der *Rue de Paris*, neben dem *Monument aux morts*, einer Säule zu Ehren der Gefallenen des Ersten Weltkrieges.

Musée Léon Dierx

Museum

28, rue de Paris; Tel.: 20 24 82

1846 errichtet, diente die Villa in der *Rue de Paris* zunächst als Sitz des Bischofs. Heute ist hier neben Werken des einheimischen Malers und Dichters *Léon Dierx* eine ansehnliche Sammlung mit Stücken bekannter Künstler wie Gauguin, Picasso und Chagall zu bewundern. Zusätzlich werden alle 4 bis 5 Monate wechselnde Ausstellungen gezeigt. Eintritt kostenlos.

L'artothèque

Museum

26, rue de Paris; Tel.: 41 75 50

Unweit des Museums *Léon Dierx* findet man die zwischen 1843 und 1858 erbaute und nach einer kompletten Demontage im Jahre 1991 identisch wiedererrichtete *Villa Mas*, die heute die Ausstellungsräume der *Artothèque* beherbergt. Gezeigt wird hauptsächlich Zeitgenössisches mit Augenmerk auf lokale Künstler. Während im Obergeschoß dauerhafte Exponate zu

bewundern sind, unterliegen die Ausstellungen in den unteren Räumlichkeiten einem zwei- bis dreimonatlichem Wechsel.

Muséum d'histoire naturelle

Naturkundemuseum

Jardin de l'État; Tel.: 20 02 19

Das 1835 errichtete Gebäude diente zunächst als Sitz des Kolonialrates, wurde aus politischen Gründen aber bereits im Jahre 1855 zum Naturkundemuseum umfunktioniert. Mit seinem repräsentativen Portikus und den dorischen Säulen ist es ein gutes Beispiel für die klassizistische Bauart dieser Epoche. 1998 von Grund auf renoviert präsentiert das Museum heute eine große Sammlung an Muscheln und Präparaten heimischer Tiere, darunter auch viele endemische Arten des Indischen Ozeans. In Schaukästen werden Szenen aus dem Lebensbereich der verschiedenen Spezies nachgestellt. Von besonderem Interesse ist das Skelett des ausgerotteten *Dodo*.

Jardin de l'État
Stadtpark

Von der französischen *Compagnie des Indes* in der Nähe des Flusses gegründet, ging der botanische Garten 1764 in Staatsbesitz über und wurde zwischen 1767 und 1773 an seinen jetzigen Standort verlagert, wo er zunächst den Namen »Garten der Könige« erhielt. Seine Blüte erlebte der Park im Jahre 1817 mit der Ankunft *Nicolas Bréons*, der eine überwältigende Sammlung von Pflanzengattungen aus aller Welt mitbrachte. Erst 1948 erhielt der Garten im Zuge der Departementalisierung seinen heutigen Namen.

Schattige Alleen, eindrucksvolle tropische Pflanzen und beruhigende Wasserspiele machen den Park als friedliche Oase der Erholung inmitten des hektischen Stadttreibens attraktiv und unverzichtbar.

Grand Marché
Großer Markt

Bekannt auch als *Marché malgache* bieten die 1865 errichteten Markthallen, am Ende der *Rue Maréchal-Leclerc* überwiegend Massenware aus Madagaskar und Mauritius. Das Angebot der Händler reicht von Tüchern über Schnitzereien bis hin zu Mineralien und Muscheln. Günstige Preise; es empfiehlt sich jedoch die Stücke etwas genauer unter die Lupe zu nehmen. Die ganze Woche über ganztags geöffnet.

Petit Marché
Lebensmittelmarkt

Auf dem »Kleinen Markt« in der *Rue du Maréchal Leclerc* werden täglich Produkte der reunionnaisischen Landwirtschaft feilgeboten. Neben Gewürzen, Obst und Gemüse findet man hier, in winzigen Käfigen zusammengepfercht, alle Arten von Geflügel.

Wochenmärkte finden an verschiedenen Vormittagen in den Stadtteilen *La Source*, *Camelias* und *Sainte-Clotilde* statt.

Cathédrale Sainte-Marie
Kathedrale

Mit schattigem Vorplatz an der *Avenue de la Victoire* gelegen. Die klassizistische Kirche vom Beginn des 19. Jahrhunderts ist auf Grund von Renovierungsarbeiten die meiste Zeit nicht zugänglich.

La mosquée Noor Al Islam
Große Moschee

Eingerahmt von Geschäften und Boutiquen findet man die sunitische Moschee in der *Rue Maréchal-Leclerc*, nur einige Meter von der Post entfernt. Den Eingang markiert ein kunstvoll verziertes Tor.

Besuchszeit nur außerhalb der Gebetsstunden, d.h. von 9-12 und 14-16 Uhr in Begleitung eines Führers. Die Schuhe müssen ausgezogen werden.

Le temple tamoul

Hinduistischer Tempel

Nur wer sich an bestimmte Regeln hält, darf den farbenprächtigen Tempel in der *Rue Maréchal Leclerc* besichtigen. Das Mitführen von Lederartikeln sowie Fotografieren ist verboten; die Schuhe müssen am Eingang gelassen werden.

Tamilischer Bußgänger beim Cavadee-Fest

Parc zoologique de Saint-Denis

Zoologischer Garten (Behindertengerecht)

21, Av. G. Pompidou, Ste-Clotilde

Kleiner, schattig angelegter Zoo, über die N2 in Richtung Sainte-Marie zu erreichen. Neben einigen endemischen Arten des Indischen Ozeans, auch Raubkatzen in viel zu kleinen Käfigen.

Unterkünfte*

Du Centre ($)

Hotel

272, rue Maréchal Leclerc

Tel.: 41 73 02; Fax: 94 17 33

Kürzlich renoviert und seitdem von der Pension zum Hotel aufgestiegen, bietet das *Du Centre* eines der besten Preis-/Leistungsverhältnisse der Stadt.

Das Hotel befindet sich in einer belebten Straße in zweiter Reihe und ist dadurch recht gut vor Lärm geschützt. Die sauberen, kleinen Zimmer haben Dusche und meist einen kleinen Balkon; die Toilette liegt auf dem Gang. Im Hinterhof befindet sich eine überdachte Terrasse mit Fernseher und Gemeinschaftsküche.

Hibiscus ($)

Pension

66, rue des Limites

Tel.: 41 05 19; Fax: 20 48 79

Etwas oberhalb des Stadtkerns in einer Wohnanlage. Die ruhig gelegene Pension bietet sehr einfache Zimmer, von denen sich jeweils vier Dusche, WC sowie eine geräumige Küche teilen. Waschmaschine und (im überdachten Innenhof) Fernseher. Möglichst früh reservieren, da ein Großteil der 16 Zimmer langfristig vermietet wird. Bei längerem Aufenthalt nach Sonderkonditionen fragen.

*Erläuterungen und Preiskategorien S.218ff.

Du Nord ($)

Pension

5 bis, ruelle Pavée

Tel.: 41 77 90; Fax: 20 41 17

Ruhig gelegen, etwas abseits des Stadtzentrums. Die Zimmer sind einfach bis altmodisch, aber dafür mit Dusche, WC und Ventilator ausgestattet. Es gibt einen kleinen Balkon, ein Fernsehzimmer und eine Küche für die Allgemeinheit.

Lancastel Protéa ($$)

Hotel (Behindertengerecht)

6, rue Henri Vavasseur

Tel.: 94 70 70; Fax: 20 12 05

Großer, vollständig mit blauen und weißen Fliesen bedeckter Hotelklotz, fast direkt am Meer (die N1 liegt dazwischen). Das Innere sieht deutlich einladender aus, als es die äußere Erscheinung vermuten läßt. Die Zimmer bieten recht hohen Komfort mit Klimaanlage, Telefon, Fernseher und Bad. Leider bekommen diejenigen mit Blick aufs Meer auch den Straßenlärm ab. Im unteren Teil Bar und Restaurant. Das *Lancastel Protéa* ist ein Konferenzhotel ohne Charme, aber mit gutem Preis-/Leistungsverhältnis.

De l'Océan ($$)

Hotel (Behindertengerecht)

10, boulevard de l'Océan

Tel.: 41 43 08; Fax: 21 76 59

Zentral gelegener Komplex in Küstennähe. Klimatisierte Zimmer mit Fernseher, Telefon und Minibar. Es wird auf Sauberkeit geachtet, und abgesehen vom Straßenlärm, der sich Nachts in Grenzen hält, kann sich das Preis-/Leistungsverhältnis sehen lassen.

Fleur de Mai ($$ bis $$$)

Hotel

1A, rue Moulin à Vent

Tel.: 41 51 81; Fax: 94 11 60

Üppige Blumenpracht unterstreicht den Charme des kleinen, zentral gelegenen, kreolischen Hauses in der »Windmühlenstraße«. Zimmer mit Badewanne, WC und Klimaanlage. Der Komfort entspricht vielleicht nicht ganz dem Preis, aber dank des niedlichen Balkons und der ruhigen Lage kann man sich leicht darüber hinwegtrösten.

Marianne ($$$)

Hotel (Behindertengerecht)

5, ruelle Boulot

Tel.: 21 80 80; Fax: 21 85 00

2-Sterne Hotel, ein gutes Stück oberhalb des Stadtzentrums, in der Nähe des *Jardins de l'Etat*. Die sauberen, sehr hellen Zimmer sind mit Rattanmöbeln eingerichtet und bieten jeden Komfort von Klimaanlage über Telefon, Fernseher, Balkon, Dusche und WC, bis hin zur Minibar.

Drei der Zimmer haben eine Kochnische (Aufpreis). Um die Ecke bietet ein kleiner chinesischer Kramladen die Möglichkeit sich mit Lebensmitteln einzudecken. Freundlicher, professioneller Service.

Le Juliette Dodu ($$$$)

Hotel (Behindertengerecht)
31, rue Juliette Dodu
Tel.: 20 91 20; Fax: 20 91 21

Das Geburtshaus *Juliette Dodus* aus der Epoche der französischen *Compagnie des Indes* wurde mit sehr viel Feingefühl restauriert und präsentiert sich als eines der charmantesten First-Class Hotels der Insel. Die 43 Zimmer, die zum Teil noch den alten Holzfußboden aufweisen, sind mit Klimaanlage, Telefon, Minibar, Anschlüssen für Faxgerät und Modem sowie Fernseher ausgestattet.
Interessant auch der, geschickt in den kleinen Garten des zentral gelegenen 3-Sterne Hotels eingepaßte Swimmingpool.

Le Mercure Creolia ($$$$ bis $$$$$)

Hotel
14, rue du Stade, Montgaillard
Tel.: 94 26 26; Fax: 94 27 27

3-Sterne Luxushotel mit phantastischer Aussicht oberhalb von *Saint-Denis*. Neben einem großen Schwimmbad noch jede Menge anderer Sportangebote. Steht im Ruf des besten Hotels der Stadt.

Gastronomie*

Self Créole ($)

Restaurant
269 bis, rue Maréchal Leclerc
Tel.: 41 58 83

Kleines Lokal, etwas versteckt in der belebten Straße *Rue Maréchal Leclerc*. Die wenigsten Gäste lassen sich in dem schlichten Speisesaal nieder, so daß sich das Geschehen hauptsächlich auf *à emporter*, zum Mitnehmen, konzentriert. Zur Auswahl stehen vier bis sechs verschiedene *Caris*. Mittags und abends geöffnet.

Massalé ($)

Snack/ Restaurant
30, rue Alexis de Villeneuve
Tel.: 21 75 06

Wer etwas für den kleinen Hunger zwischendurch sucht, findet hier ein reichhaltiges Angebot an kreolischen und indischen Appetithappen, die ganz nach Bedarf variiert werden können. Von *Beignets* über *Samoussas* bis hin zu zuckersüßen *Bonbon Coco* ist alles zu haben, was die Einheimischen unter *Amuses-gueules* verstehen. Bis in den frühen Abend geöffnet.

Midi Express ($)

Selbstbedienungsrestaurant
17, rue de Nice
Tel.: 41 19 45

*Erläuterungen und Preiskategorien S.221ff.

Wie der Name des Restaurants schon sagt, beschränkt sich das Angebot an warmen Speisen, auf die Mittagszeit. Service und Ambiente kommen denen einer Kantine gleich, aber die große Auswahl an *Caris*, Salaten und Sandwichs, moderate Preise und die exzellente Qualität ziehen gegen Mittag wahre Menschenmassen an. Wer nicht vor einer leer geräumten Auslage stehen möchte, sollte sich zeitig auf den Weg machen. Wenige Sitzmöglichkeiten.

Le Panier à Salade ($$)
Restaurant
37, rue Juliette Dodu
Tel.: 41 60 48

Die Öffnungszeiten des auf Salate spezialisierten Restaurants beschränken sich auf den Mittag. Neben knackigem Grünzeug stehen noch hausgemachte Kuchen, Sandwiches und ein Tagesgericht auf der Speisekarte. Reiche Auswahl, großzügige Portionen.

Le Vieux Carai ($$)
Restaurant
74, Avenue Leconte de Lisle, Sainte-Clotilde
Tel.: 28 45 78

Typisch kreolisches Restaurant mit schlichtem Ambiente, authentischer Küche, reicher Auswahl und sehr moderaten Preisen. Mittags und abends geöffnet.

Le Palmier ($$ bis $$$)
Pizzeria/ Restaurant
54, rue Charles Gounod
Tel.: 41 53 34

Im dem kleinen Eckhaus werden die Gäste mit französischen Gerichten und vorzüglicher Holzofenpizza verwöhnt. Leider keine Möglichkeit, im Freien zu speisen. Mittags und abends geöffnet.

Deutsche Stube ($$$)
Restaurant
34, rue de la Compagnie
Tel.: 21 14 26

Deutsches Lokal im Stadtzentrum. Vermittelt ein etwas düsteres Kneipenambiente. Wem die heimische Küche fehlt, der befindet sich hier am richtigen Ort: neben lokalen Spezialitäten werden Sauerkraut, Gulasch und deutsche Getränke serviert. Durchgehend ab morgens geöffnet.

Le Cadre Noir de Mizou Alcaraz ($$$)
Galerie/ Bistro
11, rue de Paris
Tel.: 21 44 88

Im hinteren Teil der *Case créole* mit Ausstellungen internationaler Künstler (überwiegend aus Frankreich und Madagaskar), befindet sich ein kleines Bistro. Neben einem Tagesgericht bekommt man hier Eis, Kuchen und über vierzig Teesorten serviert.

Von Dienstag bis Samstag durchgehend bis zum frühen Abend geöffnet.

Le Reflet des Îles ($$$)
Restaurant
27, rue de l'Est
Tel.: 21 73 82

Eine der besten Adressen, um in den Genuß der kreolischen Küche zu kommen. Die Authentizität und Raffinesse der Speisen hat sich herumgesprochen, so daß man nach Möglichkeit reservieren sollte. Mittags und abends geöffnet.

Le Goujarat ($$$)
Restaurant
Boulevard Gabriel Macé
Tel.: 21 60 61

Besticht durch seine Nähe zum Meer. Über dem Schwimmbad des *Barachois* gelegen, bietet das indische Lokal seinen Gästen eine große Terrasse mit Blick auf das Bekken und die rauhe See im Hintergrund. Von besonderem Interesse für Vegetarier. Mittags und abends geöffnet.

La Maison du Poisson ($$$)
Fischrestaurant
52, rue des Limites
Tel.: 24 24 23

Etwas versteckt hinter dem *Petit marché* befindet sich das auf Fisch und Meeresfrüchte spezialisierte Restaurant »La Maison du Poisson«. In dem ehemaligen Fischgeschäft, das immer noch hellblau gekachelt ist, bekommen Besucher ein täglich wechselndes Menü geboten.

Le Bistrot de la Porte des Lilas ($$$$)
Restaurant
173 bis, rue Jean Chatel
Tel.: 41 45 55

Die gehobene französische Gastronomie läßt sich schon vom Namen des Lokals her ableiten. In dem alten kreolischen Haus mit romantischer Terrasse und einem kleinen Vorgarten legt man Wert auf Etikette. Gäste können die hervorragende Küche zur Mittags- und Abendzeit in Anspruch nehmen.

Clos Saint-Jaques ($$$$)
Restaurant
5, ruelle Edouard
Tel.: 21 59 09

Charmantes Restaurant neben der Kathedrale, in einem alten kreolischen Haus mit hohem Gatter. Die unzähligen Plakate im Innenraum verraten die südfranzösische Herkunft des Besitzers, der seine Gäste mit mediterranem Flair und der dazugehörigen Küche bewirtet. Gepflegtes Ambiente und raffinierte Speisen lassen den Besuch zu einem kulinarischen Erlebnis werden. Mittags und abends geöffnet.

Bonnat-Vola ($$$$)
Restaurant
22 bis, rue de Suffren
Tel.: 41 65 48

Nur abends geöffnet, etwas abseits des Stadtzentrums, mit exzellenter französischer Küche in intimem Ambiente. Den originellen Speisesaal zieren afrikanische Skulpturen und Kunstobjekte.

La Domaine des Jamroses ($$$$)
Restaurant
6, chemin du Colorado, La Montagne
Tel.: 23 59 00

Wunderschön, in den Höhen von *La Montagne* gelegenes Hotel-Restaurant. Französische Spitzenküche mit kreolischen Elementen. Professioneller Service, raffinierte Speisen und stilvolle Einrichtung. Reservierung ist anzuraten.

Abendliche Aktivitäten

Le Cyclone Café
Bar und Bistro
24, rue Jean Chatel
Tel.: 20 00 23

Originell eingerichtete Kneipe mit eher jungem Publikum. Neben einer großen Auswahl an Getränken bietet das zentral gelegene *Cyclone* auch einige Tagesgerichte,

Salate und Snacks. Mittags und abends geöffnet.

Le Saint-Hubert
Bar und Bistro
4, rue Victor Mac Auliffe
Tel.: 21 95 95

Französisches Café; neben leckeren Speisen wechselnde Themenabende. Durchgehend geöffnet.

Café Moda
Bar und Bistro
75, rue Pasteur
Tel.: 41 33 41

Die modern eingerichtete Bar hat sich als Schickimicki-Treffpunkt von *Saint-Denis* etabliert. Hier findet man alle, die in der lokalen Mode- und Fernsehwelt etwas zu melden haben. Das *Café Moda* verbindet Cocktailbar, Bistro und Restaurant in einem und bietet seinen Gästen die Möglichkeit, in einem kleinen Vorhof zur belebten *Rue Pasteur* zu speisen. Mittags und abends geöffnet.

L'Igloo
Eissalon
67, rue Jean Chatel
Tel.: 21 34 69 oder 41 34 69

Ganz egal wie ausgestorben *Saint-Denis* an manchen Abenden auch sein mag, im *l'Igloo* ist immer was los. Wahre Menschentrauben halten sich vor dem Café auf und stehen Schlange, um in den Genuß der köstlichen, hausgemachten Eisspezialitäten zu kommen. Die gleichnamige Filiale gegenüber kümmert sich um den Bedarf an Softeis.

Palaxa/Kabar Bar
Konzerthalle, Diskothek und Bar
23, rue Rambo; Espace Jeumon; Le Butor
Tel.: 21 87 58

Auf demselben Gelände angesiedelt wie das Theater *Vollard* und die Comicbewegung *Le Cri du Margouillat*, hat sich das Palaxa der Musik des Indischen Ozeans verschrieben. Neben Ausstellungen werden Konzerte lokaler Größen wie *Danyél Waro* oder *Grammoun Lélé*, von Zeit zu Zeit auch Techno-Veranstaltungen geboten. Die Vielfalt des Angebotes spiegelt sich in der Durchmischung des Publikums wider. Ob Jung oder Alt, Einheimischer oder Tourist, im *Palaxa* kommt jeder auf seine Kosten.

Banana's Café
Diskothek
2 bis, rue de Nice
Tel.: 20 31 44 oder 20 31 32

Eine der wenigen Diskotheken, die keinen Eintritt verlangen. Nahe des *Barachois*, füllt sich das *Banana's* erst nach Mitternacht.

Europäisches Ambiente und junges Publikum. Achtung, wer mit Turnschuhen kommt, sieht das *Banana's* wahrscheinlich nur von außen.

Gin Get/Bowling Club de Bourbon
Diskothek, Bar und Bowling Bahn
9, Boulevard Vauban, Champ-Fleuri
Tel.: 41 65 65

Etwas außerhalb des Stadtkerns in Richtung *Sainte-Clotilde* neben dem Theater *Champ-Fleuri*. Pyramidenförmiges Gebäude mit Diskothek und Bowlingbahnen.

Casino de Saint-Denis
Kasino
Place Sarda Garriga
Tel.: 41 33 33

Das Kasino am Barachois verfügt neben Roulette und Black Jack auch über Spielautomaten.

Einkaufen

La Galerie Artisanale
Souvenir und Kunsthandwerk
Espace Continent, Sainte-Clotilde
Tel.: 29 56 66

Große Auswahl inseltypischer Handwerkserzeugnisse und Andenken. Geschmackvoll präsentiert, aber vergleichsweise teuer. Die Galerie befindet sich in einem der größten Einkaufszentren der Insel, dem *Espace Continent*, mit Busanbindung zum Stadtkern.

Le Mahal (Arts de l'Inde)

Souvenir und Kunsthandwerk
50, rue Maréchal Leclerc
Tel.: 41 63 98

Auffälliges Eckgebäude im Stadtzentrum, einige Meter von der Hauptpost entfernt. Der Laden mit Filialen in *Saint-Pierre* und *Saint-Paul* befindet sich im ersten Stock und bietet eine reiche Auswahl edler Stoffe und indischen Kunsthandwerks.

Trésors de l'Île de la Réunion

Fotografie und Souvenir
122, rue Juliette Dodu
Tel.: 41 25 25

Noor Akhoun, Gründer und Besitzer der Boutique, gehört zu den lokalen Größen der Fotografie. Unter seiner Mitwirkung sind zahlreiche Bücher zu verschiedenen Themen des Indischen Ozeans erschienen. Neben Videos und aller Arten Souvenirs kann man sie in dem kleinen Laden im Stadtzentrum erstehen.

Pardon!

Bekleidung
96, rue Jean Chatel
Tel.: 90 14 20

Führende Marke im T-Shirtboom der letzten Jahre mit Filialen rund um die Insel. Kaum ein Einheimischer, der nicht im Besitz eines Kleidungsstückes mit dem unverkennbaren *Pardon!*-Logo wäre.

La Bouquinerie

Gebrauchte Bücher
5, rue Laferrière
Tel.: 41 31 46

Die kleine Buchhandlung liegt etwas versteckt neben dem *Mascareignes Hotel*. Unter sachkundiger Betreuung bietet der Laden eine große Auswahl gebrauchter Bücher aller Themenbereiche, darunter Comics, Antiquitäten und einiges über den Indischen Ozean.

L'Entrepot

Bücher
82-88, rue Juliette Dodu
Tel.: 20 94 94

Größte Buchhandlung der Stadt.

PMU Barachois

Zeitschriften
3, avenue de la Victoire
Tel.: 20 34 66

Zeitschriftenhandlung und Lottoannahmestelle am *Barachois*, hinter der Bar *Roland Garros*. Man bekommt hier (fast) aktuelle deutsche Zeitungen und Magazine.

Saint-Denis

Sehenswert

1 Hôtel de la Préfecture
2 L'hôtel de ville
3 Musée Léon Dierx
4 L'artothèque
5 Muséum d'histoire naturelle
6 Grand Marché
7 Petit Marché
8 Cathédrale Sainte-Marie
9 La mosquée Noor Al Islam
10 Le temple tamoul

Unterkünfte

11 Du Centre ($)
12 Hibiscus ($)
13 Lancastel Protéa ($$)
14 De l'Océan ($$)
15 Fleur de Mai ($$ bis $$$)
16 Marianne ($$$)
17 Le Juliette Dodu ($$$$)
18 Le Mercure Creolia ($$$$ bis $$$$$)

Gastronomie

19 Massalé ($)
20 Midi Express ($)
21 Le Panier à Salade ($$)
22 Le Palmier ($$ bis $$$)
23 Deutsche Stube ($$$)
24 Le Cadre Noir de Mizou Alcaraz ($$$)
25 Le Reflet des Îles ($$$)

26 Le Goujarat ($$$)
27 La Maison du Poisson ($$$)
28 Le Bistrot de la Porte des Lilas ($$$$)
29 Clos Saint-Jaques ($$$$)
30 Bonnat-Vola ($$$$)

Abendliche Aktivitäten

31 Le Cyclone Café
32 Le Saint-Hubert
33 Café Moda
34 L'Igloo
35 Banana's Café
36 Casino de Saint-Denis

Nützliche Adressen

37 BNPI
38 Crédit Agricole
39 Banque de la Réunion
40 Maison de la Montagne
41 Fremdenverkehrsamt
42 Hauptpost
43 France Telcom

Busbahnhof

Der zentrale Busbahnhof von *Saint-Denis* ist wegen Renovierungsarbeiten bis auf unbestimmte Zeit geschlossen, so daß man sich vor Ort über die provisorischen Haltestellen und Fahrpläne informieren muß.

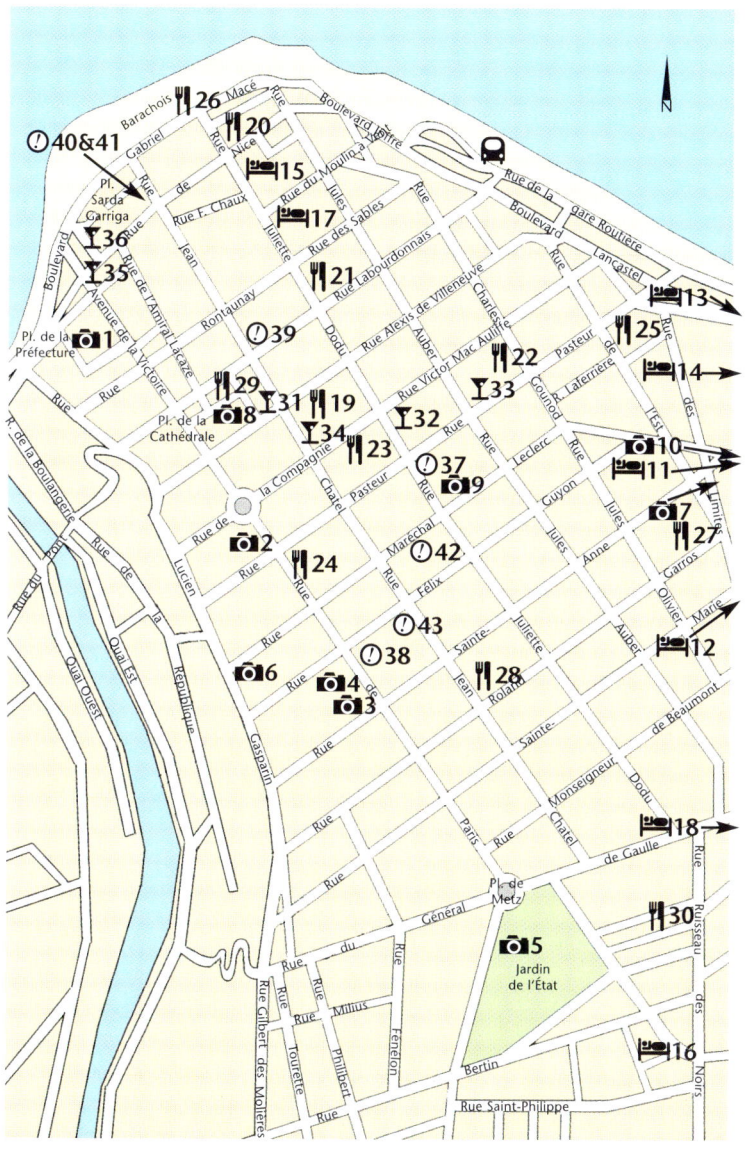

Saint-Denis

Nützliche Adressen

B.R.E.D Banque Populaire
33, rue Victor Mac Auliffe
Tel.: 90 15 60
Geldautomat (EC-Karte wird akzeptiert)

BNP!
67, rue Juliette Dodu
Tel.: 40 30 30
Geldautomat (Akzeptiert keine EC-Karte)

Crédit Agricole
14, rue Félix Guyon
Tel.: 90 91 00
Geldautomat (EC-Karte wird akzeptiert)

Banque de la Réunion
27, rue Jean Chatel
Tel.: 40 01 23

Maison de la Communication (Bibliot.)
Av. Jean Paul II, Montgaillard
Tel.: 94 28 88

A.O.M (Fluggesellschaft)
7, rue Jean Chatel
Tel.: 94 77 77; Flughafenbüro: 48 80 99

Air Austral (Fluggesellschaft)
4, rue de Nice
Tel.: 90 90 90; Flughafenbüro: 48 80 20

Air France (Fluggesellschaft)
7, avenue de la Victoire

Tel.: 40 38 38; Flughafenbüro: 48 80 86

Air Liberté (Fluggesellschaft)
13, rue Charles Gounod
Tel.: 94 72 00; Flughafenbüro: 48 83 84

Air Madagascar (Fluggesellschaft)
2, rue Victor Mac Auliffe
Tel.: 21 05 21; Flughafenbüro: 48 80 18

Air Mauritius (Fluggesellschaft)
13, rue Charles Gounod
Tel.: 94 83 83; Flughafenbüro: 48 80 18

Maison de la Montagne
10, Place Sarda Garriga
Tel.: 90 78 78

Fremdenverkehrsamt
10, Place Sarda Garriga
Tel.: 41 83 00

Hauptpost
60, rue du Maréchal Leclerc
Tel.: 21 12 12
Geldautomat (EC-Karte wird akzeptiert)

France Telcom
114, rue Jean Chatel
Tel.: 20 50 81

Bourbon Voyages (Reisebüro)
14, rue Rontaunay
Tel.: 94 76 76
American Express Vertretung

Ausflugsziele in der Umgebung

Le Brûlé
Höhenort (824 m)

Oberhalb von *Saint-Denis* gelegen, verdankt der Höhenort seine Besiedlung dem luftig-kühlen Klima und der Angst vor Malaria. 1854 wurde die erste Straße in das Dorf errichtet, welches sich bald so großer Beliebtheit erfreute, daß zeitweise sogar die Errichtung einer Seilbahn angedacht wurde.

Auch heute noch ist *Le Brûlé* mit seinen alten Holzhäusern als Ausgangspunkt zahlreicher Wanderrouten einen Besuch wert. Von *Saint-Denis* aus über die D42 zu erreichen.

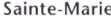

Sainte-Marie
Küstenort

Endlose Zuckerrohrfelder, eine stillgelegte Fabrik und eine schwarze Jungfrau, um die sich phantastische Legenden ranken. Beim Besuch der verschlafenen Gemeinde aus dem 19. Jahrhundert lohnt sich ein Blick auf die *Usine de La Mare*, die erst im Jahre 1981 geschlossen wurde und auf die *Vierge Noire*, eine Madonnen-Statue in *Rivière-des-Pluies*, oberhalb von *Sainte-Marie*.

Sie erfreut sich vor allem an Wochenenden großer Beliebtheit. Zahlreiche Gläubige strömen zu dem kleinen Hügel, um der Jungfrau mit Blumen zu huldigen.

La Vierge Noire in Rivière-des-Pluies

La Montagne und Saint-Bernard
Höhenort (443 m)

Entstanden im 18. Jahrhundert an der Verbindungsstraße von *Saint-Denis* nach *La Possession*, etablierten sich die Orte dank ihres angenehmen Klimas bald als Sommerresidenz der Reichen und Privilegierten. 1854 wurde in *Saint-Bernard* eine Leprastation eingerichtet.

Von der N1 aus führt gleich hinter *Saint-Denis* die gut beschilderte D41 nach *La Montagne*.

»La côte sous le vent« wird die dem Wind abgewandte, fast immer sonnige Seite der Insel genannt. Das milde, trockene Klima und von Korallenriffen geschützte Sandstrände, wie sie nur hier zu finden sind, haben den Westen zum touristischen Mittelpunkt Réunions gemacht. Dabei lassen Hotelburgen so gar nichts vom kreolischen Charme der Maskareneninsel durchkommen, und auch die in den Sommermonaten sehr karge Vegetation, erinnert nur wenig an die Tropen. Dennoch, die Stärke Réunions liegt in seiner Vielfalt, wobei der 85 km lange Küstenstreifen von *Saint-Denis* bis *Saint-Pierre* mit seinen weißen und schwarzen Sandstränden hervorragend zur Entspannung dient. Außerdem ist die Region um *Saint-Gilles-les-Bains* der einzige Ort der Insel, an dem man von einem vernünftigen Nachtleben sprechen kann.

Eine lohnenswerte Alternative zur Nationalstraße (N1) stellen die Panoramastraßen der Höhen dar, die neben der Erkundung zahlreicher Bergdörfer eine herrliche Aussicht über die Küste bieten.

©Comité du Tourisme de la Réunion

La Possession

Die Gründung der Stadt datiert auf das Jahr 1649, in dem die offizielle Inbesitznahme (la Possession) der Insel durch die französische Krone erfolgte. Nicht reich an Sehenswürdigkeiten, sucht man in *La Possession* vergeblich ein wirkliches Zentrum. An einem Weg, parallel zur N1, liegen einige Geschäfte und die Post.

Das Umland besticht in erster Linie durch herrliche Aussichtspunkte und Panoramastraßen (z.B. in Richtung *La Montagne* oder *Dos d'Âne*).

Unterkünfte*

Dos d'Âne

M. Nativel ($)
Chambre und Table d'hôte (Gîtes de France)
140, rue Jacques Duclos
Tel.: 32 01 47 oder 86 54 68

Die sehr einfachen, aber günstigen Zimmer gehören zur Bar *Le Poteau Vert*. Gute und preiswerte Küche.

L'Auberge de Marie-Claire ($$)
Ferme Auberge
2, allée Vivien – Grand Coin Dos d'Âne
Tel.: 32 02 85; Fax: 32 04 52

Die exzellente Küche ist über die Grenzen von Dos d'Âne hinaus bekannt und wer nach dem Essen nicht mehr zurück an die Küste fahren möchte, kann sich beruhigt in einem der gepflegten Zimmer einquartieren. *Mme Marie-Claire* bietet auch landwirtschaftliche Produkte und Spezialitäten aus eigener Herstellung an.

Gastronomie*

Le Boeuf ($$$)
Restaurant/ Pizzeria
19 bis, rue Sarda-Garriga
Tel.: 22 15 15

Das Restaurant befindet sich im selben Gebäude wie der Supermarkt *Leaderprice*, unweit der Abfahrt der *Route Nationale 1*. Neben dem gepflegten Speisesaal haben die Gäste die Möglichkeit, auf einem langgestreckten Balkon mit Blick auf den Parkplatz zu speisen.

Zum *Le Boeuf* gehört auch die Snack-Bar *Le Moulin*, in der man günstig Sandwiches, gebratene Hähnchen und ähnliches erhält. Mittags und abends geöffnet.

Le Lions de Lyon ($$$$)
Restaurant
10, rue Camp Magloire
Tel.: 22 21 41

Das französische Lokal mit dem beeindruckenden Namen »Die Löwen von Lyon« gehört zu den ältesten der Insel. In dem charmanten, vor kurzem restaurierten kreolischen Haus bewirtet bereits die zweite Generation ihre Gäste mit Genüssen der hohen lyonischen Küche. Versteckt in einer kleinen Seitenstraße nahe der *Route Nationale 1* (N1).

Nützliche Adressen

Fremdenverkehrsamt

27, rue Waldeck Rochet

Tel.: 22 26 66

Postamt

4, rue Waldeck Rochet

Tel.: 22 20 00

Geldautomat (EC-Karte wird akzeptiert)

Ausflugsziele in der Umgebung

La Grande Chaloupe

Historischer Bahnhof

Der ehemalige Bahnhof mit historischer Lokomotive (Creusot 1885), Teilen der gut erhaltenen Gleisanlage und einem alten Lazarett liegt an der N1, zwischen *Saint-Denis* und *La Possession*. Isoliert von den großen Siedlungsgebieten diente *Grande Chaloupe* in früheren Zeiten als Quarantänezone für Reisende aus Infektionsgebieten. Achtung, von *Saint-Denis* aus kommend, ist die Abfahrt von der N1 sehr gefährlich. Es bietet sich an, in *La Possession* zu wenden und zurückzufahren.

Gleisanlage in La Grande Chaloupe

Le Port

Hafenstadt

Geprägt von Fabriken und Lagerhallen, bemüht sich *Le Port* seinen Ruf als unattraktives Industriezentrum abzulegen. Zahlreiche Maßnahmen der Stadterneuerung, wie die Schaffung von Parks, Blumenanlagen und palmengesäumten Alleen haben ihr Gesicht erheblich verändert. Auch wenn *Le Port* keine großen Attraktionen zu bieten hat, lohnt es sich, die großen Hafenanlagen zu besichtigen oder durch den Stadtkern mit seinen kleinen Boutiquen zu flanieren.

Dos d'Âne

Bergdorf (1 046m)

Man erreicht den von Landwirtschaft geprägten Höhenort, indem man hinter *La Possession* die Richtung nach *La Rivière des Galets* einschlägt. Von dort aus führt die kurvenreiche D1 nach *Dos d'Âne*, das, als Ausgangspunkt zahlreicher Wanderpfade, auch als Tor zum *Cirque de Mafate* bezeichnet wird. Der bevölkerungsarme Bergkessel ist nur zu Fuß über eine nicht ganz einfache Strecke zu erreichen.

Weniger mühsam ist der Zugang über den *Cirque de Salazie.*

Hafenanlage von Le Port

Ihrer Zeit als Hauptstadt verdankt *Saint-Paul* eine Reihe historischer Stätten. Daneben laden die Strandpromenade, wo jede Woche einer der schönsten Märkte der Insel stattfindet, und das Zentrum mit seinen traditionellen Boutiquen zu einem Besuch ein. Lange Zeit thronte über der langgestreckten Stadt die 427 m hohe *Antenne Oméga*, die ihre Funktion als Teil einer weltweiten Navigationsunterstützung mit der Einführung des Satellitensystems GPS verloren hat. Mit dem Abbau der durch Drahtseile abgespannten Konstruktion ist *Saint-Paul* um ein Wahrzeichen ärmer geworden.

Sonnenuntergang am Strand von Saint-Paul

Le marché forain
Wochenmarkt

Vielleicht der schönste, mit Sicherheit aber der bekannteste aller Wochenmärkte der Insel. Händler aller Nationen treffen sich Freitagnachmittags, um an der Strandpromenade ihre Waren feilzubieten.
Obst, Gewürze, Schnitzereien, Kleidung, orientalische Tücher, nichts was konsumfreudige Besucher in dem bunten Gedränge vermissen könnten. Und wenn sich in der untergehenden Sonne die wahre Farbenpracht des *Marché forain* erst voll entfaltet, eröffnet sich auch dem ambitionierten Fotografen ein kleines Paradies. Das Markttreiben endet gegen 19 Uhr und wird am nächsten Morgen fortgesetzt.

Le cimentière marin
Historischer Friedhof

Am Ausgang der Stadt, an der N1 in Richtung *Saint-Leu*. Malerischer Friedhof, wo viele Berühmtheiten ihre letzte Ruhestätte gefunden haben. Unter anderem führen Wegweiser zu den Gräbern des Dichters *Leconte de Lisle* und des sagenumwobenen *Olivier Levasseur*. Der Pirat, besser bekannt unter dem Namen *La Buse*, wurde 1730 für seine Verbrechen an der französischen Krone gehängt. Der Legende nach hat er vor seiner Hinrichtung noch einen unermeßlich großen Schatz vergraben. Ein Schriftstück voll seltsamer Zeichen, das der Feder des Freibeuters entstammen und den Weg zum Schatz weisen soll, ruft immer wieder Abenteurer auf den Plan, die auf der Suche nach Reichtum die Inseln des Indischen Ozeans durchkämmen.

Ein Glas Rum, angerauchte Zigaretten oder Blumen vor dem Grab des Piraten deuten darauf hin, daß Einheimische durch diese Opfergaben versucht haben, unliebsame Mitmenschen mit einem Fluch zu belegen oder sich selbst vor einem solchen zu schützen.

Grabstein des Piraten »La Buse«

La grotte des Premiers Francais
Historischer Ort

Der Legende nach betraten hier die ersten Franzosen, Mitte des 17. Jahrhunderts, die Insel. Die Grotte befindet sich am Ausgang von *Saint-Paul*, gegenüber dem Friedhof *Le cimentière marin* und ist von einem kleinen Park umgeben.

Unterkünfte*

Le Bernica

Leconte de Lisle ($)
Jugendherberge
16, Rue de l'Auberge
Tel./Fax: 22 89 75

Schöne, recht moderne Jugendherberge mit einfachen Mehrbettzimmern und Sanitäranlagen auf dem Flur. Veranda und großer Garten.
Der Jugendherbergsausweis kann vor Ort erstanden werden.

Mme Grondin ($$)
Chambre und Table d`hôte (Gîtes de France)
63, route de Notre Dame de Fatima
Tel.: 22 74 15 oder 86 36 55

Gepflegte Zimmer mit Veranda und eigenem Bad. Wegen der Straßennähe leider recht laut.

*Erläuterungen und Preiskategorien S.218ff.

La Petite France

M. Lougnon ($$$)
Chambre d`hôte (Gîtes de France)
237, Route du Maido, 97423 Le Guillaume
Tel.: 32 44 26

Die Villa gehört zu den auffälligsten und gleichzeitig teuersten Chambre d'hôte der Insel. Man kann hier sowohl ein Zimmer, als auch ein ganzes Appartement (ab einem Wochenende) mieten und auf halber Höhe zum Gipfel des Maido die Aussicht und gute Luft genießen.

Parc Hôtel du Maido ($)
Hotel
Route du Maido, 97423 Le Guillaume
Tel.: 32 52 52; Fax: 32 52 00

Bungalowanlage mit Restaurant und kleinem Vergnügungspark auf 1 500m Höhe. Die recht teuren Bungalows in kreolischem Stil können mit bis zu 5 Personen belegt werden und haben Telefon, Badezimmer und Heizung (kann auf dieser Höhe sehr nützlich sein).

Gastronomie*

Chez Paul ($$ bis $$$)
Restaurant
16, CD 4, Savannah
Tel.: 45 32 53

In dem kleinen Ort *Savannah* kommt man in den Genuß der angeblich besten chinesischen Küche der Insel. Das luxuriös dekorierte Restaurant liegt nahe dem Einkaufszentrum, neben einer Tankstelle und bietet eine große Auswahl exzellenter asiatischer Speisen. Die Qualität hat sich herumgesprochen, und man sollte zeitig reservieren, um einen Platz in dem von außen unscheinbaren Restaurant zu ergattern. Mittags und abends geöffnet.

La Baie des Pirates ($$$)
Restaurant
17, route des premier Francais
Tel.: 45 23 23

Am Ausgang von *Saint-Paul*, kurz vor dem *Cimetière marin*, sticht dem Vorbeifahrenden ein großer Pirat mit einem aufgespießten Brathähnchen ins Auge. Die Besitzer des *La Baie des Pirates* haben sich die enge geschichtliche Verknüpfung der Stadt mit berühmt-berüchtigten Piraten (s. S. 77) zu Nutze gemacht und zu diesem Thema ein Restaurant eröffnet. Die Räumlichkeiten wurden ein wenig im Stil von Disneyland gestaltet, und auch das Personal trägt die entsprechenden Kostüme. Mittags und abends geöffnet.

Chez Floris ($$$)
Restaurant
48 bis, rue de la Croix, Étang Saint-Paul
Tel.: 22 69 81

*Erläuterungen und Preiskategorien S. 221ff.

Chez Floris, in der Nähe des Sees gehört zu den alteingesessenen Adressen *Saint-Pauls*. Der kleine tropische Garten, das Holzkohlenfeuer und die kreolische Küche vermitteln echte Urlaubsgefühle. Mittags und abends geöffnet.

Busbahnhof
Place de la liberté
Tel.: 22 54 38

Postamt
42, rue Rhin et Danube
Tel.: 22 51 96
Geldautomat (EC-Karte wird akzeptiert)

Crédit Agricole
85, Chaussèe Royale
Tel.: 45 72 00
Geldautomat (EC-Karte wird akzeptiert)

Ausflugsziele in der Umgebung

La Tour des Roches
Rundweg

Die *Tour des Roches* beginnt hinter dem Einkaufszentrum von *Savannah*, gleich neben einer alten Zuckerfabrik und kann bequem mit dem Auto abgefahren werden. Der Beginn der etwa 7 km langen Straße ist ausgeschildert. Spektakuläres sucht man auf der Tour vergebens, dafür bietet sie eine für den trockenen Westen sehr vegetationsreiche Landschaft.

Zu den Höhepunkten gehören ein kleiner hinduistischer Tempel und eine alte Wassermühle, an der sich die Kinder der Umgebung zum Baden treffen. Der kleine Bach wird gerne von überwiegend komorianischen Frauen zum Wäschewaschen genutzt.

Wasserbassin an der Tour des Roches

Le Maido

Aussichtspunkt (2 203 m)

Von *Saint-Paul* und *Saint-Gilles-les-Bains* aus gibt es verschiedene Möglichkeiten, um in ein bis zwei Stunden zum spektakulären Gipfel des *Piton Maido* zu gelangen. Zunächst hält man sich in Richtung *Le Guillaume* (am besten zu erreichen über *Saint-Gilles-les-Hauts*), wo man auf die ausgebaute Forststraße *RF8* stößt.

Über *La Petite France* führt sie durch verschiedene Vegetationsstufen bis hinauf zum Gipfel des *Maido*. Vom Parkplatz aus sind es dann nur noch wenige Meter zur Felswand, über die ein steiler Weg direkt hinab in den *Mafate* führt. Einen Blick in die zerklüftete Felslandschaft des dünnbesiedelten *Cirques* bleibt wahrscheinlich nur Frühaufstehern vorbehalten, da häufig bereits kurz nach Sonnenaufgang die ersten Wolken über dem Bergkessel aufziehen.

An Wochenenden und zur Ferienzeit strömen Einheimische wie Touristen in Massen zu den einzigen Stränden Réunions. Viele Gemeinden der Westküste leben heute vorwiegend vom Fremdenverkehr, was insbesondere für *Saint-Gilles-les-Bains* gilt. Der ehemalige Fischerort profitiert von seinem Jachthafen und dem der Küste vorgelagerten Korallenriff, das Erholungssuchende in die Stadt zieht und so Hotels, Restaurants und Diskotheken füllt.

Die Preise sind hier so hoch wie nirgends sonst auf der Insel, dafür ist aber auch nach Einbruch der Dunkelheit noch einiges los. Kreolischen Charme sucht man, mal abgesehen von den Strandschönheiten, vergeblich: Betonbauten und große Hotelanlagen beherrschen die Szene. Entfernt man sich von den beliebten Stränden *Roches Noires* und *Boucan Canot* und fährt weiter Richtung Süden, wird es in der Gegend um *l'Hermitage-les-Bains* und *La Saline* etwas leerer. Auch hier erstreckt sich vor den weißen Sandstränden eine schützende Lagune; jedoch wird das Bild viel stärker von Familien beim Picknicken als von Wellenreitern geprägt. Lediglich einige Windsurfer genießen die ruhige See und lassen ihre Bretter über das seichte, klare Wasser gleiten.

Unterkünfte*

Boucan Canot

La Villa du Soleil ($$$)
Hotel
54, rue Boucan Canot
Tel.: 24 38 69; Fax: 24 39 09

Die »Villa der Sonne« liegt neben dem *Le Saint Alexis*, profitiert aber nicht von direkter Strandanbindung. Wer die drei min. Fußweg bis zur Küste scheut, kann sich aber auch in einem kleinen Schwimmbad, das geschützt im Garten liegt, erfrischen. Die schlicht möblierten Zimmer verfügen über Klimaanlage, Fernseher und Bad.

Marina ($$$ bis $$$$)
Hotel
6, allée des Pailles en Queue,
Lotissement Champagne
Tel.: 33 07 07; Fax: 33 07 00

Die Anlage besteht seit '96 und bietet helle Appartements für 2 oder 4 Personen, die modern möbliert, mit Kochnische, Klimaanlage, Fernseher und Telefon ausgestattet sind. Das Hotel liegt nicht direkt am Strand. Saisonale Preisschwankungen.

Le Saint-Alexis ($$$$$)
Hotel
44, Route de Boucan Canot
Tel.: 24 42 04; Fax: 24 00 13

Die Luxusherberge am Strand von *Boucan Canot* wird ihrem Ruf als bestes Hotel der Insel in jeder Hinsicht gerecht: Der Service ist professionell, die Architektur ausgefallen (ein verschachtelter Swimmingpool windet sich durch die gesamte Innenanlage), die Einrichtung hat Stil, und auch der Preis gehört in die höchste Kategorie. Ein Jacuzzi vollendet den Komfort der sehr geschmackvoll, aber nicht protzig gestalteten Zimmer.

Saint-Gilles-les-Bains

Hotel de la Plage ($$)
Hotel
20, rue de la Poste
Tel.: 24 06 37; Fax: 24 50 71

Im Herzen des kleinen Stadtzentrums, rund 200 m vom Strand entfernt. Das schlichte Hotel gehört sicher zu den preiswertesten Varianten des *Saint-Gilles*-Aufenthaltes. Die altmodischen Zimmer haben teilweise Klimaanlage, Balkon und Kühlschrank. Die zentrale Lage bringt leider auch nachts recht viel Lärm mit sich.

Ancre Marine ($$$)
Hotel
Le Forum, Rue Général de Gaulle
Tel.: 24 31 32; Fax: 24 33 85

Modernes Hotel im 2. Stock des den Stadtkern prägenden Einkaufszentrums. Zentra-

*Erläuterungen und Preiskategorien S. 218ff.

le Lage und Strandnähe (200 m). Von der originellen Terrasse aus kann man das hektische Treiben des kleinen Touristenortes beobachten und ist in den klimatisierten Zimmern überraschend gut vom Lärm abgeschirmt. Preiskategorien je nach der Ausstattung der Zimmer.

Caro Beach ($$$$$)
Hotel
46, avenue Roland Garros
Tel.: 24 42 49; Fax: 24 34 46

Die Zimmer mit Blick aufs Meer unterscheiden sich in diesem 3-Sterne Strandhotel qualitativ und preislich ganz erheblich von denen mit Blick auf die Berge. Während die einen luxuriös ausgestattet, mit phantastischer Aussicht auf den direkt davor liegenden Strand aufwarten können, wurde bei den anderen leider etwas am Komfort gespart. Beide Varianten bieten Bad, Telefon, Klimaanlage und Fernseher. Der kleine Swimmingpool scheint wegen der Lage am Strand fast überflüssig.

L'Hermitage

Les Bougainvilliers ($$ bis $$$)
Pension
27, ruelle des bougainvilliers
Tel./Fax: 33 82 48

500 m vom Strand entfernt findet man in der kleinen, etwas abgelegenen, Pension familiäres Ambiente vor. Die schlichten Zimmer bieten Bad und Kühlschrank, der Garten ein kleines Schwimmbad. Toilette auf dem Gang. Bei längerem Aufenthalt kann die Küche der Besitzer mitgenutzt werden.

Le Vacoa ($$$)
Hotel
54, rue Antoine de Bertin
Tel.: 24 12 48; Fax: 24 67 10

Eine hohe Mauer schirmt den Lärm der *Route Nationale* ab und umgrenzt eine Innenhofanlage mit kleinem Schwimmbad und überdachter Gemeinschaftsküche. 16 Zimmer mit Bad, Klimaanlage und Kühlschrank. Die Pension ist etwa 500 m von der Lagune entfernt.

Alamanda ($$$$)
Hotel
81, avenue de Bourbon
Tel.: 33 10 10; Fax: 24 02 42

Wer die Zimmer des 2-Sterne Hotels schon als winzig empfindet, wird vom Badezimmer geschockt sein. Die zentrale Lage und der schöne Garten mit Schwimmbad sowie Restaurant sprechen gegebenenfalls doch für einen Aufenthalt.

Le Recif ($$$$$)
Bungalowanlage
Avenue de Bourbon
Tel.: 24 50 51; Fax: 24 38 85

Die sich gegenüberliegenden Hotelanlagen *Le Recif* und *Les Creoles* gehören zur selben Gruppe und während das luxuriösere *Les Creoles* eher für Paare oder Alleinreisende bestimmt ist, lohnt sich das *Le Recif* vom Preis her erst ab 4 Personen. Die klimatisierten Bungalows der riesigen Anlage mit Strandanbindung fassen bis zu 6 Personen, sind bunt und mit Kochnische ausgestattet. Restaurant direkt neben dem großen Schwimmbad.

Les Creoles ($$$$$)

Hotel
Avenue de Bourbon
Tel.: 33 09 09; Fax: 33 09 19

Wie der Name schon sagt, ist das sich um einen Swimmingpool gruppierende Hotel im kreolischen Stil angelegt. Edel eingerichtete Zimmer mit Klimaanlage, Bad, Telefon und Fernseher. Im Gegensatz zum Le Recif fehlen hier Grünanlagen und direkte Strandanbindung.

La Saline les Bains

Le Nautile ($$$$$)

Hotel
60, rue Lacussade
Tel.: 33 88 88; Fax: 33 88 89
E-mail: nautile@runnet.com

Kürzlich eröffnetes 3-Sterne-Hotel direkt am Strand. Die 43 Zimmer sind von der Klimaanlage bis zum Modemanschluß mit allem erdenklichen Komfort ausgestattet. Außerdem werden ein Restaurant, Jacuzzi und großes Schwimmbad geboten.

Swalibo ($$$$$)

Hotel
9, rue des Salines
Tel.: 24 10 97; Fax: 24 64 29

Charmantes, ruhig gelegenes 3-Sterne Hotel, dessen Gebäude sich um einen Garten und ein Schwimmbad mit angeschlossenem Restaurant gruppieren. Der Strand ist 300 m entfernt und Hotelgästen werden dort Liegestühle und Schnorchelausrüstung zur Verfügung gestellt. Klimatisierte Zimmer mit allem Komfort (Fernseher, Minibar, Telefon,..); edel und geschmackvoll eingerichtet.

Gastronomie*

Boucan Canot

Le Tanjore und Le Marlin ($$$ bis $$$$)

Restaurant
28, route de Boucan Canot
Tel.: 33 06 06

Die beiden Restaurants des 4-Sterne Hotels *Maharani* liegen kaum merklich voneinander getrennt direkt am Indischen Ozean. Sowohl das *Tanjore* als auch das *Mar-*

*Erläuterungen und Preiskategorien S.221ff.

lin bieten vor einem herrlichen Panorama in indischer Atmosphäre eine gute Küche mit reicher Auswahl an vegetarischen Gerichten.

L'Eperon

L'Eperon ($$$ bis $$$$)
Restaurant
Village Artisanal de l'Eperon
Tel.: 55 52 70

In Punkto Originalität stehen sich der Ort und das gleichnamige Restaurant *L'Eperon* nichts nach. Das architektonisch reizvolle Gebäude schließt an einen verschachtelten Swimmingpool (Badesachen nicht vergessen!) und eine Terrasse mit phantastischer Aussicht an. Auch das ausgefallene Innere des Gebäudes bietet ideale Räumlichkeiten für einen romantischen Aufenthalt. Mittags und abends geöffnet.

Saint-Gilles-les-Bains

Le Piment Vanille ($$)
Snack-Bar
18, rue de la Poste
Tel.: 24 53 78

Die winzige Snack-Bar befindet sich unter dem *Hôtel de la Plage* und bietet neben Sandwiches und Kuchen auch ein günstiges Tagesgericht an. Äußerst begrenzte Sitzmöglichkeiten.

Les Tipaniers "Chez Dante" ($$$)
Restaurant
58 bis, rue du Général de Gaulle
Tel.: 24 44 87

Französische und kreolische Küche. Man sollte reservieren, um einen Platz im charmant eingerichteten *Les Tipaniers* zu ergattern.

Le P'tit Zinc ($$$ bis $$$$)
Restaurant
58, rue du Général de Gaulle
Tel.: 24 07 50

Eine kleine Wendeltreppe führt in den bunt dekorierten Speisesaal des *P'tit Zinc*. Eine hervorragende Adresse um ein gutes, kreolisches *Cari* zu kosten.

La Canne à Sucre ($$$$)
Restaurant
56, rue du Général de Gaulle
Tel.: 24 02 56

Das *Canne à Sucre* bietet eine große Auswahl an raffinierten französischen Speisen. An Wochenenden sollte reserviert werden.

L'Hermitage-les-Bains

Le Manta ($$$)
Restaurant
18, boulevard Leconte de Lisle
Tel.: 33 82 44

Im kolonialen Ambiente eines tropischen Gartens werden Spezialitäten vom Grill serviert. In Strandnähe; mittags und abends geöffnet.

Le Toboggan ($$$)
Strandrestaurant
Plage de l'Hermitage
Tel.: 33 84 94

Nach dem Baden kann man sich gleich am Strand auf einer großen Terrasse verwöhnen lassen. Das *Toboggan* schließt bei Sonnenuntergang. Zur Hauptsaison bleiben die Pforten des Strandrestaurants von Mittwoch bis Sonntag auch in den Abendstunden geöffnet.

Le Paille en Queue ($$$$)
Restaurant
Avenue de Bourbon
Tel.: 24 55 38

In dem zum *Casino de Saint-Gilles* gehörenden Restaurant wird Wert auf Etikette gelegt. In edler Atmosphäre serviert man Köstlichkeiten der hohen französischen Gastronomie.

La-Saline-les-Bains

Copacabana ($$$)
Strandrestaurant
20, rue des mouettes
Tel.: 24 16 31

Direkt am Strand von *La Saline*. In Liegestühlen kann man Salate und warme Speisen genießen. Bis zum Sonnenuntergang geöffnet.

Abendliche Aktivitäten

Saint-Gilles-les-Bains

Le Sombréro/ La Bodega Bar
Bar und Restaurant
61, rue du Général de Gaulle
Tel.: 33 03 85

Der Szene-Treff stellt eine Mischung aus mexikanischer Bar und Restaurant dar. Zur späten Abendstunde scheint die Kneipe meist aus allen Nähten zu Platzen.

Chez Nous
Bar und Restaurant
122, rue du Général de Gaulle
Tel.: 24 08 08

Eine große Uhr in Form einer Sonne ziert den Eingang des *Chez Nous*. Die Bar verfügt über einen, mit mediterranen Motiven gestalteten Raum, in dem recht teure Speisen serviert werden.

Le Mamounia
Diskothek und Bar
50, rue Général de Gaulle
Tel.: 24 09 99

Am Eingang der Stadt; durch den riesigen Sphynxkopf am Portal, nicht zu verfehlen.

Der auf ägyptisch getrimmte »Papmasché-Komplex« verfügt über eine gute Tequila-Bar.

Le Swing
Diskothek
Grand Fond
Tel.: 24 45 98

Große Diskothek mit vorwiegend einheimischem Publikum an der Abfahrt nach *Saint-Gilles-les-Hauts*.

Saint-Gilles-les-Hauts

Le Theatre de pleine air
Freilichtbühne
Tel.: 24 47 71

Bei Mondschein und tropischen Temperaturen werden Theaterstücke, Konzerte und Musicals zu unvergeßlichen Erlebnissen. Die Freilichtbühne liegt oberhalb der Küste, an der Straße in Richtung *Saint-Gilles-les-Hauts*. Der Weg ist ausgeschildert.

L'Hermitage

Le Pussycat
Diskothek
1, allé des Îles Eparses
Tel.: 24 05 11

Gleich neben dem Kino. Diskothek mit Außenanlage und Tequila-Bar. Junges Publikum.

Le Moulin du Tango
Diskothek
Tel.: 24 53 90

Die Diskothek mit Außenanlage steht ganz unter dem Motto »Sehen und gesehen werden«. Turnschuhe sind hier nicht erwünscht! Am Wochenende finden regelmäßig Themenabende statt. Neben dem Kasino.

Casino de Saint-Gilles
Kasino
Avenue de Bourbon,
Tel.: 24 47 00

Neben Roulette, Black Jack und Spielautomaten verfügt das Kasino über ein ausgezeichnetes Restaurant.

Einkaufen

Takamaka
Bekleidung
4, rue de la Plage
Tel.: 24 47 47

Passend für *Saint-Gilles-les-Bains*, ganz auf Beachwear spezialisiertes Modegeschäft. Etwas flippiger als die Kleidung der Konkurrenz von »Pardon!«.

Pardon!

Bekleidung

57, rue Général de Gaulle

Tel.: 24 49 58

Führende Marke im T-Shirtboom der letzten Jahre. Direkt an der Hauptstraße.

Nützliche Adressen

Fremdenverkehrsamt

Galerie Amandine; rue Saint-Alexis

Tel.: 24 57 47; Fax: 24 34 40

Postamt

4, rue Poste

Tel.: 24 41 84

Geldautomat (EC-Karte wird akzeptiert)

Ausflugsziele in der Umgebung

Les bassins des Cormorans, des Aigrettes et Bassin Malheur

Wasserfälle und Bassins

Ravine Saint-Gilles

Über die D10 erreicht man kurz nach dem Freilichttheater einen ausgeschilderten Parkplatz. Von dort aus führt ein Fußweg zu den drei durch Bachläufe und Wasserfälle verbundenen Felsbecken. Nach einigen Minuten gabelt sich der Weg und führt an einem Kanal entlang, links zum kleineren (aber auch feineren) *Bassin des Aigrettes*. Die Atmosphäre zwingt förmlich zu einem Bad, aber Vorsicht, schon gegen Mittag kann die Sonne aus dem Felskessel verschwunden sein, und dann nimmt das ohnehin kalte Wasser eisige Temperaturen an. Schlägt man an der Gabelung den rechten Weg ein, erreicht man das tiefer gelegene und etwas größere *Bassin des Cormorans*.

Am schwersten zu erreichen ist das *Bassin Malheur*, dessen Abzweig noch vor der Gabelung zu den Becken *Cormoran* und *des Aigrettes* liegt. Bevor man das türkis schimmernde Bassin erreicht, muß man zunächst (mit Taschenlampe ausgerüstet!) durch wasserführende Kanäle waten und zwei Tunnel durchqueren.

Am Wochenende und zur Saisonzeit ist der Ort heillos überfüllt.

Bassin des Cormorans

Le Jardin d'Eden

Botanischer Garten

L'Hermitage-les-Bains

Im 17. Jahrhundert vom Landwirtschaftsingenieur *Philippe Kaufmant* gegründet, hat sich der Park mittlerweile zu einem touristischen Anlaufpunkt entwickelt.

Übersichtlich, nach Themen gegliedert, bietet der *Jardin d'Eden* eine leichtverständliche Einführung in die botanische Welt der Tropen. Die Sektionen reichen von Früchten und anderen Nutzpflanzen über aphrodisische Gewächse bis hin zu den heiligen Pflanzen des Hinduismus. Am Eingang kann man Ordner in verschiedenen Sprachen erhalten, die bei der Übersetzung der Erklärungstexte behilflich sind. Der Park befindet sich an der N1, in *l'Hermitage-les-Bains*.

Le village artisanal de l'Éperon

Künstlerdorf (364 m)

Kurz vor *Saint-Gilles-les-Hauts* führt eine kleine Straße von der D10 auf das Gelände einer ehemaligen Zuckerfabrik. Künstler und Aussteiger haben sich hier niedergelassen und finden in vorbeikommenden Touristen oder auf den Märkten der Insel Abnehmer für ihre Produkte.

Die entspannte, lockere Atmosphäre ist erfrischend, zusätzlich sorgt aber noch ein Restaurant mit Schwimmbad für Abkühlung (siehe S.86).

Le musée historique de Villèle

Museum in ehemaligem Kolonialanwesen

Villèle

Tel.: 55 64 10

Am Ende der D10 in Richtung *Saint-Gilles-les-Hauts*, die D6 nach rechts nehmen. Der Beschilderung nach *Villèle* folgen. Zunächst führt die Straße an der *Chapelle Pointue* vorbei, einer Kapelle, in der die berüchtigte Sklavenhalterin *Madame Desbassayns* im Jahre 1846 zur letzten Ruhe gebettet wurde. Etwas weiter erreicht man dann das gegen 1780 errichtete Anwesen der Familie. Nach dem Tod ihres Mannes führte *Madame Desbassayns* hier ein grausames Regime. Großflächige Kaffee- und Zuckerrohrplantagen, auf denen Sklaven unter erbärmlichen Bedingungen schuften mußten, bescherten ihr Macht und Wohlstand, der auf der Insel seinesgleichen suchte. Die Ruine einer kleinen Zuckerfabrik ist stummer Zeuge der Zeit.

Das restaurierte Herrenhaus indo-portugiesischen Stils, an das eine kleine Parkanlage anschließt, gewährt Einblick in das Leben der kolonialen Oberschicht dieser Epoche. 1974 wurde es von der Familie *Desbassayns* zum symbolischen Preis von einem *Franc* an den Staat verkauft und so der Öffentlichkeit zugänglich gemacht.

Der Besuch ist nur im Rahmen einer Führung möglich; das Museum ist zur Mittagszeit und dienstags den ganzen Tag über geschlossen.

La chapelle Pointue in Villèle

Deutlich sind die kreolischen Wurzeln zu spüren, wenn man den kleinen Fischerort 15 km südlich von *Saint-Gilles-les-Bains* erreicht, obwohl auch hier schon seit geraumerer Zeit der Tourismus Einzug hält. Die Lagune vor der Stadt ist reich an Fischen, da teilweise sehr starke Strömungen vorherrschen, eignet sie sich aber nicht im selben Maße zum Schnorcheln oder Baden wie die Strände weiter nördlich. Surfer kommen jedoch voll auf ihre Kosten, wenn in *Saint-Leu*, wie in jedem Sommer, internationale Wettkämpfe stattfinden.

Am Ortseingang begegnet man Fischern, die ihre Fänge präsentieren. Vom Kauf ist dringend abzuraten, da häufig auch geschützte Arten aus der Lagune angeboten werden. Kurz darauf folgt das Rathaus, ein Bruchsteingebäude aus der Zeit der französischen *Compagnie des Indes*. *Saint-Leu* geizt nicht mit Sehenswürdigkeiten und auch das Umland ist reich an Attraktionen.

Fischverkauf am Straßenrand

Sehenswert

Ferme Corail
Aufzuchtstation für Meeresschildkröten
Pointe des Châteaux
Tel.: 34 81 10

Die 1977 eröffnete Schildkrötenfarm liegt ca. 2 km nördlich von *Saint-Leu* und blickt auf eine sehr umstrittene Geschichte zurück. Jungtiere einer Meeresschildkrötenart, die nur noch auf wenigen Inseln des Indischen Ozeans schlüpft, wurden über zwanzig Jahre hinweg importiert und bis zur Schlachtreife aufgezogen. Einen wirtschaftlichen Nebennutzen stellten die zahlreichen Touristen, die Jahr für Jahr in die

Rathaus von Saint-Leu

Ferme Corail strömten, dar. Als Rechtfertigung für das Abschlachten der bedrohten Art galt, daß nur ein kleiner Teil der geschlüpften Schildkrötenbabys das offene Meer erreichte und man nur Tiere einführte, die ohnehin verendet wären. Frankreich, das sich mit dem Export von Produkten, die durch Töten einer geschützten Tierart gewonnen wurden, widerrechtlich über das Washingtoner Artenschutzabkommen hinweggesetzt hatte, mußte sich schließlich vor einigen Jahren dem internationalen Druck beugen und die Einfuhr der Schildkrötenbabys einstellen. Zwar sind der Verbrauch von bereits eingelagertem Fleisch und die Verarbeitung der entsprechenden Panzer über einige Jahre hinweg gestattet, es darf aber kein einziges Tier mehr getötet werden.

Seit keine Babyschildkröten mehr von den Nachbarinseln herangeschafft werden, versteht sich die *Ferme Corail* als Aufzuchtstation, mit dem Ziel der Vermehrung und Verbreitung der seltenen Spezies. Bislang vegetieren die großen Meeresbewohner noch in winzigen Wasserbecken vor sich hin, ein Umbau der gesamten Anlage soll aber bald Abhilfe schaffen. In Zukunft ist außerdem ein künstlicher und überwachter Legestrand geplant, an den die ausgewilderten Tiere zurückkehren können um ihre Eier abzulegen. Wer bei so viel plötzlicher Tierliebe nun an einen Akt der Selbstlosigkeit denkt, täuscht sich. Die Farm hat sich zu einem unentbehrlichen ökonomischen Faktor für die gesamte Region entwickelt, ist sie doch einer der wichtigsten touristischen Anlaufpunkte der Insel.

Durchgehend den ganzen Tag geöffnet; geführte Touren alle ein bis zwei Stunden.

Stella Matutina
Industrie- und Landwirtschaftsmuseum
6, allée des Flamboyants, Le Portail
Tel.: 34 16 24

Am Ortsausgang von *Saint-Leu* in Richtung *Saint-Pierre* fahren. Einige hundert Meter weiter, links ab auf die D11. Aus einer 1978 geschlossenen Zuckerfabrik wurde in einem Zeitraum von über 5 Jahren unter Zuhilfenahme von mehr als 120 Spezialisten ein interaktive Erlebniswelt erschaffen. Die Mühe hat sich gelohnt. Auf 5000 m² Ausstellungsfläche wird die industrielle und landwirtschaftliche Entwicklung der Insel anschaulich dargestellt. Nach Themenbereichen erfährt der Besucher das Museum nicht als passiver Betrachter. Er nimmt aktiv, oder besser gesagt interaktiv, an der Entwicklung der Insel teil. So findet man neben zahlreichen Computeranimationen zum Beispiel Geruchsproben der Düfte Réunions. Deutsche Erklärungen sind in Arbeit, man sollte sich bis dato aber nicht von der Sprachbarriere abschrecken lassen. Das Gebäude beherbergt außerdem eine kostenlos zugängliche Bibliothek und ein Restaurant.
Montags geschlossen.

La ferme d'Autruches et d'Emus
Aufzuchtstation für Straußen und Emus
Le Portail
Tel.: 34 00 05

Von *Saint-Leu* aus kommend erreicht man den vier Hektar großen Park über die D11, die am Ortsausgang links abgeht und am Museum *Stella Matutina* vorbeiführt. Die Anlage besteht seit 1997 und beschäftigt sich mit der Aufzucht von Straußen, Emus und zeitweise auch Nandus. Neben dem Verkauf des Fleisches machen die Eintrittsgelder einen Großteil der Einnahmen aus und so gibt man sich alle Mühe, den Park durch Erklärungstafeln und eine Boutique für Touristen attraktiver zu gestalten.

Notre-Dame de la Salette
Katholische Kapelle

Im Jahre 1859 wurde die Kapelle zu Ehren *Notre-Dame de la Salette* erbaut. Der kleine Fischerort wollte sich mit ihrer Hilfe vor der schrecklichen Choleraepedemie, die zu jener Zeit auf der Insel grassierte, schützen. Ob es wirklich die Jungfrau war, die ihre Hand über die Gemeinde hielt, weiß niemand. Tatsache aber ist, daß *Saint-Leu* auf unerklärliche Weise von der Seuche verschont blieb.
Noch heute versammeln sich alljährlich unzählige Gläubige, um auf den kleinen Hügel zu pilgern und *Notre-Dame de la Salette* für ihre Güte zu danken.

Strand von Saint-Leu

Unterkünfte*

Hotel des Surfers ($)
Pension
31, rue du Général Lambert
Tel.: 34 76 98

Die kleine Pension liegt von *Saint-Denis* aus kommend am Ortseingang links.
Das Haus befindet sich direkt gegenüber der *Surferwelle* und ist leicht an der dunklen Holzterasse zu erkennen. Dem vorwiegend jungen Publikum stehen drei einfache Zimmer mit Gemeinschaftsküche und Gemeinschaftsbad sowie ein schlichtes Appartement mit eigener Küche zur Verfügung. Da es sich hier um eine der günstigsten Unterkünfte von *Saint-Leu* handelt, ist zeitig zu reservieren.

Les Gîtes Murat ($ bis $$)
Bungalowanlage
89, chemin Dubuisson, CD 22
Tel.: 34 85 04; Fax: 34 75 71

Kleine, private Anlage, 2 km von der Küste entfernt an der Straße nach *l'Etang Saint-Leu* (CD 22); vom Stadtzentrum aus beschildert. Die einfachen Appartements, die für mindestens ein Wochenende gemietet werden müssen, sind mit Kochnische und Bad ausgestattet.

*Erläuterungen und Preiskategorien S.218ff.

Les Gites Marie-Jo ($ bis $$)
Bungalowanlage
69, chemin Dubuisson, CD 22
Tel.: 34 83 11; Fax: 34 78 12

Die Bungalowanlage von *Madame Marie-Jo* befindet sich ebenfalls vom Stadtzentrum aus beschildert an der Straße nach *l'Etang Saint-Leu* (CD 22), kurz vor *Les Gîtes Murat*. Die Appartements werden wöchentlich vermietet und sind mit Kochnische, Bad und Fernseher ausgestattet. Ein Swimmingpool entschädigt für die Distanz (1500 m) zum Strand. Unbedingt zeitig reservieren.

Iloha ($$$$)
Hotel
Pointe des Châteaux
Tel.: 34 89 89; Fax: 34 89 90
E-mail: iloha@oceanes.fr

Um die gepflegte Bungalowanlage zu erreichen, muß man am Ortseingang *Saint-Leus* (von *Saint-Denis* aus kommend) gegenüber der Schildkrötenfarm *La ferme Corail* links abbiegen und ein paar hundert Meter die gewundene Straße nach oben verfolgen.
Iloha liegt nicht direkt am Strand, verfügt aber über ein Schwimmbad mit herrlichem Blick auf den Ozean. Ansonsten bietet die Anlage 2 Tennisplätze, ein Restaurant, 30 Bungalows für 2 bis 6 Personen mit Klimaanlage, Fernseher und Telefon sowie

14 Doppelzimmer. Preisschwankungen je nach Saison.

Apolonia Paladien ($$$$$)
Hotel
Boulevard Bonnier
Tel.: 34 62 62; Fax: 34 61 61

Das *Apolonia* zählt mit seinen 127 Zimmern zu den großen Luxusherbergen der Insel. Das Hotel paßt sich gut in die Umgebung ein, und die hohe Empfangshalle mit Glasfahrstuhl sowie das die Innenanlage dominierende Schwimmbad sind kleine architektonische Leckerbissen. Die Zimmer verfügen über Telefon, Klimaanlage und Fernseher, sind aber für diese Preisklasse recht schlicht gehalten. Ständige Animation und die Nähe des Strandes lassen keine Langeweile aufkommen.

Piton Saint-Leu

Mme Legros ($$)
Gîte rural (Gîtes de France/ Mindestaufenthalt: 1 Woche)
12, chemin Albert Hoareau
Tel.: 34 06 43

Die kleine *Case Creol'* für bis zu 3 Personen liegt abgeschirmt in einem tropischen Garten, etwa 7km von der Küste entfernt. Ausgestattet mit Bad und Küche stellt sie die ideale Unterkunft für einen ruhigen Urlaub dar.

M. Lebon ($$$)
Gîte rural (Gîtes de France/ Mindestaufenthalt: 1 Woche)
155, rue Adrien Lagourgue
Tel.: 34 30 61

Prachtvolle kreolische Villa mit Blick aufs Meer für bis zu 8 Personen. Es stehen zwei Badezimmer, eine Garage und ein Garten zur Verfügung. Etwa 8 km von der Küste entfernt. Vom Preis her erst ab 4 Personen interessant.

Grand Fond

Mme Vion »Bardzour« ($$)
Chambre d'hôte und Gîte (Gîtes de France)
22 Ter, chemin Georges Thénor
Tel.: 34 13 97; Fax: 34 27 05

Die Zimmer, in einer kleinen Holzhütte, sind mit einem schönen Bad und Fernseher ausgestattet. Man hat einen herrlichen Blick aufs Meer. Gemeinschaftsküche vorhanden. Der Vermieter bietet außerdem zwei Bungalows an.

La Chaloupe Saint-Leu

Ferme Dijoux »Le trou de Jarre« ($)
Ferme Auberge
28, chemin Vaudeville
Tel.: 54 80 26

Der kleine, für seine gute Küche bekann-te Bauernhof liegt auf 1300 m in den Höhen von *La Chaloupe* (Beschilderung in Richtung *Bassin la Mer* verfolgen und ggf. nach dem Weg fragen). Die jungen Besitzer bieten zwei einfache Holzbungalows mit je 6 Betten zu einem guten Preis an. Neben den Bungalows befindet sich eine einfache Küche und ein etwas verfallener, für Gäste kostenloser, Minigolfplatz.

Les Colimacons (Bras Mouton)

M. Huet ($)
Chambre und Table d'hôte (Gîtes de France)
5, chemin Potier (CD 13), Bras Mouton
Tel.: 54 76 70

Die exzellente Adresse gehört zu den jüngeren Mitgliedern des Verbandes *Gîtes de France* und bietet vier gepflegte Zimmer an. Es lohnt sich trotz der Preisdifferenz, eines der Zimmer mit Blick aufs Meer zu nehmen, da die Aussicht einfach überwältigend ist.

Gastronomie*

Le Palais d'Asie ($ bis $$)
Selbstbedienungsrestaurant
5, rue de l'Etang
Tel.: 34 80 41

Beliebtes Selbstbedienungsrestaurant in einer Seitenstraße der *Route Nationale 1* (N1)

*Erläuterungen und Preiskategorien S.221ff.

mit chinesischer und kreolischer Küche zu niedrigen Preisen. Mittags und abends geöffnet.

Aux Bonnes Choses ($$$)

Restaurant
23, rue du Lagon
Tel.: 34 76 26

Zwischen der *Route Nationale 1* und der *Rue du Lagon* am Ortsausgang in Richtung *Saint-Louis*. Der Eingang befindet sich zum Meer hin. Neben der typisch kreolischen Küche gibt es auch sehr exotische Gerichte wie Känguruh oder Strauß. Die Meeresschildkröte ist glücklicherweise von der Speisekarte verschwunden (siehe *La Ferme Corail* auf S.92).
Mittags und abends geöffnet.

Le Stella ($$$)

Restaurant
6, allée des Flamboyants, Le Portail
Tel.: 34 07 15

Im Restaurant des Landwirtschaftsmuseums *Stella Matutina* lassen sich ausgefallene Spezialitäten der Insel kosten. Nach einem Museumsbesuch kann man sich auf der Terrasse frisch gepreßten Zuckerrohrsaft sowie traditionelle kreolische Küche servieren lassen und dabei den Anblick des Meeres genießen. Das Restaurant wird am Abend nur auf besondere Vorbestellung hin geöffnet.

La Varangue ($$$)

Restaurant
36, rue du Lagon
Tel.: 34 78 45

Das Restaurant zeichnet sich durch seine große, zum Meer hin geöffnete Veranda aus. Zum Rauschen der Wellen werden Fischspezialitäten und kreolische Gerichte serviert. *La Varangue* hat mittags und abends geöffnet.

La Cabane au Sel ($$ bis $$$)

Restaurant
2, Point au Sel les Bas
Tel.: 34 30 71

Fischrestaurant mit solider Küche zwischen *Saint-Leu* und *Saint-Louis*, in der Nähe der Saline *Gely Sel*. Die großzügig angelegte Terasse eröffnet ein herrliches Panorama aufs Meer.

Einkaufen

Melting Pot (Les artisans de la Réunion)

Souvenir und Kunsthandwerk
4, rue du Trésor, Résidence Ariane
Tel.: 34 81 30

Kleines Souvenirgeschäft mit Produkten lokaler Künstler und Bekleidung im Angebot. In der Wohnanlage *Résidence Ariane* zu finden.

Nützliche Adressen

Crédit Agricole
Rue Général Lambert
Tel: 34 63 63
Geldautomat (EC-Karte wird akzeptiert)

Postamt
Rue Gaspard
Geldautomat (EC-Karte wird akzeptiert)

Ausflugsziele in der Umgebung

Le Conservatoire Botanique National de Mascarin
Botanischer Garten und Museum
D12, Les Colimacons
Tel.: 24 92 27

Nördlich von *Saint-Leu* geht die D12 von der N1 links ab und windet sich, vorbei an zahlreichen Aussichtspunkten, bis hinauf zum Höhenort *Les Colimacons*, dem ehemaligen Sitz der Familie Chateauvieux. Vom Meer bis in die Berge erstreckte sich das Anwesen zeitweise über beinahe 700 Hektar Land.

Nach dem Erwerb des Grundstückes im Jahre 1857 verlor der *Marquis Antoine Sosthènes de Chateauvieux* keine Zeit. Dem sofortigen Bau des Herrenhauses sollte nur wenige Jahre später eine Kirche aus massivem Vulkangestein folgen. Die vielfältigen Interessen des Adligen konzentrierten sich neben der Architektur vor allem auf Landwirtschaft und Botanik, und diese Kombination ist es, die den Besucher auch heute noch erwartet. Nach Übergabe des mittlerweile restaurierten Herrenhauses und des sich darum befindlichen Grund und Bodens wurde im Jahre 1993 das *Conservatoire Botanique Nationale de Mascarin* auf das 12 Hektar umfassende Grundstück verlegt. Ziel der Führungen ist es, den Besuchern das Interesse des Institutes am Erhalt endemischer Pflanzenarten und der Erforschung der heimischen Flora mit anschaulichen Mitteln näher zu bringen. Montags geschlossen.

Über die parallel zur Küste verlaufende D11 erreicht man die Höhenorte *Les Avirons* und *Étang-Sale-les-Hauts*. Der Abstecher lohnt sich, denn neben herrlichen Aussichtspunkten begegnet man auf dieser Route dem kreolischen Leben abseits touristischer Pfade.

Auch *Étang-Salé-les-Bains*, das seinen Namen einem ausgetrockneten Salzwassersee verdankt, hat bislang keinen nennenswerten Besucheransturm erlebt. Der Bau einer großen Hotelanlage und die Eröffnung eines Krokodilparks haben aber neue Zeiten in dem verschlafenen Fischerort eingeläutet.

Der schwarze Sandstrand erstreckt sich über 2 km, Badegäste müssen jedoch auf gefährliche Stellen und Strömungen achten.

Etang-Salé-les-Bains

Caro Beach ($$$$)
Hotel (Behindertengerecht)
2, Avenue de l'Océan
Tel.: 91 79 79; Fax: 91 79 80

Schattige Bungalowanlage, die als zweites *Caro Beach Hotel* (nach *Saint-Gilles-les-Bains*) 1996 ihre Pforten öffnete und dem kleinen Küstenort touristisches Leben eingehaucht hat. *Etang-Salé-les-Bains* verfügt über einen 3 km langen, schwarzen Sandstrand; Baden ist in der unruhigen See aber nur eingeschränkt möglich. Das Hotel versucht dieses Manko durch komfortable Zimmer (Fernseher, Klimaanlage, Telefon und teilweise Kochnische), ein großes Schwimmbad und Animation auszugleichen.

Le Tévelave

Mme Turpin ($)
Ferme Auberge (Gîtes de France)
49, route de Tévelave
Tel.: 38 30 67

Kreolisches Haus mit bescheidenen, aber angenehm in Holz gehaltenen Zimmern. Am Ortseingang linker Hand. Die Zimmer haben Duschen; das WC ist auf dem Flur. Wer die gute Küche von Mme Turpin ge-

*Erläuterungen und Preiskategorien S.218ff.

nießen oder hier übernachten möchte, muß unbedingt reservieren.

Auberge les Fougères ($$$)

Hotel (Behindertengerecht)
53, route des Merles
Tel.: 38 32 96; Fax: 38 30 26

Hervorragende Luft, ruhige Lage, komfortable Zimmer mit Fernseher, Minibar, Telefon und Bad sowie vernünftige Preise zeichnen das gepflegte Anwesen aus. Zum Angebot des 1994 erbauten 2-Sterne Hotels gehören außerdem ein schönes Restaurant, die Vermietung von Mountain-Bikes und die Möglichkeit zu reiten.

Gastronomie*

Étang-Salé-les-Bains

L'Été Indien ($$$)

Restaurant
1, rue des Salines
Tel.: 26 67 33

Weiß gehaltenes Terrassenlokal mit kreolischer und französischer Küche. Durchgehend bis zum späten Abend geöffnet.

Le Souffleur ($$$)

Restaurant
19, route Nationale 1 (N1); Bois Blanc
Tel.: 26 61 03

Gute Adresse, um die typisch kreolische Küche zu kosten. Das Restaurant befindet sich an der *Route Nationale 1*, zwischen *Saint-Leu* und *Étang-Salé-les-Bains*. Mittags und abends geöffnet.

Étang-Salé-les-Hauts

Le Palmier ($ bis $$)

Restaurant
119, Avenue Raymond Barre
Tel.: 26 58 26

Kleines, buntdekoriertes Restaurant an der Hauptstraße. Günstige kreolische Gerichte. Mittags und abends geöffnet.

Ripaille ($ bis $$)

Restaurant
Avenue Raymond Barre
Tel.: 26 36 16

Einige Häuser weiter, etwas schlichter als das *Palmier*. Große Auswahl chinesischer und kreolischer Speisen.
Mittags und abends geöffnet.

Nützliche Adressen

Fremdenverkehrsamt Étang-Salé

74, av. Octave-Bénard, (ancienne gare)
Tel.: 26 67 32; Fax: 26 67 92
Etwas versteckt hinter dem Restaurant *La Pirogue*.

*Erläuterungen und Preiskategorien S.221ff.

Les Avirons und Étang-Salé

Ausflugsziele in der Umgebung

Les Souffleurs
Geologisches Phänomen

Von der Straße aus kann man zwischen *Saint-Leu* und *Étang-Salé* die sogenannten *Souffleurs* beobachten. Was übersetzt soviel wie »Bläser« bedeutet, sind meterhohe Fontänen, die entstehen, wenn sich die Brandung in eine der unzähligen Aushöhlungen der schroffen Lavaküste preßt und das Wasser mit hohem Druck durch Röhren im Gestein nach oben schießt.

Croc Parc
Krokodilpark
Route forestière
Tel.: 91 40 41

Zwischen *Étang-Salé-les-Hauts* und *Étang-Salé-les-Bains* erstreckt sich der Naturpark auf dem Gelände des ehemaligen Zoologischen Gartens über eine Gesamtfläche von 5 ha. In vier Bassins tummeln sich rund 190 Krokodile, ein weiteres Becken ist Wasservögeln vorbehalten. Der Park hat das ganze Jahr über geöffnet.

Le Tévelave
Bergdorf (892 m)

Über die D16 von Les Avirons aus erreichbar, ist der malerische Höhenort oft schon am späten Vormittag in Nebel gehüllt. Die ausgedehnte Waldgebiete laden zu Spaziergängen oder Picknicks ein.

Herrliche Ausblicke eröffnet die Forststraße 6 (Route Forestière), die später in die auf über 1500 m Höhe parallel zur Küste verlaufende *R.F.9* übergeht. Auf diesem Wege erreicht man nach kurvenreichen Kilometern den Gipfel des *Maido* (2 203 m).

Le Gouffre
Naturschauspiel

Von *Étang-Salé* aus die Küste entlang in Richtung *Saint-Pierre* fahren. Nach einigen hundert Metern trifft man an eine der gefährlichsten Stellen des Westens. Dem Besucher eröffnet sich zunächst ein makaberer Anblick, denn vor der herrlichen Kulisse der Küste zeichnen sich die Silhouetten unzähliger Kreuze ab. Die unbändigen Wassermassen, die sich wuchtig in die Schlucht aus Basaltgestein drücken, scheinen eine starke Anziehungskraft auf Selbstmörder auszustrahlen. Gouffre bedeutet soviel wie *Abgrund*.

Blick über Saint-Louis

Zuckerrohrfelder und die *Usine de Gol* prägen die Geschichte und das Gesicht der Stadt. Auch heute noch arbeitet ein Großteil der Bewohner in diesem Sektor, und einige historische Bauwerke erzählen vom vergangenen Reichtum der Stadt. Die fehlenden Strände führen dazu, daß Besucher die Zuckerstadt häufig verschmähen, worauf wohl auch der Mangel an attraktiven Restaurants und Unterkunftsmöglichkeiten zurückzuführen ist.

Dennoch, die Stadt hat einiges zu bieten, wobei neben dem *Étang du Gol*, einem beliebten Picknick- und Angelplatz direkt am Meer, auch das Umland besonderes Interesse verdient. Der Charme von *Saint-Louis* ist leise, so daß die Stadt auf den ersten Blick vielleicht unattraktiv erscheinen mag, aber hier erlebt man die Durchmischung der Kulturen und Religionen, die sozialen Probleme und die Verbundenheit der Bevölkerung mit ihren Ursprüngen viel intensiver als in anderen Küstenstädten des Westens.

Sehenswert

La chapelle du Rosaire
Kapelle

Nahe des *Rivière Saint-Etienne* liegt das älteste religiöse Gebäude der Insel, die 1729 errichtete *Chapelle du Rosaire*. Vorsicht, die alten Mauern sind voll von Wespennestern.

La Maison de l'Inde
Ashram
2, rue Pierre Mendès France
Tel.: 26 74 97

Am Eingang der Stadt, hinter der *Usine de Gol*. Den Schildern folgen. Die *Maison de l'Inde* versteht sich als Ort der Kulturen, der Angehörigen aller Religionen zur Meditation und Selbstfindung dienen soll. In verschieden Räumen findet man Bilder indischer Götter und unter anderem auch Portraits von Jesus und Buddha. Ferner beherbergt das Gebäude eine kleine Bibliothek religiöser und philosophischer Werke und eine ansehnliche Sammlung indischer Musikinstrumente. Besucher sind rund um die Uhr willkommen.
Eintritt kostenlos.

La Maison Rouge
Anwesen aus der Kolonialzeit

Diese Villa eines reichen Zuckerbarons verdeutlicht die klassischen Strukturen der ehemaligen Herrenhäusern mit ihren ausgelagerten Wirtschaftsgebäuden, den Sklavenunterkünften und dem kleinen Park. Leider befindet sich das gesamte Anwesen in einem desolaten Zustand; niemand kann genau sagen, ob die geplante Renovierung und Einrichtung eines Möbelmuseums auf lange Sicht hin finanziert werden kann. Der Weg zu diesem, bei den Einheimischen sehr beliebten, Picknickplatz verläuft parallel zur Straße nach *Les Makes* und ist ausgeschildert.

Le cimetière du père Lafosse
Historischer Friedhof

Zwischen der *Usine de Gol* und der *Route Nationale* findet man inmitten von Wiesen und Feldern den kleinen Friedhof des Pfarrers und Sklavenverteidigers *Lafosse* (1775-1817). Daß die Verehrung für den Prediger der Menschenrechte bis heute ungebrochen ist, zeigen die vielen Gläubigen, die täglich Blumen in der liebevoll gepflegten Kapelle des Friedhofes niederlegen.

L'usine de Gol
Zuckerfabrik
Tel.: 26 10 02

Unübersehbar thront die moderne Fabrik mit ihren hohen Schornsteinen am nordöstlichen Eingang der Stadt. Neben *Bois*

Rouge stellt sie eine der letzten beiden intakten Zuckerfabriken und damit einen wichtigen Wirtschaftsfaktor für die Region dar. Besuche sind nach Voranmeldung in der Zeit von Juli bis November möglich und geben Einblick in alle Stufen der Zuckerproduktion.

Flamboyant und Palmenallee

Unterkünfte*

L'Entre-Deux

Auberge de Jeunesse ($)
Jugendherberge (Behindertengerecht)
4, rue Defaud, Ravine des Citrons
Tel.: 39 59 20; Fax: 91 79 80

Der Weg zu dieser modernen Jugendher-

*Erläuterungen und Preiskategorien S.218ff.

berge ist wie fast alles in *Entre-Deux* durchgehend gut beschildert. Zum Aufenthalt in einem der schlichten Mehrbettzimmer benötigt man einen Jugendherbergsausweis, der auch vor Ort erstanden werden kann.

Halbpensionskombinationen sind möglich.

Ranch Kikouyou ($)

Chambre und Table d'hôte (Gîtes de France)
4, rue Cinaire, Grand Fond
Tel.: 39 60 62

Die gut ausgeschilderte Pferderanch liegt auf einem kleinen Hügel und gehört zu den schönsten und gleichzeitig preiswertesten *Chambre d'hôte* der Insel.

Wer nicht reiten möchte, kann den Aufenthalt in einem der liebevoll eingerichteten Doppelzimmer mit Bad oder dem preiswerteren, in Holz gehaltenen Mehrbettzimmer genießen.

Le Dimitile

Mme Bardil ($)

Gîte d'étape und Table d'hôte (G. de France)
Le Dimitile
Tel.: 39 60 84 oder 57 64 29

Das Holzhaus für bis zu neun Personen liegt auf 1 700m Höhe und bildet einen idealen Ausgangspunkt für zahlreiche Wanderungen.

Gekocht wird auf Holzfeuer.

Les Makes

M. Leperlier ($ bis $$)

Chambre und Table d'hôte (Gîtes de France)
41, rue Paul Herman
Tel.: 37 82 17; Fax: 37 82 17

Die *Case Creol'* beherbergt sechs Zimmer, von denen sich drei ein Bad teilen müssen. Hervorragende Küche.

M. d'Eurveilher ($$)

Chambre und Table d'hôte (Gîtes de France)
6, rue Montplaisir
Tel.: 37 82 77; Fax: 37 82 77

Vier Zimmer mit eigenem Bad stehen den Gästen in dieser komfortablen Unterkunft mit Kamin zur Verfügung. Auf 1000 Höhenmetern kann man die gute Luft ebenso wie Herzlichkeit und traditionelle Küche genießen.

Nützliche Adressen

Crédit Agricole

23, ruelle Payet (Place de l'Eglise)
Tel.: 91 21 51
Geldautomat (EC-Karte wird akzeptiert)

Fremdenverkehrsamt Entre-Deux

9, rue Fortuné-Hoarau
Tel.: 39 69 80
Am Eingang der Stadt

La Fenêtre

Aussichtspunkt (1 574 m)

Les Makes

Den kleinen Höhenort *Les Makes* erreicht man am besten von *Saint-Louis* aus über die D20. Von hier führt ein gut ausgebauter und beschilderter Forstweg zum Aussichtspunkt mit dem bezeichnenden Namen »Das Fenster«. Bei gutem Wetter (auch hier gilt, so früh wie möglich aufbrechen) offenbart sich dem Betrachter ein überwältigender Blick über den *Cirque de Cilaos*, dessen zerklüftete Struktur man aus dieser Perspektive erst richtig begreifen kann.

L'Observatoire des Makes

Sternwarte

Les Makes

Tel.: 37 86 83

Bei der Sternwarte im Ort Les Makes handelt es sich um ein sogenanntes Amateurzentrum, da man sich entgegen der professionellen Observatorien nur mit der Beobachtung und Lehrvermittlung, nicht aber mit Forschung befaßt. Dennoch, oder aber gerade deshalb, lohnt sich ein Besuch. Die 1991 eingerichtete Warte bietet täglich vier Besuchszeiten an. Man sollte unbedingt reservieren, da sehr viele Schulklassen das Angebot nutzen und gerade zur Saison meist alle Termine belegt sind. Gezeigt wird den Besuchern der Auf-

Aussicht auf den Cirque de Cilaos

bau des Zentrums und der Umgang mit astronomischen Geräten. Die typischen runden Kuppeln des Observatoriums darf man allerdings aus Sicherheitsgründen nicht besuchen, aber dort sind ohnehin nur fotografische Instrumente installiert. Die großen Teleskope befinden sich auf dem Gelände verstreut in »Häuschen«, deren Dächer zur Beobachtung einfach weggeschoben werden. Da die Observation des Himmels tagsüber nicht möglich ist, kann man sich nach einer kurzen Einweisung in die Grundbegriffe der Sternkunde, in einem eigens dafür vorgesehen Raum, die Simulation der verschiedenen Himmelskonstellationen ansehen.

Wem das nicht reicht, der muß zu einem der zweiwöchig stattfindenden Nachtbesuche kommen. Die beste Beobachtungszeit ist von Juni bis August, leider sind aber gerade diese Termine bis zu einem halben Jahr im voraus ausgebucht. Wer dennoch in den Genuß kommt, sollte sich warm anziehen, da es auf dieser Höhe (998 m) nachts empfindlich kalt werden kann.

L'Entre Deux
Talkessel (400 m)

Ihren Namen verdankt die Kommune, die bis ins Jahr 1884 nur über einen kleinen Pfad erreichbar war, der Lage zwischen zwei Schluchten. Noch heute werden hier alle Arten von Obst und Gemüse ange-

baut, und auch das lokale Handwerk blickt auf eine lange Tradition zurück. Der Gemeindekomplex mit seinen herrlichen kreolischen Holzhäusern stellt einen idealen Ausgangspunkt für Wanderungen zum *Dimitile* (1837 m) dar; als reine Durchgangsstation ist er aber viel zu schade.

Im Schatten der großen *Cirques* mit ihren eindrucksvollen Attraktionen werden Anmut und kreolischer Charme des Erhohlungsweilers meist unterschätzt. Dabei hat man beim Spaziergang durch die hellen Gassen das Gefühl in einer Werbebroschüre für »Heim und Garten« zu wandeln. Kein Haus, das nicht in einem Meer von Blumen versinkt und gepflegt wird wie ein Königspalast. Über die D26, die hinter *Saint-Louis* von der N1 abgeht, erreichbar.

Case créole mit üppiger Blumenpracht

Praktisch ohne Badestrände bietet der Süden der Insel, sieht man einmal von *Saint-Pierre* ab, bei weitem nicht dieselbe Infrastruktur wie der dichtbesiedelte, touristische Westen. Hektik gehört in dieser Gegend zu den Fremdwörtern. Im Hinterland tut sich eine luxuriöse Vegetation auf, die in punkto Schönheit und Ursprünglichkeit durchaus mit den Wäldern von *Bélouve* und *Bébour* in Konkurrenz treten könnte. Neben dem Osten, bringt auch die Region zwischen *Saint-Joseph* und *Sainte-Rose* das passende Klima zur Kultivierung der edlen Vanillepflanzen mit sich.

Wer die unbeschreiblichen Kräfte sieht, die am Werke sind, wenn sich die Wellen an den schroffen Felsen brechen, kann nachvollziehen, warum die Einheimischen von der wilden Küste, der »côte sauvage«, sprechen. Immer wieder wurde sie auf Höhe des *Piton de la Fournaise* von Lavaströmen überflutet und hat sich dabei weiter ins Meer ausgedehnt. Ohnehin spiegelt sich überall in dieser Region die Nähe zum Vulkan wider.

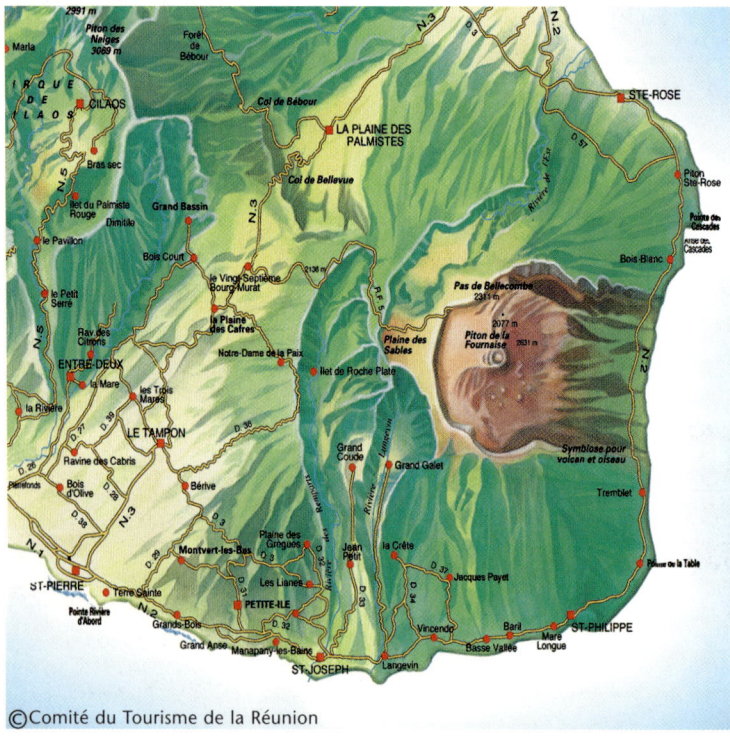

©Comité du Tourisme de la Réunion

Die Hauptstadt des Südens glänzt mit kreolischer Beschaulichkeit, tropischer Anmut und lehnt sich ein wenig an das Flair mediterraner Küstenorte an. Deutlich provinzieller als *Saint-Denis* hat die drittgrößte Stadt der Insel, im Gegensatz zu ihrem großen Konkurrenten im Norden, einen, dem Zentrum vorgelagerten Strand mit einer belebten Promenade vorzuweisen, und auch das Nachtleben kann sich für hiesige Verhältnisse sehen lassen.

Der Hafen, ein Jahrhundertprojekt von dem heute nur noch ein Becken für Jachten und Fischerboote übrig ist, gehört zu den unangenehmen Erinnerungen in der Geschichte der Kolonialstadt. Nachdem im Jahre 1854 nach langen Überlegungen der Beschluß feststand, zur wirtschaftlichen Aufwertung der Region, einen »wirklichen« Hafen zu errichten, entpuppte sich das Vorhaben bald als finanzielles Grab.

Technische Schwierigkeiten sorgten dafür, daß der Bau erst 1883 fertiggestellt wurde, doch wie sich später herausstellte, war die Anlage der mächtigen Konkurrenz aus *Le Port* nicht gewachsen. Wenngleich sich natürlich auch hier der Mangel an Industrie auf die Arbeitslosenzahl niederschlägt, hat diese Entwicklung dem Stadtbild sicher nicht geschadet. Ein Großteil der historischen Bauten und Villen (besonders Schöne in der *Rue Marius et Ary Leblond*) aus der Zeit der kolonialen Blüte, in der das Zuckerrohr der Stadt zu Reichtum verhalf, sind bis heute erhalten geblieben.

Sehenswert

Les marchés
Markthallen und Wochenmarkt

In einem überdachten Rondell neben dem Busbahnhof bieten Händler alles von Gewürzen, über Lebensmittel bis hin zu Souvenirs feil. Der Markt ist kleiner als sein Gegenstück in *Saint-Denis*. Um die Ecke befindet sich ein kleiner Tamilentempel. Der Wochenmarkt am *Boulevard Hubert Delisle* findet Samstagsvormittags statt und zählt zu den schönsten der Insel.

Le temple tamoul
Hinduistischer Tempel
Ravine Blanche

Einer der größten Tamilentempel der Insel; am westlichen Eingang der Stadt, im Ortsteil *Ravine Blanche*. Unter den üblichen Bedingungen (Schuhe ausziehen, kein Leder mit sich führen, etc.) ist er meist vormittags Besuchern zugänglich.

La mosquée
Moschee
Rue Francois de Mahy

Neben der *Mosquée Noor Al Islam* in *Saint-Denis*, die größte Moschee der Insel. Besuchszeit ist nur außerhalb der Gebetsstunden, d.h. von 9-12 und 14-16 Uhr, in Begleitung eines Führers. Schuhe ausziehen.

Le Cimetière

Friedhof

Boulevard Hubert Delisle

Genau wie der *Cimetière marin* in *Saint-Paul* hat der Friedhof von *Saint-Pierre* die zweifelhafte Ehre, die Grabstätte eines berüchtigten Verbrechers zu beherbergen. Dem legendären Einbrecher und Massenmörder *Sitarane*, der sich für unsterblich hielt und Anfang des 20. Jahrhunderts die Bevölkerung in Angst und Schrecken versetzte, werden noch heute okkulte Kräfte zugeschrieben. Kaum eine Nacht, in der kein Rum auf seinem Grab deponiert würde. Einige glauben sich auf diese Art vor bösen Geistern zu schützen, andere versuchen, durch ihre Gaben unliebsame Mitmenschen mit Flüchen zu belegen.

Le port de pêche

Fischerei- und Yachthafen

Terre Sainte

An den südlichen Ausläufern der Strandpromenade, im Ortsteil *Terre Sainte*. Allabendlich kehren Fischerboote mit ansehnlichen Fängen (Haie, Schwertfische, etc.) in die kleine Hafenanlage ein. Vereinzelt kann man auch Jachten oder Katamarane beobachten.

L'Hôtel de ville

Rathaus

Ehemaliges Lagerhaus der *Compagnie des Indes*, aus der zweiten Hälfte des 18. Jahrhunderts. Ein kleiner Park grenzt an das Gebäude.

»Fischbeschau« im Hafen von Terre Sainte

Ognard ($)
Pension
111, rue Francois Isautier
Tel.: 25 89 72

Die beiden Häuser, aus der die Pension besteht, liegen im oberen Teil der Stadt, etwa 1000 m vom Strand entfernt und sind nicht ausgeschildert. Die bescheidenen Zimmer verfügen über Waschbecken; die Sanitäranlagen befinden sich auf dem Gang. Es gibt die Möglichkeit zu kochen.

Maison touristique ($)
Pension
24, rue Saint-Louis
Tel.: 25 35 81

Kleine Pension mit einfachen, sauberen Zimmern, etwa 500 m vom Strand entfernt. Das Bad befindet sich auf dem Flur. Küche vorhanden.

Chez Papa Daya ($ bis $$)
Pension
27, rue du Four-à-Chaux
Tel./Fax: 25 64 87

Originell gestaltete, indische Pension mit Kultstatus. Zimmer teilweise mit Bad. Es gibt die Möglichkeit zu kochen. Da der Strand nur 200 m entfernt ist, sollte man zeitig reservieren.

Le Tamarin ($$)
Hotel
64, rue du Père Favron, Ravine Blanche
Tel.: 25 30 60; Fax: 25 15 66

Das kleine Hotel liegt etwas abseits des Stadtzentrums, in einer Wohnsiedlung nahe der neuen Kirche und bietet ein exzellentes Preis-/Leistungsverhältnis. Die meisten der sehr liebevoll eingerichteten Zimmer sind mit Dusche, WC, Kühlschrank und Fernseher ausgestattet; einige auch mit Balkon. Die Besitzer, die 20 Jahre in Deutschland gelebt haben, leiten das Hotel professionell und herzlich. Der Service hat sich herumgesprochen, so daß man zeitig reservieren sollte.

Les Alizés ($$)
Pension
2, rue Pêche Cavale, Terre Sainte
Tel./Fax: 25 52 34

Pension mit Schwimmbad in *Terre Sainte*. An der Küste, etwa 1 km von *Saint-Pierre* entfernt. Alle Zimmer mit eigenem Bad und Klimaanlage. Kochmöglichkeit vorhanden.

Tropic Hotel ($$)
Hotel
2, rue Auguste Babet
Tel.: 25 90 70; Fax: 35 10 32

Wer einen leichten Schlaf hat, sollte da-

*Erläuterungen und Preiskategorien S.218ff.

von absehen, in dem verschachtelten Hotel, das an einer stark befahrenen Straße und direkt über einer Diskothek liegt, einzukehren. Ansonsten ist das *Tropic Hotel* eine zentrale Adresse mit herzlichem Service. Die Zimmer unterscheiden sich allesamt in Größe, Ausstattung, Einrichtung und auch im Preis.

Les Chrysalides ($$$)
Hotel
6, rue Caumont
Tel.: 25 75 64; Fax: 25 22 19

Neubau mit Blick auf den Friedhof. Der Strand ist direkt um die Ecke. Das moderne 2-Sterne Hotel bietet 16 klimatisierte Zimmer mit Dusche, WC, Fernseher und Telefon. Zur Straße mit Balkon und Lärm, nach hinten ohne Balkon, aber dementsprechend ruhiger.

Le Nathania ($$$$)
Hotel (Behindertengerecht)
12, rue Francois de Mahy
Tel.: 25 04 57; Fax: 35 27 05

Charmantes 3-Sterne Hotel mit Restaurant, ruhig gelegen, in der Nähe des Hafens. Stilvoll eingerichtete Zimmer mit eigenem Bad, Klimaanlage, Telefon und Fernseher.

Le Sterne Protea ($$$$$)
Hotel (Behindertengerecht)
Boulevard Hubert Delisle

Tel.: 25 70 00; Fax: 35 01 41

Saint-Pierres teuerstes Hotel liegt direkt an der Strandpromenade, neben dem Kasino. Der Swimmingpool befindet sich auf dem Dach des Spielpalastes. Die luxuriös eingerichteten Zimmer der 3-Sterne Herberge haben Klimaanlage, Fernseher und Telefon.

Petite-Île

M. Hoarau ($$$)
Chambre und Table d'hôte (Gites de France)
6, rue du Piton
Tel.: 56 82 26

Das *Chambre d'hôte* besteht seit '98 und vermittelt mit seinen ganz in Holz gehaltenen Zimmern eine angenehm warme Atmosphäre. Beide haben ein eigenes Bad und sind durch einen ebenfalls in Holz gebauten Gemeinschaftsaal verbunden.

Gastronomie*

Le Cayenne ($ bis $$)
Selbstbedienungsrestaurant
15, rue Cayenne
Tel.: 25 39 26

Das kleine Lokal gegenüber des Stadions bietet eine riesige Auswahl kreolischer und chinesischer Speisen.

*Erläuterungen und Preiskategorien S.221ff.

Gerichte zum Mitnehmen sind günstiger. Mittags und abends geöffnet.

Les bons enfants ($ bis $$)
Restaurant
124, rue des bons enfants
Tel.: 25 08 27

Einfaches Ambiente, große Portionen und kleine Preise. Das Konzept hat sich ausgezahlt und so wurde ein zweites *Bons enfants* in der *Rue Archambaud 109* eröffnet. Das chinesische Restaurant hat mittags und abends geöffnet.

La Jonque ($$)
Restaurant
2, rue Francois de Mahy
Tel.: 25 57 78

Zentral gelegenes, chinesisches Restaurant mit exzellentem Preis-/Leistungsverhältnis. Die schlichten Räumlichkeiten erstrecken sich über zwei Etagen. Mittags und abends geöffnet.

L'Osteria ($$$)
Restaurant
16, rue Marius & Ary Leblond
Tel.: 25 14 15

Das elegante Restaurant mit französischer und italienischer Küche liegt im oberen Teil der Stadt. In gediegenem Ambiente kann man Grillspezialitäten aus dem Holzofen genießen. Das Restaurant hat mittags und abends geöffnet. Zum Wochenende hin sollte reserviert werden.

L'Utopia ($$$ bis $$$$)
Restaurant
8, rue Marius & Ary Leblond
Tel.: 35 15 83

Alte, sehr farbenfrohe Villa im oberen Teil der Stadt. Die Karte bietet eine reiche Auswahl kreolischer und französischer Speisen. Ab und an finden hier Jazzkonzerte statt. Mittags und abends geöffnet.

Le Bistroquet ($$$ bis $$$$)
Restaurant
8, petit Boulevard Hubert Delisle
Tel.: 25 04 67

Wer in schickem Ambiente eine gelungene Verbindung feiner französischer Küche mit lokalen Einflüssen erleben möchte, sollte sich von den hohen Preisen nicht abschrecken lassen. Die restaurierte *Case créole* liegt direkt am Meer, in einer Schleife, die von der Strandpromenade *Boulevard Hubert Delisle* abgeht.

Grande Anse

Les Vacoas ($$$)
Restaurant
17, chemin de Grande Anse
Tel.: 56 95 17

Von der hohen Terrasse aus genießt man einen herrlichen Blick über die Küste und den *Piton Grande Anse*. Das von außen schlicht wirkende Restaurant liegt an der Straße zum Strand von *Grande Anse*. In rustikaler Atmosphäre wird französische und kreolische Küche geboten. Mitnahmegerichte sind günstiger als Speisen *À la Carte*. Mittags und abends geöffnet.

Abendliche Aktivitäten

L'Aquarhum
Pianobar
18, petit boulevard Hubert Delisle
Tel.: 35 25 02

Die alte kreolische Villa befindet sich gleich am Meer, in einer Seitenstraße des *Boulevard Hubert Delisle*. Im Inneren gruppiert sich alles um die Bar in der Mitte des Raumes. Abends wird Musik von der hauseigenen Miniband, manchmal auch von lokalen Gruppen, geboten. Das *Aquarhum* bietet eine begrenzte Auswahl an Speisen und öffnet am frühen Abend. Wirklich voll wird das bei den einheimischen Jugendlichen sehr beliebte Etablissement meist erst kurz vor Mitternacht.

Le Star Club
Diskothek
36, rue du Presbytère
Tel.: 35 33 62

Im oberen Teil der Stadt. Große Diskothek mit vorwiegend einheimischem Publikum.

Ananas Café
Diskothek und Pianobar
Rue Auguste Babet

Gemischtes Publikum in zentraler Lage.

Le Bato Fou
Konzerthalle und Bar
15, rue de la République
Tel.: 25 65 61

Gemischtes Publikum tanzt zu Rhythmen lokaler Musikgruppen. Schwer zu finden; im westlichen Teil der Stadt.

Casino de Saint-Pierre
Kasino
42, boulevard Hubert Delisle
Tel.: 25 26 96

An der Strandpromenade; gleich neben dem Luxushotel *Le Sterne Protea*.

Le Chapiteau
Diskothek
La Ravine des Cafres, Mont Vert les Bas
Tel.: 31 00 81

Le Chapiteau gehört zu den größten Diskotheken der Insel. Etwa 9 km östlich von *St-Pierre*; über die D29 zu erreichen.

Sehenswert 📷

1   Le temple tamoul
2   La mosquée
3   Le Cimetière
4   L'Hôtel de ville

Unterkünfte 🛏

5   Ognard ($)
6   Maison touristique ($)
7   Chez Papa Daya ($ bis $$)
8   Le Tamarin ($$)
9   Tropic Hotel ($$)
10 Les Chrysalides ($$$)
11 Le Nathania ($$$$)
12 Le Sterne Protea ($$$$$)

Gastronomie 🍴

13 Le Cayenne ($ bis $$)
14 Les bons enfants ($ bis $$)
15 La Jonque ($$)

16 L'Osteria ($$$)
17 L'Utopia ($$$ bis $$$$)
18 Le Bistroquet ($$$ bis $$$$)

Abendliche Aktivitäten 🍸

19 L'Aquarhum
20 Le Star Club
21 Ananas Café
22 Casino de Saint-Pierre

Nützliche Adressen ⓘ

23 B.R.E.D
24 Crédit Agricole
25 Fremdenverkehrsamt
26 Postamt

Busbahnhöfe 🚌

27 Regionalbusbahnhof (Car Jaunes)
28 Stadtbusbahnhof

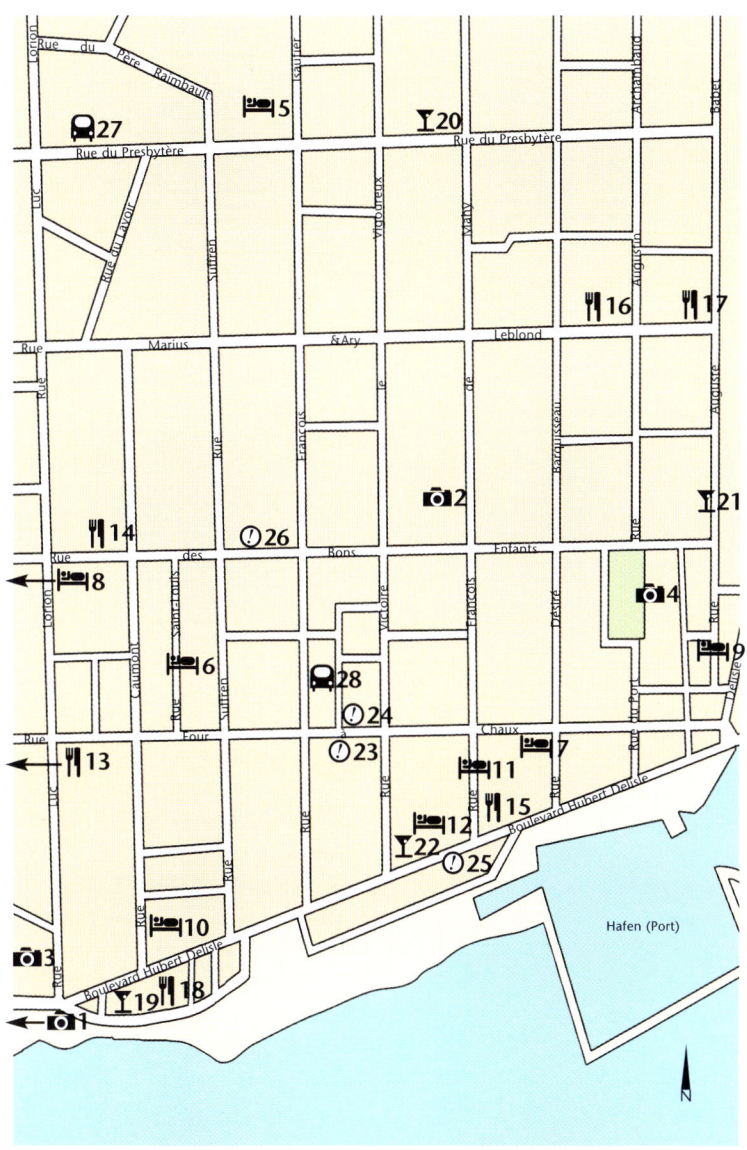

Saint-Pierre

Einkaufen

Isautier (SOPAVI)
Spirituosenfabrik
2, zone industrielle, Basse Terre les Hauts
Tel.: 96 11 96

Seit 1845 Herstellung lokaler Spirituosen-spezialitäten wie Rum, Punch und Likör. Von montags bis freitags, nach Anmeldung, Einführung in die Produktionsabläufe. Die Destillerie befindet sich nördlich der Stadt im Vorort *Basse Terre*, der an der N3 in Richtung *Le Tampon* liegt.

Librairie Cazal
Buchhandlung
41, rue Désiré Barquisseau
Tel.: 35 35 35

Große Buchhandlung mit Multimediaab-teilung.

Nützliche Adressen

B.R.E.D
45, rue Four à chaux
Tel.: 96 95 80
Geldautomat (EC-Karte wird akzeptiert)

Crédit Agricole
52, rue Four à chaux
Tel.: 96 21 92
Geldautomat (EC-Karte wird akzeptiert)

Regionalbusbahnhof
1, rue Presbytére
Tel.: 35 67 28
Keine lokalen Busse.

Stadtbusbahnhof
Gegenüber des Marktes und neben einem kleinen *Temple Tamoul*.

A.O.M (Fluggesellschaft)
11, rue Francois de Mahy
Tel.: 96 17 00; Fax 25 44 88

Air Austral (Fluggesellschaft)
14, rue A. Archambaud
Tel.: 96 26 96; Fax 35 46 49

Air France (Fluggesellschaft)
7, rue A. Archambaud
Tel.: 25 06 06; Fax: 35 19 06

Air Liberté (Fluggesellschaft)
17, rue Caumont
Tel: 25 99 00; Fax: 25 96 00

Fremdenverkehrsamt
17, bd Hubert-Delisle
Tel.: 25 02 36
Im alten Bahnhof, schräg gegenüber des Kasinos.

Postamt
108, rue des Bons-Enfants
Tel.: 96 17 50
Geldautomat (EC-Karte wird akzeptiert)

Landwirtschaft in Petite Île

Ausflugziele in der Umgebung

Petite Île

Aussichtspunkt (358 m)

Ihren Namen verdankt die Gemeinde dem einzigen unbewohnten Inselchen, das der Küste Réunions vorgelagert ist und als Vogelschutzgebiet dient. Der Ort ist stark mit der Landwirtschaft verwurzelt und bietet in seinem kleinen Zentrum einige Boutiquen, Lebensmittelgeschäfte und eine Filiale der *Crédit Agricole* (Geldautomat akzeptiert die EC-Karte). Eine wundervolle Aussicht bietet sich vom *Piton de Calvaire*, einem Wallfahrtshügel, der vom Ortskern aus gut sichtbar über der Region thront.

Grands Bois

Stillgelegte Zuckerfabrik

An der N1 zwischen *Saint-Pierre* und *Saint-Joseph*. Die Zuckerfabrik, deren repräsentative Fassade auf das Ende des letzten Jahrhunderts datiert, wurde erst 1991 geschlossen. Der Strand von *Grand Bois* verdient eine kleinen Abstecher, auch wenn er bei weitem nicht mit dem von *Grand' Anse* mithalten kann.

Grande Anse

Strand und Aussichtspunkt

Von *Saint-Pierre* aus kommend, erreicht man die Felsbucht über die D30, die etwa 9 km

vor *Saint-Joseph* von der *Route Nationale*
abgeht. Eine geschwungene Straße führt
zunächst zum *Piton Grande Anse*, dessen
Gipfel eine schöne Aussicht über die Küste
und Réunions einziges vorgelagertes Inselchen beschert, *Petite Île*.
Der Strand selbst läßt jedes Urlauberherz
höher schlagen. Inmitten einer Bucht findet man schattenspendende Palmen, weißen Sand und eine Küste wie aus dem Bil-
derbuch. Einziger Wermutstropfen: man
kann, auch bei ruhiger See, wegen der starken Strömungen nicht baden. Nur ein ge-
schütztes Felsbecken sorgt für Erfrischung.
Während der Nebensaison und unter der
Woche ist es in der Regel angenehm ruhig.

Ancienne sucrerie
Stillgelegte Zuckerfabrik
Pierrefonds

In *Pierrefonds*, etwa 5 km von *Saint-Pierre*
entfernt (in Richtung *Saint-Louis*), findet
man die Überreste einer Zuckerfabrik, wie
sie bis vor wenigen Jahren noch sehr zahlreich über die Insel verstreut waren. Der
besondere Reiz der Stätte offenbart sich
an sonnigen Tagen, wenn die Schattenspie-
le inmitten der mit Pflanzen überwucher-
ten Hallen den Besucher in die nahe Vergangenheit Réunions zurückversetzen. Vorsicht, das Gelände ist nicht gesichert und
die Ruinen sind voller rostiger Maschinen.

Strand von Grande Anse

Zeitzeugen in Pierrefonds

Ursprünglich als Stützpunkt der Gewürz-kultivierung gedacht, steht das 1785 ge-gründete *Saint-Joseph* heute im Ruf ex-zellenter Gemüseproduktion.

Der unspektakuläre Stadtkern gesellt sich um eine der typischen kreolischen Ein-kaufsstraßen, wie sie in beinahe allen Or-ten der Insel zu finden sind.

Viehtreiber in Saint-Joseph

Unterkünfte*

Jacques Payet

Mme Techer ($)
Chambre und Table d'hôte (Gîtes de France)
175, rue Claude Marion
Tel./Fax: 37 40 06

Mme Techers Küche ist weit über die Gren-zen des kleinen Ortes hinaus bekannt. Die quirlige Dame bereichert ihre Besucher aber nicht nur gastronomisch, sondern hat auch eine Menge über die Pflanzen und Traditionen ihrer Insel zu erzählen. Das große Haus für bis zu neunzehn Personen beherbergt neben einfachen Doppelzim-mern, zum Teil mit eigener Dusche, auch ein Mehrbettzimmer.

Gastronomie*

Les Vrais Samoussas ($)
Snack/ Restaurant
Rue Raphael Babet

Ebenso wie das allgegenwärtige *Cari* ge-hören *Samoussas* zur kreolischen Küche. Die dreieckigen, fritierten Teigtaschen gibt es in allen Geschmacksrichtungen, von Fisch über Huhn bis zu vegetarischen Varianten. Den Kreolen dienen sie in der Regel als Appetithappen für zwischendurch, und so ist es wenig verwunderlich, daß *Samous-sas* an fast jeder Ecke für ein paar *Francs* angeboten werden.

Wer Sie in exzellenter Qualität neben vie-len anderen *Amuse-Gueules* kosten möch-te, ist im *Les Vrais Samoussas* an der rich-tigen Adresse. Das schlichte Snack-Restau-rant befindet sich gegenüber der Post und ist bis zum frühen Abend geöffnet.

L'Orient Express ($ bis $$)
Snack/ Restaurant
132, rue Raphael Babet
Tel.: 56 28 38

*Erläuterungen und Preiskategorien S.218ff.

*Erläuterungen und Preiskategorien S.221ff.

Das bei der einheimischen Bevölkerung beliebte Snack-Restaurant liegt direkt an der Kreuzung *Saint-Pierre/Saint-Philippe/Petite-Île.* Vom äußeren Eindruck sollte man sich nicht abschrecken lassen; die überwiegend chinesische und kreolische Küche ist ausgezeichnet. Mittags und abends geöffnet.

Les Hirondelles ($$)
Restaurant
Rue Raphael Babet
Tel.: 56 17 88

Hervorragende kreolische und chinesische Küche in bescheidenem Ambiente.
Das Restaurant mit kleiner Veranda befindet sich unweit der Post und ist Mittags und abends geöffnet.

Manapany-les-Bains

Le Manapany ($$$$)
Restaurant
128, boulevard de l'Ocean
Tel.: 56 55 58

Sowohl die Speisen, als auch das Ambiente betreffend, genießt das Restaurant einen exzellenten Ruf, der weit über den Süden der Insel hinaus reicht. Von der Terrasse dieses kulinarischen Ausflugszieles bietet sich dem Gast ein faszinierender Ausblick auf die tosende Brandung.
Auf der Speisekarte findet man ausgefallene Variationen kreolischer und französischer Speisen. Von der *Route Nationale 2* (N2) die Straße nach *Manapany-les-Bains* nehmen. Der Weg zum Restaurant ist ausgeschildert. Mittags und abends geöffnet.

Nützliche Adressen

Crédit Agricole
19, rue Maury
Tel.: 31 49 00

Busbahnhof
Rue Général de Gaulle
Tel.: 56 66 86
An der Abfahrt Richtung *Jean Petit.*

Fremdenverkehrsamt
Centre Nautique; Rue Paul-Demange
Tel.: 56 00 29
Im selben Gebäude wie das Schwimmbad.

Postamt
85, rue Raphael Babet
Tel.: 56 50 54
Geldautomat (EC-Karte wird akzeptiert)

Ausflugsziele in der Umgebung

Manapany-les-Bains
Steinstrand

Von der Bundesstraße N2 aus über die D30 zu erreichen. Der Name der wilden Steilküste kommt aus dem Madegassischen und bedeutet soviel wie »dort wo es viele Fledermäuse gibt«. Am Steinstrand lädt ein natürliches Bassin zum Baden ein, das den Schutz vor der unruhigen See gewährleistet.

D3 in Richtung Tampon
Höhenstraße

Wie fast überall lohnt es sich auch hier, als Alternative zur *Route Nationale* die Panoramastraßen über die Berge zu nehmen. Beginnend in *Saint-Joseph* zeigt sich die 30 km lange D3 als bunte Allee, gespickt mit Aussichtspunkten über die Südküste.

Le Grand Coude
Bergdorf (1140 m)

Von *Saint-Joseph* aus gelangt man vorbei an einem Engpaß mit dem bezeichnenden Namen *Le Serré* zum Höhenort *Grand Coude*. Von hieraus offenbaren sich herrliche Blicke auf die schroff in der vulkanen Felslandschaft liegenden Flußläufe des *Rivière Langevin* und *Rivière des Remparts*.

La Cascade de la Grande Ravine
Wasserfall

Von *Langevin* aus in Richtung *Plaine de Sable* und *Rivière Langevin* fahren. Die Strecke führt entlang des Flusses, vorbei an der *Cascade du Trou Noir* und einigen *Bassins* zum *Wasserfall de la Grande Ravine*. Ver-

folgt man die 12 km lange, von Picknickkiosken gesäumte Straße weiter, stößt man auf das Bergdorf *Grand Galet* (500 m), wo ein mühsamer Wanderweg zum beinahe 2000 m höheren Vulkan beginnt.

La Maison du Curcuma
Landwirtschaftliches Museum
14, chemin du rond, Plaine-des-Grègues
Tel.: 37 54 66

Das Landwirtschaftsmuseum im Bergdorf *Plaine-des-Grègues* widmet sich der Welt der einheimischen Pflanzen und Gewürze, insbesondere der des Kurkuma. Das gelbe Pulver, fälschlicherweise häufig als Safran bezeichnet, erhält man aus der Wurzel eines Ingwergewächses. Der echte Safran, der um ein Vielfaches teurer ist, wird dagegen aus den Blütennarben spezieller Krokusarten gewonnen. Wenngleich der traditionelle Anbau des Kurkuma immer weiter zurückgeht, ist das gelbfärbende Pulver aus der kreolischen Küche nicht mehr wegzudenken.

Das Museum hat täglich, außerhalb der Mittagszeit geöffnet. Eintritt kostenlos.

Schon bei der Ankunft in dem verschlafenen Küstenort hat man das Gefühlt, die Zeit hier sei stehengeblieben. Das Leben geht seinen geregelten Bahnen nach und niemanden scheint es zu stören, daß sich ein aktiver Vulkan ganz in der Nähe befindet. Noch immer leben viele der Bewohner vom Fischfang und der Produktion von Flechtwaren aus *Vacoa*, einer Palmenart, deren getrocknete Blätter eine erstaunliche Reißfestigkeit vorweisen. In *Le Baril*, etwa 3 km vor Saint-Philippe liegen die Ruinen einer alten Zuckerfabrik.

La côte sauvage – Die wilde Küste

Das 2-Sterne Hotel liegt so dicht am Meer, daß die Gäste des Hotelrestaurants nicht mehr draußen speisen können, da sich die Brandung zu häufig über die Tische ergossen hat. Die Atmosphäre ist phantastisch und die salzige Luft dringt bis in die mit Holz verkleideten Zimmer vor. Sie sind mit Bad und Telefon ausgestattet. Vom Swimmingpool aus genießt man bei Sonnenuntergang eine bezaubernde Aussicht.

Gastronomie*

Le Canot ($$$)
Restaurant
15, rue Leconte de Lisle
Tel.: 37 00 36

Das Restaurant mit Terrasse zur Hauptstraße hat sich ganz dem Thema »Hai« verschrieben. Die Meeresbewohner tauchen nicht nur in verschiedenen Variationen auf der Speisekarte auf, auch in der Dekoration des großen Saales finden sie sich wieder. Das *Le Canot* hat nur um die Mittagszeit geöffnet, am Wochenende manchmal etwas länger.

Basse Vallée

Le Cap Méchant ($$$)
Restaurant
19, rue Labourdonnais, Cap Méchant
Tel.: 37 00 61

Unterkünfte*

Le Baril ($$$ bis $$$$)
Hotel (Behindertengerecht)
Route Nationale 2 (N2)
Tel.: 37 01 04; Fax: 37 07 62
Intern.: http//www.anthurium.com

*Erläuterungen und Preiskategorien S.218ff.

*Erläuterungen und Preiskategorien S.221ff.

Wie der Name schon sagt, liegt das für seine Fischgerichte bekannte Restaurant, direkt am *Cap Méchant*, zwischen *Saint-Joseph* und *Saint-Philippe*. Es hat ganztags geöffnet.

Le Baril

Chez Laurent ($$)
Restaurant
26, Route Nationale 2 (N2)
Tel.: 37 03 07

Am Eingang von *Le Baril* gelegen bietet das einfache Lokal seinen Gästen kreolische Speisen zu moderaten Preisen. Bei dem verhältnismäßig geringen Verkehr im Süden der Insel kann man gerade in den Abendstunden davon absehen, daß sich das Restaurant mit offener Terrasse direkt an der *Nationalstraße* befindet. Mittags und abends geöffnet.

Le Baril ($$$)
Hotelrestaurant
Route Nationale 2 (N2)
Tel.: 37 01 04

Der Speisesaal des Restaurants *Le Baril* besticht durch eine angenehm warme Atmosphäre und Blick aufs Meer. Leider kann man nicht mehr auf der Terrasse speisen, da sich die starke Brandung der nahen Küste zu häufig über die Teller der Gäste ergossen hat. Ganztags geöffnet.

Nützliche Adressen

Fremdenverkehrsamt
64, rue Leconte de Lisle
Tel.: 37 10 43

Postamt
Cité Bouvet de Loziers
Tel.: 37 00 55
Kleine Filiale ohne Geldautomat.

Ausflugsziele in der Umgebung

Le Cap Méchant
Kap

Um das »böse« Kap zu erreichen, nimmt man in *Basse Vallée*, etwa sieben Kilometer vor *Saint-Philippe* den beschilderten Abzweig in Richtung Küste.
Unweit der wuchtigen Wellen, deren zerstörerischer Kraft der Ort seinen Namen verdankt, befinden sich sowohl Picknickplätze als auch zwei Restaurants und das *Puits des Francais*.

Les sentiers botaniques
Botanische Lehrpfade

Verschiedene Wege führen gut beschildert zwischen *Saint-Joseph* und *Saint-Philippe* von der N2 zu den Lehrpfaden. Nimmt man zum Beispiel den Abzweig auf Höhe des *Souffleur d'Arbonne* und des *Puits des Anglais*, erreicht man nach ein bis zwei Kilometern dichten Regenwald. Kurze Zeit später stößt man dann auf den Beginn des ersten Lehrpfades. Weitere folgen, farblich markiert. Die Wege, für die man jeweils 1 Stunde rechnen sollte, führen eindrucksvoll in die Vielfalt der reunionnaisischen Flora ein. Schilder geben Auskünfte zu den endemischen Pflanzen.

Le Jardin des Parfums et des Epices
Botanischer Garten

Auf der Höhe von *Mare Longue* geht ein Forstweg von der N2 ab. Ein 3 Hektar umfassendes Areal bietet alles, was die Pflan-

Bananenstaude

zenwelt der Insel hergibt. Die Mischung aus ursprünglicher und eingeführter Vegetation umfaßt medizinische Kräuter genauso wie Gewürze, Parfümpflanzen und tropische Obstbäume. Die ausschließlich französischsprachige Führung dauert etwa 1½ Stunden und muß einen Tag im voraus beim *Syndicat d'Initiative de Saint-Philippe* (Tel.: 37 10 43) gebucht werden.

Les Puits
Felsschächte

Entlang der Südküste befinden sich immer wieder mysteriöse, von Menschenhand erschaffene Schächte, deren bekannteste Vertreter die Namen *Puits des Francais*, *Puits des Anglais*, *Puits des Arabes* und *Puits des Tremblets* tragen.

Da niemand wirklich weiß, wer diese Felslöcher erschaffen hat, noch aus welchem Grund, ranken sich die wildesten Legenden um ihre Entstehung. So nahm man ohne geschichtliches Fundament lange an, daß die Besetzung der Engländer damit in Zusammenhang steht. Noch abstruser präsentiert sich die Theorie, arabische Seeleute könnten dafür verantwortlich sein, da der *Puits des Arabes* Ähnlichkeiten mit denen, noch heute im Orient existierenden Schächten aus der Zeit des König Salomons aufweist.

Von fremden Kulturen bis hin zu verborgenen Piratenschätzen, wie weit die Geschichten auch reichen mögen, fest steht, daß die *Puits* in dieser trockenen Gegend über Jahrzehnte eine wichtige Rolle als Auffangbecken spielten. Fließendes Wasser kam zum Teil erst 1984.

Pointe de la Table
Lavalandschaft

Dem Wegweiser zum *Puits des Arabe*s, von der N2 in Richtung Küste folgen, um direkt am Meer den »neuen Strand« zu erleben. Die Erweiterung der Insel, die der Lavastrom vom März 1986 erschaffen hat, beträgt beinahe 25 Hektar.

Symbiose pour volcan et oiseaux
Skulpturengarten

Von *Saint-Philippe* aus kommend weist etwa 2 km hinter dem *Pointe du Tremblet* ein Schild in Richtung des Skulpturengartens mit dem bildhaften Namen »Symbiose für Vulkan und Vögel«.
Vom Bildhauer *Jean Claude Mayo* aus Lavabrocken und Zement erschaffene Skulpturen thronen majestätisch über der bizarren Landschaft, in deren Mitte sich eine seltsame Glaspyramide befindet. Laut Aussage des Künstlers wartet sein Werk auf die Vollendung durch einen erneuten Ausbruch des Vulkans.
Man kann mit dem Auto auf der unwegsamen Straße nicht ganz vor Ort fahren und muß die letzten 300 m zu Fuß zurücklegen.

La Vierge au Parasol
Marienstatue

Warum die Statue der Jungfrau Maria einen Schirm über ihrem Haupte trägt, weiß niemand. Einige behaupten, ein Unbekannter habe ihn ihr zum Schutz gegen starke Regenfälle gegeben, für andere stellt er ein Symbol zum Schutz der Felder gegen die Lava und Asche des nahen Vulkans dar. Tatsächlich wurden auf wundersame Weise die Vanilleanpflanzungen in direkter Nähe der Jungfrau bei verschiedenen Eruptionen verschont, und so erfreut sich der Wallfahrtsort heute noch reger Verehrung. 3 km vor *Bois Blanc*, an der N2.

La Vierge au Parasol

Das Stadtzentrum der Mitte des 18. Jahrhunderts entstanden Siedlung, ist nicht von besonderem Interesse, dafür bietet *La Marine* an der Küste die Möglichkeit zu Picknicken.

Piton-Sainte-Rose, etwa 5 km weiter südlich, bekam den Vulkanausbruch 1976 am eigenen Leib zu spüren. Noch heute findet man die Spuren der Lavaströme, die insbesondere der Kirche des kleinen Ortes zu Ruhm verhalfen (s. S. 129). Verfolgt man die N2 in Richtung *Saint-Benoît*, stößt man auf den *Pond suspendu*, eine Hängebrücke, die Ende des 19. Jahrhunderts über einer Schlucht errichtet wurde und heute nur noch Fußgängern zugänglich ist.

Pond suspendu

Unterkünfte*

Mme de Villiers "La Roseraye" ($$)
Chambre und Table d'hôte (Gîtes de France)
206, Route Nationale 2 (N2)
Tel.: 47 21 33

Kreolisches Haus mit herrlicher Veranda aus dem 19. Jahrhundert. Zwei Zimmer mit eigenem Bad; zwei weitere in einem rustikalen Nebengebäude. Durch einen tropischen Garten gut vom Straßenlärm abgeschirmt.

Piton-Sainte-Rose

M. Spielmann "Le Joyau des Laves" ($$)
Chambre und Table d'hôte (Gîtes de France)
Route Nationale 2 (N2), Piton Cascade
Tel.: 47 34 00; Fax: 47 29 63

Die neu erbaute Villa befindet sich etwas oberhalb der *Route Nationale (N2)* und ist gut beschildert. Drei gepflegte Zimmer unterschiedlicher Größe mit modernem Bad. Gute Adresse zum Speisen.

Gastronomie*

Piton-Sainte-Rose

Le Poisson Rouge ($$)
Auberge
503, Route Nationale 2 (N2)
Tel.: 47 32 51

*Erläuter. und Preiskateg. S. 218ff. & S. 221ff.

Durch einen kleinen tropischen Garten relativ gut vom Lärm der *Route Nationale* abgeschirmt. Das kreolische Restaurant bietet eine ausgezeichnete Küche mit köstlichen Fischspezialitäten und das vielleicht beste Preis-/Leistungsverhältnis des Südens. Man kann hier auch übernachten. Durchgehend bis in die frühen Abendstunden geöffnet.

Einkaufen

Association le Couffin Rose
Souvenir und Kunsthandwerk
Piton-Sainte-Rose
Tel.: 47 32 58

Vorwiegend auf Vacoaflechtwaren spezialisiert, bietet das kleine Souvenirgeschäft gegenüber der Kirche *Notre-Dame-des-Laves* auch andere kunsthandwerkliche Produkte.

Nützliche Adressen

Crédit Agricole
Route Nationale 2
Geldautomat (EC-Karte wird akzeptiert)

Postamt
184, Route Nationale 2
Tel.: 47 20 00
Ohne Geldautomat

Ausflugsziele in der Umgebung

Notre-Dame des Laves
Kirche von Piton Sainte-Rose

Südlich von *Sainte-Rose*, an der N2, findet man Zeugnisse eines der vielen kleinen Wunder Réunions. *Notre-Dame des Laves*, eigentlich eine ganz normale Kirche, wären da nicht die noch heute sichtbaren Lavamassen, die das Gotteshaus umschließen. Während des Ausbruchs 1976 gelangte das Magma, nachdem es zuvor den kleinen Ort *Piton-Sainte-Rose* durchquert hatte, bis zur Kirche, teilte sich und floß um das Gebäude herum.

L'Anse des Cascades
Wasserfälle

Zwischen den Orten *Bois-Blanc* und *Piton Sainte-Rose* führt eine Straße zur kleinen Bucht, die vor allem nach der Regenzeit einen Besuch Wert ist. Entlang einer Steilwand schlängeln sich kleine Wasserfälle, die im Zusammenspiel mit der rauhen See und dem kleinen Fischereihafen ein interessantes Schauspiel bieten.

Häufige Niederschläge und ein feuchtwarmes Klima haben den ungeschützten Osten der Insel fest in ihrer Hand. »Côte au vent«, Küste im Wind, nennt man die Gegend zwischen Sainte-Rose und Sainte-Suzanne. Eine üppige Vegetation und unzählige Wasserfälle machen den Reiz der Gegend aus. Vom Zuckerrohr, über Vanille und Parfümpflanzen bis hin zu tropischen Früchten wird auf dem fruchtbaren Vulkanboden alles angebaut, was die Landwirtschaft der Insel zu bieten hat.

STE-MARIE
N.2
STE-SUZANNE
D.51
Bois Rouge
D.63
Quartier-Français
l'Etang
Bagatelle
le Colosse
Cambuston
D.47
ST-ANDRE
Champ Borne
Bras des
Chevrettes
Rivière-
du-Mât
N.2
BRAS-PANON
D.48
la Rivière des Roches
Rivière du Mât
Roches
SALAZIE
Rivière des
Abondance
voile de la Mariée
Marsouins
ST-BENOIT
Plateau
de Belouve
Bras Canot
Beaufonds
D.53
Forêt de Ravenales
Takamaka
Rivière des Marsouins
Confiance
R.F.2
N.3
D.3
D.56
Ste-Anne
N.2
Col de Bébour
STE-ROSE
LA PLAINE DES
PALMISTES
D.57
Col de Bellevue
Piton
Ste-Rose
N.3
Rivière de l'Est
Pointe des
Cascades
le Vingt-Septième
2136 m
Anse des
Bourg-Murat
R.F.5
Cascades
Pas de Bellecombe
Bois-Blanc
2311 m
la Plaine
des Cafres
2077 m
Plaine des
Piton de la
Notre-Dame de la Paix
Sables
Fournaise
2631 m
Ilet de Roche Plate
N.2
D.36
Lutgevin
Grand
Coude
Symbiose pour
Grand Galet
volcan et oiseau
© Comité du Tourisme de la Réunion
Tremblet

Bekannt ist der 8 km südlich von *Saint-Benoît* gelegene Ort eigentlich nur für seine extravagante Kirche, aber auch bei den wunderschönen kreolischen Holzhäusern, die zum Teil entlang der Hauptstraße, zum Teil auch etwas versteckter liegen, lohnt ein längeres Hinsehen.

Sehenswert

L'Église de Sainte-Anne
Kirche

Unübersehbar stellt die extravagante Kirche von *Sainte-Anne* den Anziehungspunkt der kleinen Ortschaft dar. In den 30er und 40er Jahren erfüllte sich der elsässische Pfarrer *Daubenberger* einen Lebenstraum und ließ die 1857 erbaute Kirche von seinen vorwiegend tamilischen Schülern nach Abbildungen europäischer Kathedralen schmücken. Phantasievolle Zementfiguren an der Fassade und bunte Verzierungen im Inneren verbieten jede Einordnung in architektonische Stilrichtungen.

So sehr die Meinungen über das Kunstwerk im Herzen *Sainte-Annes* auch voneinander abweichen, einen gewissen Charme kann niemand der Kirche absprechen, und so ist es wenig verwunderlich, daß die Filmwelt den Ort schon für sich entdeckt hat. *Catherine Deneuve* und *Jean-Paul Belmondo* gaben sich hier in *Truffauts* »Geheimnis der falschen Braut« das Jawort.

Gastronomie*

L'Auberge Créole ($$)
Restaurant
1, rue du Case
Tel.: 51 10 10

Von *Saint-Denis* aus kommend führt direkt hinter einer Brücke ein schmaler Weg zu dieser Art von Landherberge. Das scheunenartige Gebäude liegt direkt am Meer und beherbergt einen großen, rustikalen Speisesaal. Gekocht wird zum Teil noch im Holzofen. Mittags und abends geöffnet.

Einkaufen

Les Confiseries d'Emilie
Herstellung von Konfitüren
15, chemin Blémir
Tel.: 51 02 05

Nach traditionellen kreolischen Rezepten werden in dem Familienunternehmen tropische Früchte aus eigenem Anbau, wie etwa Mangos, Goyaviers, Bananen, Ananas und Litchis getrocknet, kandiert oder zu Konfitüre verarbeitet. Man kann die Produkte auch in den Supermärkten der Insel erwerben; wer vor Ort kauft, spart allerdings ein paar *Francs* und kann sich gleichzeitig ein Bild von Herstellung und Verarbeitung machen. *Les Confiseries d'Emilie* ist von der *Route Nationale* aus beschildert.

*Erläuterungen und Preiskategorien S.221ff.

Die Hauptstadt des Ostens, die ihren Namen dem ehemaligen *Gouverneur Pierre Benoît Dumas* verdankt, wird im wesentlichen von Betonbauten beherrscht. Einrichtungen wie die *Mediathek*, das Theater und verschiedene Festivals sorgen für kulturelle Auflockerung. Das Stadtzentrum, das in den fünfziger Jahren unter einem Großbrand zu leiden hatte, kann heute nur noch mit einem schönen Kirchplatz aufwarten. Die Beschäftigung konzentriert sich wie im gesamten Osten auf die Landwirtschaft.

Waschtag am Rivière des Marsouins

Armony ($$$ bis $$$$)
Bungalowanlage
204, Route Nationale 2 (N2), La Marine
Tel.: 50 86 50; Fax: 50 86 60

*Erläuterungen und Preiskategorien S.218ff.

Herrlich, auf einer Anhöhe gelegenes Hotel mit Blick aufs Meer. Die banal möblierten Bungalows beherbergen verschachtelt angelegte Apartments, die trotz der Ausstattung mit Kochnische und Fernseher dem hohen Preis nicht entsprechen. Angenehm fällt hingegen der runde Pool auf, von dem aus man eine herrliche Aussicht über die rauhe, unzugängliche See genießt.
Im Hauptgebäude der Anlage ein schönes, wenn auch recht teures Lokal.

La Confiance

L'Hostellerie de La Confiance ($$$$)
Hotel
60, chemin de la Confiance
Tel.: 50 90 50; Fax: 50 97 27

Der kleine Ort *La Confiance* befindet sich an der N3 zwischen *Saint-Benoît* und *La Plaine des Palmistes*. Aus einem einstigen Herrensitz wurde mit viel Sorgfalt und Liebe ein kleines Schmuckstück der gehobenen Hotelerie geschaffen.
Die vier Zimmer in den ehemaligen Pferdeställen, strahlen eher Charme als Luxus aus, und der riesige Garten mit Schwimmbad vermittelt eine intime, tropische Atmosphäre.
Wer nicht im Hotel einkehren möchte, kann den kolonialen Zauber auch bei einem Besuch des erstklassigen Restaurants erleben. Trotz Beschilderung ist das Hotel recht schwer zu finden.

Le Café de Chine ($)
Snack/ Restaurant
10, place Edmond Albius
Tel.: 50 12 47

Das *Café de Chine* stellt eine Kombination aus Lottoannahmestelle, Tabakladen und Bar dar. In einem kleinen, dunklen Speisesaal verbringen vorwiegend Einheimische ihre Mittagspause. Geboten wird chinesische Küche zu niedrigen Preisen. Das Restaurant schließt abends recht früh seine Pforten.
Von *Saint-Denis* aus kommend an der Kirche vorbei fahren; kurz nach der Post kommt links der *Place Edmond Albius*.

Resto Flash Aky ($)
Snack/ Restaurant
1, rue Pierre Benoît Dumas
Tel.: 50 00 64

An der Kreuzung *Avenue Jean Jaurès* und *Rue Pierre Benoît*. Kleines chinesisches Selbstbedienungsrestaurant. Durchgehend bis zum frühen Abend geöffnet.

Le Bouvet ($$$$)
Hotelrestaurant
75, rue Amiral Bouvet
Tel.: 50 14 96

Restaurierte Villa im unteren Teil der Stadt, nahe der Küste. Wer bereit ist, einige *Francs* zu investieren, erlebt hier in edlem Ambiente kreolische Küche auf hohem Niveau. Für Gäste, die nicht im Hotel wohnen, ist es empfehlenswert, zu reservieren. Mittags und abends geöffnet.

L'Hostellerie de La Confiance ($$$)
Hotelrestaurant (siehe auch Seite 133)
60, chemin de la Confiance
Tel.: 50 90 50

Das charmante Hotelrestaurant liegt auf dem Anwesen eines ehemaligen Herrensitzes und so ist es wenig verwunderlich, daß man beim Speisen einen Hauch des kolonialen Flairs von damals spürt. Neben der hervorragenden französischen Küche zeichnet sich dieses Restaurant auch durch den Service aus. In tropischem Umfeld legt man Wert auf gehobenen Stil; so sucht die Dame zum Beispiel vergeblich auf ihrer Speisekarte nach Preisangaben. Trotz Beschilderung ist das Hotel relativ schwer zu finden.

Crédit Agricole
28, rue Georges Pompidou
Tel.: 50 86 00
Geldautomat (EC-Karte wird akzeptiert)

*Erläuterungen und Preiskategorien S.221ff.

Médiathèque A. L. Roussin
18, rue de Montfleury
Tel.: 50 88 20
Im Zentrum mit Bibliothek, Videothek und audiovisuellen Medien.

Busbahnhof
Chemin Beaulieu
Tel.: 50 10 69

Fremdenverkehrsamt
Cent. d'Affaires Agora, N3
Tel.: 50 21 29
An der N3 in Richtung *Plaine-de-Palmiste*

Postamt
12, rue Georges Pompidou
Tel.: 50 76 86
Geldautomat (EC-Karte wird akzeptiert)

Ausflugsziele in der Umgebung

Takamaka
Aussichtspunkt (796 m)

Zwischen *Bras-Panon* und *Saint-Benoît* die D53 in Richtung des sehenswerten Höhenortes *Bethléem* nehmen. Nach etwa 30 min. (15 km) erreicht man über die gut befahrbare Straße den Aussichtspunkt, von dem aus noch die alte Seilbahn der Elektrizitätsgesellschaft zu sehen ist. Gerade während der Bauarbeiten erleichterte sie den Zugang zu dem im Tal gelegenen Was-serkraftwerk. Um die überwältigende Aussicht über Steilhänge und Schluchten zu genießen, sollte man möglichst früh aufbrechen, da auf dieser Höhe sehr schnell Wolken aufziehen.
Takamaka ist Ausgangspunkt zahlreicher Wanderwege.

Grand-Étang
Gebirgssee (520 m)

Von *Saint-Benoît* aus die N3 in Richtung *Plaine-des-Palmistes* nehmen. Kurz vor der Stadt führt rechts ein Weg zum *Grand-Étang.* Nach einigen Kilometern muß man den Wagen stehen lassen und erreicht zu Fuß einen Aussichtspunkt über den natürlichen von Bergen eingekesselten See, dessen Wasserspiegel sich je nach Saison sehr stark verändert. Inmitten üppiger Vegetation führen von hieraus zahlreiche Wanderwege um den Gebirgssee herum.

Grand-Étang

Bastion der Vanille und des Zuckerrohrs mit etwa 10000 Einwohnern. Die Stadt erstreckt sich im wesentlichen entlang der Hauptstraße.

Jedes Jahr im Juni findet in *Bras-Panon* eine wichtige Landwirtschaftsmesse statt.

Landwirtschaft prägt den Osten der Insel

Sehenswert

Coopérative de vanille de Bras-Panon
Kooperative der Vanillebauern
21, Route Nationale 2
Tel.: 51 70 12

Der Besuch der Kooperative lohnt sich vor allem zur Zeit der Vanillebearbeitung von Juni bis November. Während einer einstündigen Führung werden alle Stufen der Vanilleproduktion gezeigt, von der künstlichen Befruchtung, über die Veredelung bis hin zur Auslese. Am besten vorher anrufen und nach dem Programm erkundigen. Sonntags geschlossen.

Gastronomie*

Le Bec Fin ($$ bis $$$)
Restaurant
66, Route Nationale 2 (N2)
Tel.: 51 52 24

Direkt an der N2, schräg gegenüber einer Tankstelle. Das *Le Bec Fin* verfügt über einen großen, schlichten Speisesaal mit Terrasse und bietet kreolische Küche zu einem hervorragenden Preis-/Leistungsverhältnis. Mittags und abends geöffnet.

Mme Annibal ($$$)
Ferme Auberge und Chambre d'hôte
6, chemin Rivière du Mât
Tel.: 51 53 76

*Erläuterungen und Preiskategorien S.221ff.

zu übernachten. Die Qualität der Zimmer erreicht allerdings bei weitem nicht das Niveau der Küche. Mittags und abends geöffnet.

Nützliche Adressen

Crédit Agricole
Place Michel Debré
Geldautomat (EC-Karte wird akzeptiert)

Fremdenverkehrsamt
La Coopérative de vanille; 21, N2
Tel./Fax: 51 50 62

Ausflugsziele in der Umgebung

Le bassin la Paix et le bassin la Mer
Seen und Wasserfälle

Von *Saint-Denis* aus kommend, am Eingang der Stadt die *Rue des Limites* zur Linken nehmen. An einer großen Wohnblocksiedlung vorbei am Ende der Straße rechts abbiegen. Die *Auberge* kommt nach einigen hundert Metern.
Mme Annibal gehört zu den Koryphäen der kreolischen Küche Réunions. Wer in den Genuß eines exzellenten *Cari* kommen möchte, sollte unbedingt einen Tag vorher reservieren. *Mme Annibal* bietet ihren Gästen auch die Möglichkeit, in einem kleinen Gebäude ein paar Häuser weiter

An der Brücke über den *Rivière des Roches* geht ein beschilderter Weg zu den beiden Wasserbecken ab. Nach etwa 4 km erreicht man einen Parkplatz, von dem aus in fünf Minuten ein recht steiler Fußweg zum *Bassin la Paix* führt. Der kleine See mit Wasserfall bietet ideale Gelegenheit zum Baden und Picknicken. Wer einen weniger frequentierten Ort bevorzugt, kann den *Bassin la Mer* vom Parkplatz aus in einer Dreiviertelstunde erreichen.
Achtung der Pfad ist unwegsam und häufig rutschig.

Vanille

Jeder kennt die glänzenden schwarzen Kügelchen, die vor allem aus hochwertigen Eiscreme- oder Puddingsorten herausleuchtet . Ebenso geläufig ist der Begriff Bourbon-Vanille, mit dem hierzulande Hersteller von Süßspeisen die Qualität ihrer Produkte unterstreichen. So häufig wir das unverwechselbare Aroma der Vanille schon genossen haben, kaum jemand weiß, daß sie ihren Namen im kolonialen Réunion gefunden hat. Nachdem die ersten Setzlinge der aus Mexiko stammenden Pflanzen 1819 auf die *Île de Bourbon* gelangt waren, stellte sich schnell heraus, daß die weißblühende Kletterorchidee an der feuchtwarmen Ostküste ideale Wachstumsbedingungen vorfand. Eine Erkenntnis, die zunächst ohne wirtschaftlichen Nutzen war, fehlten doch die zur Bestäubung notwendigen Insekten und Vögel. Der Eingebung eines zwölfjährigen Sklavenjungen war es zu verdanken, daß die Vanille der Insel zwanzig Jahre später zu beachtlichem Reichtum verhelfen sollte. *Edmond Albius* gelang 1841 die künstliche Befruchtung, indem er die feine Membran, welche die Staubgefäße von der Blütennarbe trennte, zurückzog und so die weiblichen und männlichen Geschlechtsorgane zusammenführen konnte. An der Methode hat sich bis heute wenig geändert, und wenn die an fremden Stämmen emporrankende Orchidee von Oktober bis Dezember ihre Blüten tragt, machen sich Arbeiterinnen mit flinken Fingern ans Werk und schaffen dabei weit über tausend Befruchtungen am Tag. Aus jeder Blüte erwächst in wenigen Wochen eine grüne Schote, die aber erst nach acht bis neun Monaten reif ist. Um dem Fäulnisprozeß entgegenzuwirken, werden die Schoten nach der Ernte drei Minuten in ein 65° heißes Wasserbad getaucht und im Anschluß sofort in mit Wolldecken ausgeschlagene Holzkisten gepackt, wo sie schwitzen und ihre typische schwarzbraune Farbe annehmen. Danach folgt das Trocknen im Ofen und in der Sonne. Bei der anschließenden Lagerung in Holztruhen setzt ein langsamer, biologischer Prozeß ein, welcher der Vanille ihr charakteristisches Aroma verleiht. Nach acht Monaten werden die Schoten, die im Verlaufe der gesamten Veredelung etwa 75% ihres Gewichtes einbüßen, nach Güteklassen sortiert und zu exportfähigen Bündeln zusammengeschnürt.

Um einen wirklichen Ertrag zu gewährleisten, sind die vielen Arbeitsstunden, welche die aufwendige Herstellung der Vanilleschoten in Anspruch nehmen, auf Réunion zu teuer. Auch Subventionen konnten nichts daran ändern, daß Länder wie Madagaskar oder Indonesien, die deutlich günstiger produzieren können, der Maskareneninsel längst den Rang abgelaufen haben. Zwanzig bis dreißig Tonnen exportiert Réunion jährlich und deckt damit nur einen Bruchteil des Weltmarktes ab.

Die Zuckerstadt des Ostens, in der noch heute eine der beiden Fabriken der Insel steht, verdankt ihren hohen tamilischen Bevölkerungsanteil der Sklavenbefreiung im Jahre 1848. Zahlreiche Vertragsarbeiter strömten in deren Folge auf die Insel, um für Niedriglöhne die Felder zu bewirtschaften und in den Fabriken zu arbeiten. Große Tempel, wie *Le Colosse*, zeugen von den religiösen Traditionen der ehemaligen Einwanderer. Ein Leckerbissen für Besucher sind auch die alljährlich stattfindenden, sehr farbenfrohen, indischen Feste.

Die Stadt erstreckt sich über eine weite Fläche mit Ausläufern bis zur Küste, wo die D47 an einigen Sehenswürdigkeiten vorbeiführt. Neben dem oben schon erwähnten *Colosse*, liegen hier die Ruinen der 1948 durch einen Zyklon zerstörten Kirche von *Champ Borne*.

Sehenswert

La Maison de la Vanille
Haus der Vanille
466, rue de la Gare
Tel.: 46 00 14

Das kreolische Anwesen der Familie *Floris* erlaubt einen Einblick in die Produktion und Geschichte der mit der Stadt tief verwurzelten Vanille. Die Führungen dauern etwa 30 min und werden auf Wunsch auch auf englisch gehalten. Im Gegensatz zur Kooperative verspürt man hier ganz deutlich die Verbindung zur Kolonialzeit. Von Dienstag bis Sonntag geöffnet. Beste Besuchszeit ist von Juni bis November.

La maison Martin-Valliame
Kreolische Villa

Leider ist das unter Denkmalschutz stehende Gebäude umzäunt und Besuchern nicht zugänglich. Ein Zustand, der sich nach der mittlerweile abgeschlossenen Renovierung wohl bald ändern wird, da man überlegt, ein Museum für indische Kunst und Kultur dort unterzubringen. Bis dahin lohnt es dennoch, einen Blick auf das Anwesen zu werfen. Es liegt versteckt in zweiter Reihe, an der Kreuzung des *Chemin Lagourgue* und des *Chemin du Centre*.

La Maison Martin-Valliame

L'usine de Bois Rouge
Zuckerfabrik
Bois Rouge
Tel.: 58 83 30

Die Zuckerfabrik von *Bois Rouge,* die für die Produktion des gesamten Ostens zuständig ist, findet man an der Küste im Norden der Stadt. Geführte Besuche sind zu bestimmten Zeiten nach Voranmeldung möglich.

Ladekran der Zuckerfabrik von Bois Rouge

Le Colosse
Hinduistischer Tempel

An der D47 gelegen, die entlang der Küste von *Champ Borne,* über *Le Colosse* bis nach *Cambuston* führt. Der größte indische Tempel ist Besuchern nicht zugänglich, ein Blick von außen lohnt aber auch.

Wen außerdem das Innenleben einer indischen Religionsstätte interessiert, dem stehen unter den üblichen Bedingungen (kein Leder, Schuhe ausziehen, etc.) die Türen des dezenter kolorierten *Temple de Kalik,* nahe der Innenstadt, offen.

Unterkünfte*

Mme Savriama ($$)

Chambre und Table d'hôte (Gîtes de France)
1084, chemin 80, Rivère du Mât les Bas
Tel.: 46 69 84

Eine kleine Palmenallee führt zu der kreolischen Villa im küstennahen Vorort *Rivère du Mât le Bas* (6 km bis zum Stadtzentrum von *Saint-André*). Sie enthält zwei rustikale Zimmer mit großem Bad, die Toilette wird gemeinschaftlich genutzt, und vier weitere, die später erst angebaut wurden und ebenfalls mit eigenem Bad ausgestattet sind. Den Gästen stehen eine Veranda, Garten und Parkplätze zur Verfügung.

Île de France ($$ bis $$$)

Hotel (Behindertengerecht)
30, rue Stade
Tel.: 58 18 50; Fax: 58 18 55

*Erläuterungen und Preiskategorien S.218ff.

Das zentral gelegene *Île de France* gehört sicher nicht zu den charmantesten Unterkünften des Ostens, bietet aber allen, denen die Unterbringung in *Chambres d'hôte* nicht liegt, eine recht preiswerte Hotelalternative. Läßt man sich von dem kalten, abweisenden Betongebäude nicht schrecken, findet man saubere Zimmer mit Bad, Kochnische, Klimaanlage und Telefon vor. Bei längerem Aufenthalt werden Rabatte geboten.

Gastronomie*

Les 3 clés d'or ($$)
Restaurant
2, chemin Gauche, Pont Minot
Tel.: 58 54 07

Unter einer großen überdachten Terrasse hat man Blick auf den tropischen Garten mit einem beeindruckenden Baum (Pied de Ficus) darin. Die »3 goldenen Schlüssel« bewirten ihre Gäste mit kreolischen, französischen und italienischen Speisen. Ab und an wird musikalische Animation geboten. Unweit der Kirche in einer Seitenstraße der *Avenue de Bourbon*; ganztags geöffnet.

La Coupole ($$ bis $$$)
Restaurant
85, Centre commercial, La Cocoteraie
Tel.: 46 94 77

Von *Saint-Denis* aus die zweite Abfahrt nehmen. Das Einkaufszentrum *La Cocoteraie* ist schon von der *Route Nationale* aus zu sehen. In indisch angehauchter, insgesamt recht steriler Atmosphäre bekommt man chinesische und französische Speisen zu angemessenen Preisen. Mittags und abends geöffnet.

Suzanne et Arséne Ranganayaguy ($$$)
Ferme Auberge
307, rue Maunier
Tel.: 46 41 49

Familie *Ranganayaguy* hat es sich auf die Fahnen geschrieben, ihren Gästen die tamilische Tradition und Küche näherzubringen. So werden auf Wunsch indische Gerichte in mit Bananenblättern ausgelegten Strohschalen serviert. Gegessen wird mit den Fingern, oder wie man auf Kreolisch sagt: »Manger ek la main dan' feuille figue«. Die Zutaten stammen allesamt aus lokalem Anbau. Die *Ferme Auberge* liegt an einem schmalen Weg, der parallel zur N2 läuft. Mit etwas Glück kann man die Schilder von der Straße aus entdecken. Es muß reserviert werden.

Le Beau Rivage ($$$)
Restaurant
Place Indira Gandhi, Champ-Borne
Tel.: 46 08 66

Indisches Restaurant direkt an der Küste,

*Erläuterungen und Preiskategorien S.221ff.

im Stadtteil *Champ-Borne*. Vom Speisesaal aus erlaubt eine großzügig angelegte Glasfassade den Blick aufs Meer und die Ruine der 1948 durch einen Zyklon zerstörten Kirche von *Champ-Borne*. Ganztags geöffnet.

Einkaufen

Centre Artisanal A.D.A.R.
Lokales Kunsthandwerk
Cour de la Mairie, Champ Borne
Tel.: 46 77 92

A.D.A.R (Action pour le Développement Artisanat Réunnonnais), eine Initiative zur Unterstützung lokaler Künstler und Handwerker findet man auf dem Gelände des Rathauses von *Champ Borne*, gegenüber der Kirchenruine. In einem kleinen Ausstellungsraum bieten einheimische Frauen vor Ort gefertigte *Vacoaflechtwaren* an. Sie arbeiten unentgeltlich zugunsten der Initiative. Neben den Flechtwaren werden bestickte Tücher verkauft.

Nützliche Adressen

Busbahnhof
Place de la liberté (Centre Commercial)
Tel.: 46 80 00

Fremdenverkehrsamt
80, Centre Commercial de Saint-André
Tel.: 46 91 63; Fax: 46 52 16

Postamt
108, rue de la Gare
Tel.: 58 89 60

B.R.E.D Banque Populaire
30, rue Arts
Tel.: 58 88 10
Geldautomat (EC-Karte wird akzeptiert)

Crédit Agricole
183, av Bourbon
Tel.: 58 85 25
Geldautomat (EC-Karte wird akzeptiert)

Le Pandialé

Indische Zeremonien

Le Cavadee

Zu einem für die gesamte hinduistische Welt geltenden Zeitpunkt zwischen Januar und Februar versammeln sich die festlich gekleideten Gläubigen an den Ufern eines Flusses und bereiten einen mit Blumen, Früchten und anderen Gaben geschmückten Opferstock vor. Die Bußgänger treiben sich lange Nadeln durch die Haut und tragen an silbernen Haken befestigte Zitronen am Körper. Nach Abschluß der Vorbereitungen setzt sich die Prozession in Gang, den hölzernen Opferstock auf den Schultern der *pénitents*, der Büßer. Auf dem Weg zum Tempel wird immer wieder angehalten, um zu tanzen und um Vergebung zu bitten.

Le Pandialé (La Marche dans le feu)

Von Dezember bis Januar sowie in der Zeit von Juli bis August findet in verschiedenen Gemeinden rund um die Insel der traditionelle Lauf über heiße Kohlen satt. Der eindrucksvollen Zeremonie geht eine zehn- bis zwanzigtägige Fastenzeit voran, welche die Büßer nutzen, um sich in Abstinenz zu üben. Weder Verzehr von Fleisch noch sexueller Kontakt sind erlaubt. Schon am frühen Morgen wird das heiße Kohlebecken entzündet, an dessen Ende sich ein »Milchbassin« und ein Altar befinden. Bei Einbruch der Dunkelheit bereiten sich die Büßer auf ihren Lauf vor, um dann hintereinander die glühenden Kohlen zu überqueren. Hast oder Verbrennungen zeugen dabei von einer unreinen Fastenzeit.

Le Dipavali

Auch Fest der Lichter genannt findet das Spektakel in der Zeit von Oktober bis November statt. Maßgeblich ist dabei der Tag des Vollmondes, der, ebenso wie die darauffolgenden, mit traditionellen Tanzdarbietungen gefeiert wird und häufig mit einem großen Feuerwerk endet.

Solange der nötige Respekt gewahrt wird, haben die Gläubigen in der Regel nichts gegen Besucher einzuwenden. Erkundigen Sie sich sicherheitshalber vorher bei den Fremdenverkehrsämtern über die Gepflogenheiten der verschiedenen Gemeinden. Die größten indischen Feste finden in *Saint-Pierre* und *Saint-André* statt.

Nachdem im Jahre 1667 zwölf Gesetzesbrecher von Madagaskar nach Réunion verbannt wurden, bildeten sich an dem Ort, der heute *Sainte-Suzanne* heißt, die ersten Siedlungen der Insel. Einige historische Bauwerke und Villen zeugen von der kolonialen Blüte der Stadt, deren Umgebung fast nur aus Zuckerrohrfeldern besteht. Wenn zur Weihnachtszeit die *Flamboyants* blühen, erstrahlt der Platz vor der Kirche in leuchtendem Rot.

Leuchtturm von Sainte-Suzanne

Sehenswert

Le Phare
Leuchtturm

Der einzige Leuchtturm der Insel ist schon von der Hauptstraße aus zu sehen. 1864 errichtet, wurde nach über einem Jahrhundert im Jahre 1984 der Betrieb eingestellt. Es lohnt sich allein schon der Aussicht über die Küste wegen, dort vorbeizuschauen.

Le Grand Hazier
Kreolisches Kolonialanwesen
Tel.: 52 32 81 oder 23 70 84

Im Westen von *Sainte-Suzanne* die Ausfahrt nach *Bagatelle* nehmen und auf der alten *Route Nationale* bleiben. Die Palmenallee, die zum Anwesen eines Zuckerbarons aus dem 18. Jahrhundert führt, ist von der N2 aus zu sehen. Auf Reservierung finden täglich Führungen statt.

Unterkünfte*

Quartier Francais

Mme Caladama ($ bis $$)
Chambre und Table d'hôte (Gîtes de France)
58, rue Raymond Vergès, Quartier Francais
Tel.: 46 11 43

Das charmante Gebäude mit der eigen-

*Erläuterungen und Preiskategorien S.218ff.

tümlichen Holzfassade befindet sich im Vorort *Quartier Francais*, der verwirrenderweise zu *Sainte-Suzanne* gehört, aber direkt am Ortseingang von *Saint-André* (die Abfahrt ist angezeigt) liegt. Von *Quartier Francais* aus nimmt man die Straße nach *Bras des Chevrettes* und findet das *Chambre d'hôte* etwa 100 m weiter, auf der rechten Seite. Der freundliche, tamilische Gastwirt empfängt die Gäste in einem großen und sehr überschwenglich geschmückten Speisesaal. Wer nicht nur die gute Küche und das reichhaltige Angebot an lokalen Spirituosen genießen möchte, dem haben *M. und Mme Caladama* zwei Zimmer mit eigenem Eingang im Hauptgebäude und drei weitere in einem Nebengebäude zu bieten. Sie sind einfach, aber gepflegt und verfügen alle über ein eigenes Bad.

Ausflugsziele in der Umgebung

La Cascade du Niagara
Wasserfall

Von *Saint-Denis* aus kommend vor Ortsausgang und noch vor der Brücke der Beschilderung nach rechts folgen. Über eine holprigen Feldweg erreicht man nach wenigen Kilometern einen Wasserfall, der seinem Namen zwar nicht ganz gerecht wird, dafür aber zu den schönsten der Insel zählt. Der Ort wird gleichermaßen zum Klettern, Baden und Picknicken genutzt.

La Cascade du Niagara

Die Cirques

Durch Absenkungen infolge von Vulkanausbrüchen entstanden, verdanken die *Cirques* ihr einzigartiges Relief aus Schluchten, Plateaus und Steilwänden jahrtausendelanger Erosion. Im eigentlichen Sinne zählt zu den Talkesseln *Mafate*, *Salazie* und *Cilaos* auch der *Forêt de Bélouve*, der aufgrund unterirdischer Wasserläufe nicht ganz so stark ausgeschwemmt wurde wie die drei anderen *Cirques*, in deren Mitte majestätisch das Bergmassiv des *Gros Morne* (3 013 m) und *Piton des Neiges* (3 069 m) thront.

Marla im Cirque de Mafate

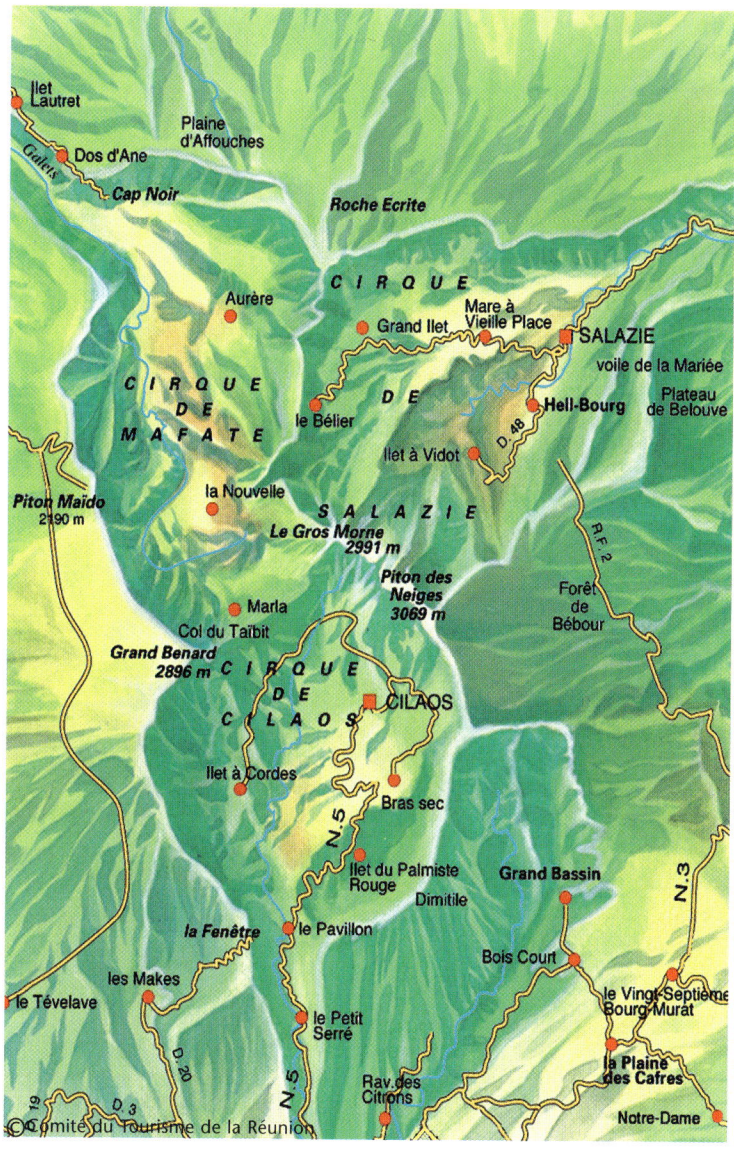

Ilet Lautret
Galets
Plaine d'Affouches
Dos d'Ane
Cap Noir
Roche Ecrite

C I R Q U E
Aurère
Grand Ilet
Mare à Vieille Place
SALAZIE
voile de la Mariée

C I R Q U E
D E
M A F A T E
le Bélier
D E
Hell-Bourg
Plateau de Belouve

Ilet à Vidot
D. 48

Piton Maïdo
2190 m
la Nouvelle
S A L A Z I E
Le Gros Morne
2991 m

R.F. 2

Piton des Neiges
3069 m
Forêt de Bébour

Marla
Col du Taïbit
Grand Benard
2896 m
C I R Q U E
D E
C I L A O S
CILAOS

Ilet à Cordes
Bras sec

N.5

Ilet du Palmiste Rouge
Dimitile
Grand Bassin
N.3

la Fenêtre
le Pavillon
Bois Court

les Makes
le Tévelave
le Vingt-Septième Bourg-Murat

le Petit Serré
la Plaine des Cafres

D. 20
D. 19
D. 3
N.5
Rav. des Citrons
Notre-Dame

©Comité du Tourisme de la Réunion

Der im nordöstlichen Zentrum der Insel gelegene *Cirque* ist von *Saint-André* aus über die D48 zugänglich. Schon am Eingang des Talkessels offenbart sich sein Zauber in unzähligen Wasserfällen, die sich wie Fäden an den steilen Felswänden der Bergmassive herunterschlängeln. Kurz vor der symbolischen Pforte zum *Cirque*, einer Brücke die als *l'Escalier* bezeichnet wird, fährt man unter dem *Roche qui pleure* hindurch, einem kleinen Wasserfall, der sich vornehmlich nach der Regenzeit bemerkbar macht und direkt auf die Straße niedergeht. Viele Autofahrer bremsen unter dem »weinenden Stein« nicht nur wegen der schlechten Sicht und der nassen Fahrbahn, sondern um die Gelegenheit für eine kostenlose Wagenwäsche zu nutzen. *Salazie*, was im Madegassischen soviel wie »gutes Lager« bedeutet, war lange Zeit Zufluchtsort für vorwiegend aus Madagaskar stammende, von den Plantagen der Küstenregionen entflohene Sklaven.

Viele Orte im *Cirque* tragen noch heute die Namen berühmter Schwarzer, so zum Beispiel der *Piton d'Anchaing*, um den sich zahlreiche, traurige Legenden ranken. Anfang des 19. Jahrhunderts zogen immer mehr weiße Siedler in den *Cirque*, die sich, von den großen Plantagenbesitzern der Küsten ihrer Grundlagen beraubt, auf dem fruchtbaren Boden der Höhen eine neue Existenz aufbauen wollten. Die üppige Vegetation verdankt der *Cirque* dem feuchtwarmen Klima des Ostens, das ihm bis heute reiche

Ernten beschert. Berühmt wurde er vor allem für sein *Chou-chou*, eine Gemüsepflanze deren hellgrüne, gurkenähnliche Knollen ebenso verzehrt werden wie die Blätter und Ranken. Anfang das 20. Jahrhunderts rückte der *Salazie* ins Licht der Modewelt, als aus den getrockneten und ausgeschabten Fasern des ursprünglich aus Brasilien stammenden *Chou-chou*, Hüte und andere Accessoires für die feine Gesellschaft Europas produziert wurden. Die italienischen Hauptabnehmer brachten ihr den Namen »Pai d'Italie« ein.

Die erste größere Ortschaft des *Cirque* stellt das gleichnamig *Salazie* dar. Die wenigsten Besucher halten sich lange in der von Betonhäusern dominierten Siedlung auf. Profitieren sollte man ggf. vom Geldautomaten (akzeptiert EC-Karten) der Postfiliale und von der Tankstelle.

Verfolgt man die D48 weiter, so erreicht man zunächst *Mare à Poule d'Eau*, das nur aus einigen Häusern entlang der Straße besteht. Der gleichlautende Teich, der bei einem Erdrutsch einen großen Teil seiner ursprünglichen Fläche verloren hat, bietet sich der Algen wegen nicht zum Baden an. Ganz im Süden des *Cirques* liegt der ehemalige Kurort *Hell-Bourg* (950 m). Die Ruinen der 1948 durch einen Zyklon verschütteten Thermalquellen wecken bei einigen Einheimischen nostalgische Erinnerungen an die Blütezeit der Stadt. Auch das einstige *Hotel de Salazie*, das zwischenzeitlich als Militärhospital diente und momentan leer steht, erzählt noch von den Tagen, als viele gutbetuchte Touristen in die Stadt strömten. Betrachtet man sich *Hell-Bourg* mit seinen prächtigen kreolischen Holzhäusern und den alten Villen, so scheint die Zeit seit damals stehengeblieben zu sein. Auch heute gehören die Besucher zu den wichtigsten Einnahmequellen der Stadt, dem Konkurrenten *Cilaos* kann man aber nur schwer standhalten.

Sehenswert

La pisiculture (l'élevage de truites)
Forellenzucht
Hell-Bourg

Hinter dem Hotel *Le Relais des Cimes*, links ab der Beschilderung folgen. Nach etwa 1000 m erreicht man die Forellenzucht. Erklärungstafeln an den Becken geben Auskünfte über die einzelnen Stationen des Forellenlebens, von der Geburt bis zur Eiablage. Wer Angeln möchte, hat freien Eintritt, der Fang wird dann später gewogen und nach Gewicht bezahlt.
Täglich bis zum frühen Abend geöffnet.

Les Thermes
Ehemalige Thermen
Hell-Bourg
Die Hauptstraße vorbei an der Bibliothek bis zur Gendarmerie nehmen und dann dem Weg nach rechts in Richtung Fluß folgen. 1832 entdeckt, verschwanden die Quellen im Jahre 1948 in Folge eines Zyklons und wurden trotz starker Bemühungen nie wiederentdeckt. Die starke Konkurrenz aus *Cilaos* sorgte dafür, daß der Besucherstrom schon bald abebbte und so wurden die Gebäude, in denen sich einst die feine Gesellschaft zu ihren Kuren traf, einfach ihrem Schicksal überlassen. Übrig sind heute eigentlich nur die Fundamente und einige Mauerreste, an denen man noch die ein oder andere Schwimmbadkachel entdecken kann. Wer eine Alternative für den Rückweg vorzieht, gelangt über eine alte, durch Überschwemmungen beschädigte Metallbrücke (festhalten!) auf die Straße in Richtung *Îlet à Vidot*, die nach einer halben Stunde wieder nach *Hell-Bourg* führt.

Metallbrücke nahe den ehemaligen Thermen

La maison Folio (Villa des Châtaigniers)

Kreolische Villa

5, rue de l'Amiral-Lacaze

Hell-Bourg

Tel.: 47 80 98

Das 1870 erbaute, unter Denkmalschutz stehende Gebäude zählt zu den Hauptsehenswürdigkeiten des *Cirque*. Familie *Folio* bietet den Besuchern Einblicke in das Leben der gehobenen Gesellschaft des letzten Jahrhunderts. Die Struktur des Anwesens entspricht mit dem herrlichen kreolischen Garten noch in etwa ihrer ursprünglichen Form, und gerade dieser Park, über den man sehr fachkundige Erklärungen erhält, macht einen Besuch unverzichtbar. Führungen von Montag bis Samstag, außerhalb der Mittagszeit.

La maison Folio

Unterkünfte*

Mme Laurent ($)

Chambre d'hôte (Gîtes de France)

Rond Point

Tel.: 47 80 60

In einer starken Kurve, kurz vor Ortseingang, leuchtet dem Besucher das spitze, rote Dach des gepflegten Häuschens entgegen. Großzügige *Chouchou-Anpflanzungen* wachsen um das Gebäude herum. Nur für Wanderer und Frühaufsteher, da schon gegen 6.00 Uhr gefrühstückt wird und die Zimmer um 7.30 Uhr geräumt sein müssen. Das Bad wird gemeinschaftlich genutzt. Der Preis, die Aussicht und das gepflegte Ambiente haben sich herumgesprochen, so daß zeitig reserviert werden muß.

L'Auberge Morange ($)

Jugendherberge

2, rue de la Cayenne

Tel.: 47 82 65

Die Erwartungen, welche beim Anblick des (ehemals) repräsentativen Gebäudes aufflammen, werden beim Betreten der Unterkünfte enttäuscht. Die Mehrbettzimmer sind extrem schlicht gehalten. Es wäre sicher nicht schwer, etwas mehr aus den Räumlichkeiten herauszuholen, dennoch ist der Aufenthalt in der Jugendherberge, gerade für Besucher, die alleine unterwegs sind, finanziell durchaus interessant. Hier gibt es keine Altersbeschränkung. Der Ju-

*Erläuterungen und Preiskategorien S.218ff.

gendherbergsausweis kann vor Ort erstanden werden. Küche und Waschmaschine vorhanden.

Mme Josiane Grondin ($$)
Chambre und Table d'hôte (Gîtes de France)
Rue du Stade
Tel.: 47 86 28

Die Hingabe, mit der sich *Mme Grondin* der Einrichtung ihrer Gästezimmer gewidmet hat, wird jedem Besucher schon bei der Ankunft auffallen. Die Geschmäcker mögen zwar verschieden sein, aber allein schon der Aussicht wegen wird sich niemand dem romantischen Flair der ganz in Holz gehaltenen Zimmer entziehen können. Eines befindet sich im Hauptgebäude, zwei weitere mit eigenem Bad in einer kleinen Hütte nebenan.
Nur einige Meter von der *Pisiculture*, der Forellenaufzucht, entfernt.

Le Relais des Cimes ($$$$)
Hotel
Rue du Général de Gaulle
Tel.: 47 81 58; Fax: 47 82 11

Die traditionsreiche 2-Sterne Herberge stellt eines der wenigen klassifizierten Hotels im *Cirque* dar. Das weiß getünchte, kreolische Haus mit rustikalem Ambiente liegt am Ende der Hauptstraße und teilt sich in zwei Gebäudekomplexe auf. Die 17 Zimmer verfügen über Heizung, Bad und Telefon.

Hotel und Restaurant genießen einen tadellosen Ruf, was sich aber auch bei den Preisen bemerkbar macht.

Grand-Îlet

Mme Jeanne-Marie Grondin "La Tourte Dorée" ($ bis $$)
Ferme Auberge (Gîtes de France)
Rue du Père Jouanno
Tel.: 47 70 51

La Tourte Dorée bietet zwei Kategorien von Zimmern an. Im Erdgeschoß müssen die Gäste das Bad gemeinsam nutzen, wogegen im Obergeschoß alle Zimmer ein eigenes Bad haben und auf einen langgestreckten Balkon führen. Es lohnt sich durchaus den Preisunterschied in Kauf zu nehmen, da sich die beiden Kategorien auch in der Einrichtung ganz erheblich voneinander unterscheidet.
Die vornehmlich in Holz gehaltene *Ferme Auberge* kann bis zu 60 Personen mit Speisen aus eigenem Anbau bewirten. Um in den Genuß ausgezeichneten Bewirtung zu kommen, sollte man zeitig reservieren.

M. Francois Boyer ($$)
Chambre d'hôte (Gîtes de France)
Chemin Camp Pierrot
Tel.: 47 71 62; Fax: 47 73 34

Etwas oberhalb des Ortskerns, nur leidlich ausgeschildert, befindet sich das moderne Haus mit kreolischen Elementen. Die gepflegten Zimmer sind klein, haben aber ein eigenes (ebenfalls winziges) Bad. Die Besitzer selbst bieten außer dem Frühstück keine Mahlzeiten an; speisen kann man aber auch bei *Mme Christine Boyer*, deren *Chambre und Table d'hôte* direkt gegenüber liegt.

Gastronomie*

Le Relais des Cimes ($$$)
Hotelrestaurant
Rue du Général du Gaulle
Tel.: 47 81 58

Restaurant und Hotel sind über die Grenze des *Cirque* hinaus bekannt. In rustikalem Ambiente läßt sich die traditionelle Küche der Insel genießen. Das Restaurant hat durchgehend bis zum letzten Gast geöffnet.

Chez Cocotier ($$$)
Restaurant
Centre artisanal, rue Général de Gaulle
Tel.: 47 84 01

Im ersten Stock des *Centre artisanal*. Reiche Auswahl an Spezialitäten des *Cirque* und exzellenten Menüvorschlägen. Man hat die Wahl zwischen einem schlichten Speisesaal, einem kleinen Balkon zur Straße und einer etwas intimeren Terrasse, die

zum hinteren Teil des Gebäudes öffnet. Das *Chez Cocotier* hat ganztags geöffnet, schließt aber wie die meisten Lokale im *Cirque de Salazie* nach Einbruch der Dunkelheit recht bald seine Pforten.

Le Ti' Chouchou ($$$)
Restaurant
25, rue Général de Gaulle
Tel.: 47 80 93

Direkt an der Hauptstraße gegenüber des *Centre artisanal*. Das kleine französisch-kreolische Restaurant ist eine gute Adresse um das für *Salazie* so berühmte *Chouchou* zu kosten. Nur über Mittag geöffnet.

Chez Alice ($$$)
Restaurant
Chemin de Sangliers
Tel.: 47 86 24

Kreolisches Restaurant mit großer, überdachter Terrasse und nettem Service. In einer Seitenstraße der *Rue Général de Gaulle*. Mittags und abends geöffnet.

Salazie

Le P'tit Bambou ($$ bis $$$)
Restaurant
75, rue Georges Pompidou
Tel.: 47 51 51
Exzellente Speisen und frische Produkte.

---

*Erläuterungen und Preiskategorien S.221ff.

Die Qualität der Küche wissen auch Einheimische zu schätzen, und so sollte man vor allem am Wochenende zeitig reservieren. Das Holzhaus mit roten Dach befindet sich am Ortsausgang in Richtung *Hell-Bourg*, gegenüber der Kirche. Nur über Mittag geöffnet.

Le Voile de la Mariée ($$$ bis $$$$)
Restaurant
Allée Xavier Fontaine
Tel.: 47 53 54

Restaurant mit kreolischer Küche unterhalb der gleichnamigen Wasserfälle. Vom Ortsausgang aus beschildert. *Le Voile de la Mariée* verfügt über eine schöne Terrasse und bietet ausgefallene Spezialitäten des *Cirques*. Nur über Mittag geöffnet.

Einkaufen

Bambou
Souvenir und Kunsthandwerk
Rue Général de Gaulle, Centre Artisanale
Tel.: 47 84 90

Kleine Boutique im Zentrum mit Arbeiten aus dem im *Cirque* wachsenden Bambus.

La Cazanou
Souvenir und Zeitschriften
Rue Général de Gaulle
Tel.: 47 88 23

Direkt neben dem *Centre Artisanale* gelegen, findet man hier neben Zeitschriften und Souvenirs auch eine kleine Tee-Ecke.

Nützliche Adressen

Hell-Bourg

Fremdenverkehrsamt
Centre Artisanale; Rue Général de Gaulle
Tel.: 47 89 89
Vermittlung eines Guide P.E.I (s.S.188)

Postamt
31, rue Général de Gaulle
Tel.: 47 80 00
Kein Geldautomat!

Salazie

Fremdenverkehrsamt
Mairie annexe, Rue Georges-Pompidou
Tel.: 47 50 14; Fax: 47 60 06
Gegenüber der Kirche.

Postamt
59, rue Georges Pompidou
Tel.: 47 50 21
Geldautomat (EC-Karte wird akzeptiert)

Tankstelle
Tel.: 47 58 21
Einzige größere Tankstelle im Cirque; einige Zapfsäulen in Mare à Vieille Place.

Cirque de Salazie und Hell-Bourg

Les cascades du Voile de la Mariée
Wasserfälle
Salazie

Die steilen Hänge des *Cirque de Salazie* sind so voll von Kaskaden, daß man sich ihre bildhaften Bezeichnungen gar nicht alle merken kann. Den Berühmtesten, eigentlich ein Zusammenspiel mehrerer Wasserfälle, findet man kurz nach dem Ort *Salazie*. Von der Straße aus kann man sich überzeugen, daß sein Name, der übersetzt soviel wie Brautschleier bedeutet, sehr zutreffend gewählt wurde. Durch den starken Wind, der häufig durch die Schlucht fegt, bildet sich ein feiner Nebel um die *Cascades du Voile de la Mariée*, so daß das Gesamtbild tatsächlich an einen Schleier erinnert.

Grand-Îlet
Cirqueort mit historischer Kirche

Kurze Zeit nach der *Cascades du Voile de la mariée* kann man entweder der D48 weiter in Richtung *Hell-Bourg* folgen oder auf der D52 nach *Grand-Îlet* gelangen. Die kleine charmante Ortschaft, die sich mit Landwirtschaft und Viehzucht beschäftigt, steht im Rufe fürchterlich zu stinken. Bei der Ankunft wird man merken, daß die Gerüche bei weitem nicht so schlimm sind wie behauptet und der ruhige Erholungsort

mit seinen hervorragenden *Chambre d'hôte* gerade für Wanderer, die am nächsten Tag die Passage in den *Cirque de Mafate* in Angriff nehmen wollen, eine ideale Verweilmöglichkeit darstellt.

Das ursprünglich im Jahre 1873 erbaute Gotteshaus von *Grand-Îlet*, wurde bereits Anfang des 20. Jahrhunderts durch ein größeres ersetzt. In den folgenden Jahren verursachten Stürme beträchtliche Schäden an der einzigen Holzkirche der Insel, bis sie schließlich 1994 durch den Zyklon *Hollanda* völlig zerstört wurde. Nach anfänglich sehr kontroversen Überlegungen wegen der horrenden Kosten eines Wiederaufbaus wurde zwei Jahre später damit begonnen und seit April '97 erstrahlt die Kirche wieder in neuem, bzw. altem Glanz.

Holzkirche von Grand-Îlet

Der natürlichste und außergewöhnlichste *Cirque* der Insel ist ohne Zweifel *Mafate*. Keine Straße führt in den Bergkessel hinein, der wie vor hundert Jahren nur zu Fuß zugänglich ist. Ein Teil der Versorgung gelangt heute, ebenso wie lauffaule Besucher, mit dem Hubschrauber nach *Mafate*. Der einfachste Abstieg führt vom *Cirque de Salazie* über den *Col des Boeufs* oder den *Col de Fourche* nach *Marla*. Den Einstieg über den *Maido* (2 203 m), *Dos d'Âne* oder *Cilaos* sollten nur erfahrene Wanderer in Angriff nehmen.

Dank seiner geographischen Lage und der Abgeschiedenheit bot *Mafate* zunächst ein ideales Versteck für entflohene Sklaven. Auf den durch Erosion entstandenen *Îlets*, kleinen Hochplateaus, die auch heute noch die Siedlungen beherbergen, suchten sie Unterschlupf. Anfang des 19. Jahrhunderts, nachdem der *Cirque* weitgehend von den schwarzen Aufsässigen »gereinigt« war, ließen sich zahlreiche sogenannte *Petits Blancs*, weiße Familien nieder, die sich an der Küste keine Existenz aufbauen konnten und deshalb in der Landwirtschaft der verlassenen Höhen ihr Glück suchten. Noch heute leben rund 650 Menschen in verschiedenen Siedlungen neben den Erträgen aus dem Tourismus von Ackerbau und Viehzucht. Ein mühsames Unterfangen, da die karge Vegetation des trockenen *Mafate* nicht viel hergibt. Die Installation eines Fernsehempfängers im Jahre 1987 hat das Leben im bis dahin isolierten *Cirque* stark verändert.

Dasselbe gilt auch für die gewaltigen Besucherströme, die sich Jahr für Jahr wandernd durch *Mafate* bewegen. Die Einrichtung von Solarstrom und Sanitärblöcken gehört in diesem Zusammenhang sicher zu den positiven Auswirkungen, die Tatsache, daß es den Menschen im *Cirque*, die jahrelang völlig auf sich selbst gestellt und auf die Mithilfe ihrer direkten Nachbarn angewiesen waren, schwer fällt mit der rasanten Entwicklung Schritt zu halten, sicher nicht. Nun wird die Öffnung des bis dato auf seine landwirtschaftlichen Erträge angewiesenen *Cirques* zum Fremdenverkehr gemeinhin als unausweichlicher Fortschritt angepriesen, welcher der Region und ihren Bewohnern Beschäftigung und Wohlstand bringt. Auch wenn nicht gerne darüber gesprochen wird, liegt die Kehrseite der Medaille auf der Hand: Familien und Nachbarn, die seit Generationen zusammenleben, sehen sich plötzlich als Konkurrenten im gewinnbringenden Spiel mit den Touristen. Jeder möchte an der neuen Ertragsquelle teilhaben, wobei häufig vergessen wird, daß die meisten Besucher kommen, um die Ursprünglichkeit des Wanderparadieses und die Herzlichkeit seiner Bewohner zu erleben.

Noch haben sich viele *Mafatais* ihre Gastfreundschaft und traditionelle Lebensweise bewahrt. Ob das so bleibt, hängt wohl davon ab wie schonend man in Zukunft mit den außergewöhnlichen Bedingungen im *Cirque de Mafate* umgehen wird.

Landwirt im Cirque de Mafate

La Nouvelle (1 440 m), der im südlichen Zentrum gelegene Hauptort bildet das infrastrukturelle Herzstück des Cirques. Neben einer Bäckerei und einer mit Solarstrom betriebenen Telefonzelle findet man hier auch eine sporadisch besetzte Krankenstation und eine Grundschule, deren zirka dreißig Schüler später in weiterführende Lehranstalten an die Küste gehen und während dieser Zeit in der Regel bei Pflegefamilien unterkommen.

Zahlreiche Gîtes und Épicerien (kleine Lebensmittelgeschäfte) bieten sich entlang der Feldwege den Gästen an. Wie überall im Cirque verliert man hier häufig schon am späten Vormittag die Orientierung, da die Siedlung von dichten Nebelschwaden eingehüllt wird. Bei mehrtägigen Wanderungen bietet es sich zwar an, in einem der kleinen Lebensmittelgeschäfte die Vorräte aufzufrischen; da fast alle Waren mit dem Hubschrauber eingeflogen werden, liegen die Preise allerdings deutlich höher als im ohnehin teuren Rest der Insel.

Unterkünfte*

Terrain de Camping de la Nouvelle
Campingplatz

Von Marla kommend weist einige hundert Meter vor La Nouvelle ein Schild nach links zum Campingplatz. Ein kleiner Weg führt nach etwa 5 Minuten zu einer grasbewach-

senen Lichtung, die an einer steilen Schlucht endet. Der Campingplatz, früher im Ortskern, wurde im Zuge der fortschreitenden touristischen Bebauung auf ein sogenanntes Îlet verlegt. Der Besucher muß auf jeden Komfort verzichten. Es gibt weder sanitäre Anlagen, noch fließend Wasser; dafür ist der Platz kostenlos und bietet ein herrliches Panorama.

M. Joseph Cuvelier ($)
Chambre und Table d'hôte
Tel.: 43 49 63

Die Zimmer, meist mit 4 Betten, in einem Nebengebäude, gehören zu den komfortableren im Cirque. Wie in den meisten Gîtes von La Nouvelle, sind auch hier die Sanitäranlagen fest installiert und verfügen, zumindest theoretisch, über heißes Wasser.

M. Maxime Oréo ($ bis $$)
Gîte de Montagne (Maison de la Montagne)
Tel.: 43 58 57

Sympathisches Ambiente. Die Schlafräume werden von einem großen Gemeinschaftsbad versorgt.

M. André Bègue ($$)
Gîte de Montagne (Maison de la Montagne)
Tel.: 43 61 77

Eine der wenigen Möglichkeiten im Cirque, in Doppelzimmern (fünf Stück) zu über-

*Erläuterungen und Preiskategorien S.218ff.

nachten. Daneben gibt es zwei Schlafräume à sechs Personen.

M. Sylvio Begue ($$)
Chambre und Table d'hôte (Gîtes de France)
Tel.: 43 43 10

M. Sylvio Begue bietet seinen Gästen zwei direkt nebeneinander liegende *Gîtes* die zu den besten, aber damit auch teuersten im *Cirque* zählen. Der ganz in Holz gehaltene Gebäudekomplex befindet sich in der Nähe der Bäckerei. Gemeinschaftlich genutzte Sanitäranlagen mit warmem Wasser. Man sollte genau angeben, welchen der zahlreichen *Bègues* man sucht, da es mindestens noch zwei weitere *Gîtes* gleichen Namens gibt.

Marla

Mme Giroday ($)
Chambre und Table d'hôte
Tel.: 43 83 13

Die drei Blechhütten mit ihren einfachen Mehrbettzimmern befinden sich gleich neben der *Epicerie*, einige hundert Meter vom Haus des Besitzers entfernt. Strom liefern Solarzellen; ein Sanitärblock (s.S.155) beherbergt Dusche (kalt) und WC.

Mme H. Hoareau ($)
Gîte de Montagne (Maison de la Montagne)
Tel.: 43 78 31

Die Berghütte der *Maison de la Montagne*, ein Betonbau, stellt die komfortabelste Unterkunft des kleinen Ortes dar und hat eine kleine Küche und ein fest installiertes Bad. Gegessen wird in einer Siedlung, unterhalb der *Gîte*.

Grande Place

M. Thomas ($ bis $$)
Gîte de Montagne (Maison de la Montagne)
Tel.: 43 85 42

Die Berghütte befindet sich in *Cayenne*. Schlichte Zimmer; gutes Essen.

Hinweis: Die Unterkünfte im *Cirque de Mafate* wechseln häufig ihre Besitzer, eröffnen unter anderem Namen neu oder schließen ganz ihre Pforten.
Um sicher zu gehen, sollte man sich vor einem Besuch bei der *Maison de la Montagne* über die aktuelle Situation erkundigen.

Ausflugsziele in der Umgebung

Marla
Siedlung (1645 m)

Malerisches Örtchen am südlichsten Zipfel des *Cirques* mit kaum mehr als vierzig Bewohnern. *Marla*, was auf Madegassisch soviel heißt wie »eine Menge Leute«, rührt noch aus der Zeit her, als hier beinahe fünfzig Familien siedelten.

Viele Hütten sind heute verlassen, im mit über 1600 m höchsten Ort des *Mafate*. Am Fuße des *Grand Bénare* (2896 m) ist er die letzte Station auf der Route in den *Cirque de Cilaos* und bietet neben einigen *Gîtes* eine kleine *Épicerie* und eine *Kooperative*.

Roche Plate
Siedlung (1101 m)

Am Fuße des Maido (2203 m) ist der kleine Ort mit *Gîtes* und *Épicerien* die letzte Erholungsmöglichkeit vor einem der mühsamsten Aufstiege aus dem *Cirque*.

Grande Place
Siedlung (840 m)

Im nördlichen Teil des *Cirques* zu finden, verteilt sich *Grand Place* im eigentlichen Sinne über mehrere Ebenen. Das höher gelegene *Grand-Place-les-Hauts* und das etwas tiefer liegende *Cayenne* befinden sich im direkten Umfeld. In der nach der Zerstörung durch einen Zyklon wiedererrichteten Kirche schlägt die älteste Glocke der Insel. Es gibt eine *Épicerie*.

Aurère
Siedlung (911 m)

Ende des 18. Jahrhunderts entdeckte ein Ziegenjäger auf dem Plateau im Norden des *Cirques* die Behausung eines entflohenen Sklaven, der dem *Îlet* den Namen *Orera*, was frei übersetzt »gute Erde« bedeutet, gegeben hatte.

Heute befinden sich hier neben den Hütten der Bewohner ein Forsthaus, eine *Gîte*, eine *Épicerie* und eine *Kooperative*.

Îlet à Malheur
Siedlung (828 m)

Etwas weiter südlich als *Aurère*, verdankt das Plateau seinen Namen der Rolle als Schauplatz blutiger Kämpfe zwischen entflohenen Sklaven und ihren Jägern. Eine Kirche und eine kleine Schule dienen den Bewohnern der gesamten Umgebung. Es gibt eine *Épicerie* im Ort.

Ebenso wie die anderen beiden *Cirques* bot auch *Cilaos* lange Zeit entflohenen »marrons«, Sklaven, die in der unzugänglichen Bergwelt Verstecke vor ihren unbarmherzigen Jägern fanden, Unterschlupf. Ebenso wie beim *Cirque de Mafate*, stammt auch der Name Cilaos aus dem Madegassischen und bedeutet soviel wie »der Ort, den wir nicht verlassen«. Die Besiedlung des *Cirque*, mit seinem zerklüfteten, durch Erosion entstanden Relief, begann erst Mitte des 19. Jahrhunderts. Noch lange nach Entdeckung der Thermalquellen wurden gutbetuchte Gäste über einen schmaler Pfad in Sänften zu ihrem Kuraufenthalt getragen. Erst 1930 fand die Einweihung der N5 statt, welche von *Saint-Louis* in den *Cirque* führt und noch heute ist es ein kleines Abenteuer, über die kurvenreiche Panoramastraße mit ihren zahlreichen Engpässen nach *Cilaos* zu gelangen. Doch die ein bis eineinhalb Stunden, die von der Küste aus nötig sind, lohnen sich: *Cilaos* kann nicht nur mit seiner malerischen Kurstadt aufwarten, die unglaubliche Natur mit zahlreichen Bassins und Wasserfällen ist ein Paradies für Canyoningfans und lädt zu ausgedehnten Wanderungen ein.

Cilaos ist der beliebteste Ausgangspunkt zur Besteigung des *Piton des Neiges* (3070 m), zahlreiche Routen sind jedoch auch von Ungeübten zu bewältigen. Auskünfte erteilt die *Maison de la Montagne* im Stadtzentrum von *Cilaos*.

Wie in allen *Cirques* gilt auch hier: »Morgenstund' hat Gold im Mund«, denn ab Mittag ziehen häufig Wolken auf, die sich bestenfalls gegen Abend noch einmal lichten.

Mare à Joncs in Cilaos

Cilaos-Stadt (1200 m) stellt mit ihren kreolischen Häusern, der 1932 erbauten, weißen Kirche und der langgestreckten, belebten Einkaufsstraße, die nur zur Mittagsruhe völlig leergefegt ist, einen Ort zum Verweilen dar. Nach einer anstrengenden Wanderung gibt es nichts Schöneres, als sich an *Mare à Joncs*, einen herrlichen See im Osten der Stadt, zu legen und einfach die Seele baumeln zu lassen. Abends kann man dann in einem der zahlreichen Restaurants die traditionelle Küche und den Wein des *Cirques* kosten, aber Achtung: die Bürgersteige werden hier sehr früh hochgeklappt. In *Cilaos* gibt es keine Bank, dafür akzeptiert der Geldautomat der Post auch EC-Karten. Die einzige Tankstelle liegt östlich der Hauptstraße, unweit der *Trois Mares*, einer Formation kleiner Seen.

Sehenswert

La Maison de la Broderie
Stickereimuseum
Rue des écoles
Tel.: 31 77 48

Im einem kleinen Ausstellungsraum werden ausgewählte Exponate mit Erklärungen zur Geschichte der Stickerei gezeigt. Gegründet wurde das Museum zu Ehren der Tochter des legendären Thermalarztes und Bäderdirektors, Doktor *Mac-Auliffe. Angèle*, die mit ihrem Vater um die Jahrhundertwende nach Réunion kam, gelang es, die Frauen des *Cirques* für die Kunst der Stickerei zu begeistern. Die Tradition wurde fortgeführt und stetig weiterentwickelt, so daß die Qualität der im *Cirque* erschaffenen Werke auch heute noch weltweite Anerkennung findet. In jüngster Zeit allerdings werden die Schulungsräume in der oberen Etage des Museums nur noch selten genutzt, da die Jugend keine große Hoffnung mehr in diese Ausbildung steckt. Das Museum hat von Montag bis Samstag, außerhalb der Mittagszeit geöffnet, sonntags nur am Vormittag.

Centre Thermal Irénée Accot
Thermalbäder
Route de Bras Sec
Tel.: 31 72 27

Einem Ziegenjäger aus *Saint-Louis*, der 1815 die Thermalquellen entdeckte, verdankt der *Cirque* seine Bekanntheit. Doch der Aufstieg zum Kurort war lang und von Hindernissen gepflastert. Ein Vierteljahrhundert dauerte es zunächst, bis eine Straße nach *Cilaos* führte.

1896 entstand dann die erste wirkliche Badeanstalt, und mit ihr begann der Besucherstrom in den *Cirque*. Als die Gebäude 1948 durch einen verheerenden Zyklon zerstört wurden, dauerte es über 20 Jahre bis zur Wiedereröffnung. 1987 schließlich wurde ein neuer Bäderkomplex erschaffen, da sich der Zahn der Zeit tief in die Mauern und

Anlagen der alten Bauten gefressen hatte. In neuer Lage findet man das moderne Zentrum heute oberhalb des Hotels *Des Thermes*. Das Wasser wird mit Temperaturen zwischen 30° und 38° C aus dem Felsen gepumpt und eignet sich wegen seines Reichtums an Mineralien und der leichten Radioaktivität hervorragend zur Behandlung von Magen-Darmkrankheiten, Hautproblemen und Rheuma.

Für erschöpfte Wanderer bietet das Unternehmen außerdem Massagen, Sauna und andere Entspannungstherapien an. Das *Centre Thermal* hat von Montag bis Samstag, außerhalb der Mittagszeit geöffnet, sonntags nur am Vormittag.

L'atelier de Philippe Turpin

Atelier für Kupfergravuren
2, route des Sources
Tel.: 31 73 64

In einem versteckt liegenden kreolischen Haus (Beschilderung folgen) ist die Werkstatt des einheimischen Künstlers *Philipe Turpin* zu finden.

Anhand detailliert ausgearbeiteter Kupfergravuren fertigt er Drucke an, die in den Ausstellungsräumen neben der Werkstatt zu bewundern sind. Die meist inseltypischen Motive reichen von Flora und Fauna über geschichtliche Ereignisse bis hin zu phantastischen Themen. Wer den Künstler bei der Arbeit beobachten möchte, sollte sich vorher anmelden.

Unterkünfte*

Le couvent des »petites« soeurs de Saint-Joseph ($)

Kloster
80, rue du Père Boiteau
Tel.: 31 71 22

Ganz nach alter Tradition ist dem Kloster auch heute noch eine Schule angeschlossen. Seit geraumer Zeit wohnen keine Schüler mehr in dem Gebäudekomplex, so daß die »kleinen Schwestern«, wie sie in *Cilaos* gerne genannt werden, versuchen, ihr ständig sinkendes Unterrichtsbudget etwas aufzubessern. Da die erbetene Unterstützung verschiedener internationaler Hilfsorganisationen (darunter auch deutsche) lange bürokratische Wege gehen muß, hilft man sich derweil eben selbst und vermietet die zahlreichen freien Betten.

Sowohl Frauen, wie auch Männer sind herzlich willkommen und können in den spartanischen Unterkünften einen Klosteraufenthalt genießen. Selbstversorgern steht eine kleine Gemeinschaftsküche zur Verfügung.

M. Nassibou ($)

Gîte d'Etape und Table d'hôte (Gîtes de France)
19, route du Bras Sec, Matharum
Tel.: 31 71 77

Die kreolische *Gîte* für bis zu 20 Personen liegt etwas oberhalb des Ortskerns an der Straße in Richtung *Bras Sec*. Die Gäste ha-

*Erläuterungen und Preiskategorien S.218ff.

ben die Wahl zwischen der Unterbringung in Mehrbett- oder den etwas teureren Doppelzimmern und teilen sich zwei Bäder.

Mme Gardebien ($ bis $$)

Chambre und Table d'hôte (Gîtes de France)
50, rue Saint-Louis
Tel.: 31 72 15

Das liebevoll gepflegte Häuschen von *Mme Gardebien* beherbergt drei Doppelzimmer, eines davon leider mit Blick auf eine Mauer. Großzügiges Gemeinschaftsbad.

Le petit Randonneur ($$)

Pension
61 bis, rue du Père Boiteau
Tel.: 31 79 55

Die kleine Pension beherbergt auch eine Snack-Bar, die ihrer zentralen Lage wegen immer gut besucht ist.
Die Zimmer sind mit hellen Holzmöbeln ausgestattet und verfügen alle über ein bescheidenes Bad. Im Obergeschoß befindet sich ein kleiner Balkon.

Chez Mika et Nad ($$$)

Chambre d'hôte (Gîtes de France)
14, rue Saint Louis
Tel.: 31 81 97; Fax: 31 78 47

Die Unterkünfte von *M. Dijoux* gehören zur Luxuskategorie der *Chambre d'hôte*. In dem prächtigen kreolischen Haus sind alle Zim-

mer mit eigenem Bad, Fernseher und Telefon ausgestattet, was sich im Preis bemerkbar macht. Geräumige Küche zur Selbstversorgung.

Le Vieux Cep ($$$$)

Hotel
2, rue des Trois-Mares
Tel.: 31 71 89; Fax: 31 77 68

Der Ruf der 2-Sterne Herberge geht über die Grenzen des *Cirques* hinaus. Neben der Holzschindeldeckung wurde hier auch auf andere Details geachtet, um dem Hotel kreolisches Flair zu verleihen. Die Anlage verfügt über ein Schwimmbad und ein hervorragendes Restaurant. Entsprechend der Nachfrage wurde in jüngster Vergangenheit ein neuer Komplex angebaut.
Die Zimmer sind, ebenso wie die alten, mit Bad, Telefon, Heizung und Balkon ausgestattet, unterscheiden sich aber in Komfort und Preis deutlich voneinander.

Bras Sec

M. Christian Dijoux ($$)

Chambre und Table d'hôte (Gîtes de France)
40, chemin Saül
Tel.: 25 56 64

Großes Gebäude am Ortseingang, linker Hand. Saubere, in Holz gehaltene Zimmer mit eigenem Bad sowie ein hervorragender Service sprechen für einen Aufenthalt.

Îlet à Cordes

Mme Hélène Payet ($$)
Chambre und Table d'hôte (Gîtes de France)
13, chemin Terre Fine
Tel.: 35 18 13

Ruhig gelegenes kreolisches Haus mit re-novierten, schön eingerichteten Zimmern und eigenem Bad sowie Holzmöblierung: zwei mit herrlicher Aussicht auf den *Cirque*, das dritte mit einem Zitrusbaum vor dem Fenster.

Panorama am Weg nach Îlet à Cordes

Mme Maillot ($$)
Chambre und Table d'hôte (Gîtes de France)
18 bis, chemin Terre Fine
Tel.: 25 74 57

Die Aussicht aus dem neu gebauten Haus läßt zu wünschen übrig. Man sieht vom Erdgeschoß direkt auf eine Wand; nur das Zimmer im ersten Stock läßt den Blick über einige Felder zu. Geschmackvolle Einrichtung und Sauberkeit, ebenso in den Zimmern, wie in den dazugehörigen Bädern, spre-chen dennoch für einen Aufenthalt. Das *Chambre d'hôte* liegt an der selben Stra-ße, wie das von *Mme Payet*. Der Weg ist ausgeschildert.

Gastronomie*

Cilaos

Le Gin Pub ($$ bis $$$)
Restaurant/ Bar
12 bis, rue Père Boiteau
Tel.: 31 83 87

Gutes kreolisches Essen in nettem Baram-biente. Das *Gin Pub* hat deutlich länger als andere Restaurants im *Cirque* geöffnet.

Le Marla ($$ bis $$$)
Restaurant
1, rue de la Mare à Joncs
Tel.: 31 72 33

*Erläuterungen und Preiskategorien S.221ff.

Le Vin de Cilaos

Was wäre ein französisches Departement, auch wenn es weit weg von der Metropole in Übersee zu finden ist, ohne den Anbau von Wein? Auch Réunion hat seinen eigenen Rebensaft zu bieten, der ausschließlich im *Cirque de Cilaos* angebaut und gekeltert wird. Lange Zeit fand man hier die in Frankreich verbotene *Isabelle-Traube*, deren Most wegen des geringen Alkoholgehalts nicht selten mit Zucker versetzt wurde. *Le vin qui rend fou*, der Wein der wahnsinnig macht, wird das Getränk, das dem süßlichen Muskateller ähnelt, auf der Insel genannt. Heute macht die *Isabelle-Traube* neben anderen Sorten wie *Chenin* oder *Couderc* nur noch einen sehr geringen Teil der Produktion aus. Die Weinlese findet in der von Zyklonen bedrohten Zeit von Februar bis März statt, so daß die Bauern mehr als einmal mit ansehen mußten, wie ihre Ernte von einem der berüchtigten Wirbelstürme vernichtet wurde.

Entlang der Straßen und in kleinen Weinkellern wird zu unverbindlichen Proben geladen, man kann den roten oder weißen Rebensaft aber auch in den Gaststätten des *Cirques* kosten.

Französische Kultur im Cirque de Cilaos

Hotelrestaurant mit ausgezeichneter Küche, günstigen Menüs und aufmerksamem Service. Mittags und abends geöffnet.

La Grange ($$ bis $$$)

Restaurant

2, chemin des Saules

Tel.: 31 70 38

Das Restaurant mit der wohl idyllischsten Lage und der interessantesten Architektur von *Cilaos*. Der achteckige Holzbau liegt direkt am oder eigentlich fast über dem See *Mare à Joncs* und brilliert mit behaglicher Einrichtung und herrlicher Aussicht. Nur über Mittag geöffnet.

Chez Noé ($$$)

Restaurant

41, rue Père Boiteau

Tel.: 31 79 93

Am Ortseingang von *Cilaos* gelegen und häufig voll bis unters Dach bietet *Chez Noé* traditionelle kreolische Küche. Das Restaurant befindet sich in einer alten *case créole* mit sehr kleiner Terrasse zur Hauptstraße. Ganztags geöffnet.

Nützliche Adressen

Maison de la Montagne

2 bis, rue Mac-Auliffe

Tel.: 31 71 71; Fax: 31 80 54

Im Stadzentrum; selber Gebäudekomplex wie das Fremdenverkehrsamt. Informationen über Wanderungen und Buchung der *Gîtes de Montagne*.

Fremdenverkehrsamt

2 bis, rue Mac-Auliffe

Tel.: 31 78 03; Fax: 31 70 30

Postamt

76, rue du Pére Boiteau

Tel.: 31 71 60

Geldautomat (EC-Karte wird akzeptiert)

Ausflugsziele in der Umgebung

Îlet à Cordes

Cirquedorf (1 086 m)

Die Straße, die am Ortsausgang von *Cilaos* links abgeht und nach *Îlet à Cordes* führt, ist gesäumt von unzähligen Aussichtspunkten über den *Cirque* und den Ausgang des Bergkessels zur Küste. Sie wurde erst 1972 fertiggestellt, und viele der Einwohner können sich noch gut an die Zeit erinnern, als der kleine Ort in völliger Abgeschiedenheit verharrte. Anfang des 19. Jahrhunderts wurde das Plateau einem Sklaven als Dank dafür geschenkt, daß er die Revolte von *Saint-Leu* verraten hatte.

Heute prägen Weinreben und Gemüsefelder das Bild. *Îlet à Cordes* verfügt über einige hervorragende *Chambres d'hôte*.

Bras-Sec

Cirquedorf (1263 m)

Von *Cilaos* aus die D241, die durch einen
Wald mit japanischen *Cryptomeria* führt,
verfolgen. Im Süden des Ortes geht der *Sen-
tier des Calumets* ins tiefergelegene *Palmiste
Rouge* (836 m). Mittelschwere Wanderung;
Dauer: zwei bis drei Stunden.

La Roche Merveilleuse

Aussichtspunkt (1460 m)

Von der D241 geht zwischen *Cilaos* und *Bras
Sec* ein beschilderter Forstweg ab, der bis
zum Fuße der Aussichtsplattform führt. Wer
über einige Stufen den Felsen erklimmt,
kann bei freier Sicht den gesamten *Cirque*
überblicken.

Blick auf den Cirque de Cilaos

Die Hochebenen und der Vulkan

Die Hochplateaus mit den Hauptorten *Plaine des Palmistes* (1 091 m) und *Plaine des Cafres* (1 343 m), sowie dem küstennahen *Tampon* (536 m) trennen im Inselinneren das Vulkanmassiv und die *Cirques* voneinander. Häufig schon am Vormittag in dichte Wolken gehüllt, haben die Bergdörfer an der Nationalstraße N3, die *Saint-Pierre* im Südwesten und *Saint-Benoît* an der Ostküste miteinander verbindet, einen ganz eigenen Charme. Viele tragen schlicht den Namen ihrer Distanz zur Westküste, was sie zum Zwölften (le Douzième), Vierzehnten (le Quatorzième), oder aber Dreiundzwanzigsten (le Vingt-Troisième), der anderen Bezeichnung für *La Plaine des Cafres*, macht. Den Reiz der Gegend macht der ständige Wechsel der Vegetationen und Landschaften aus. Von tropischen Niederungen oder den Regenwäldern *Bélouve* und *Bébour* über alpenähnliche Regionen, bis hin zur Staubwüste des Vulkans erschließt sich dem Besucher eine eigene Welt.

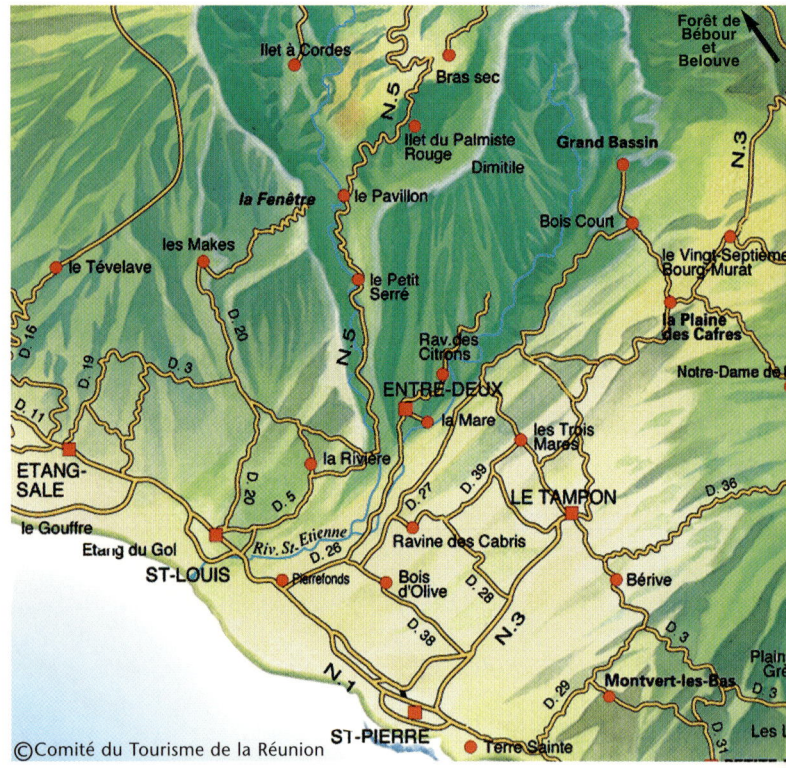

©Comité du Tourisme de la Réunion

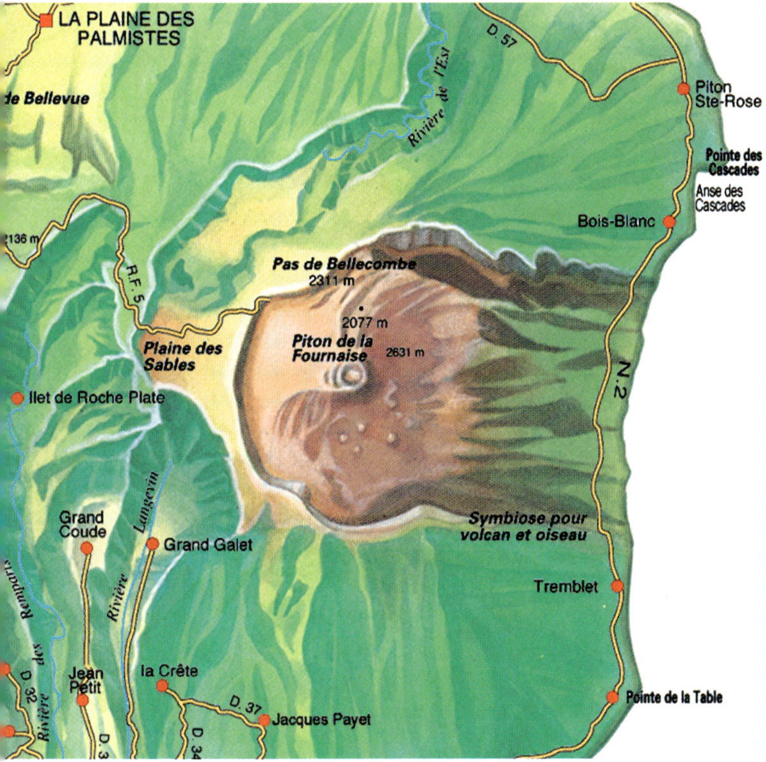

LA PLAINE DES PALMISTES

de Bellevue

D 57

Piton
Ste-Rose

Rivière de l'Est

Pointe des
Cascades

Anse des
Cascades

136 m

R.F. 5

Bois-Blanc

Pas de Bellecombe
2311 m

2077 m

*Plaine des
Sables*

*Piton de la
Fournaise*   2631 m

N 2

Ilet de Roche Plate

Langevin

Grand
Coude

Grand Galet

*Symbiose pour
volcan et oiseau*

Tremblet

Rivière

Remparts

Jean
Petit

la Crête

D 37

Jacques Payet

Pointe de la Table

D 32

D 3

D 34

Wegen seines milden Klimas, das erfahrungsgemäß etwa fünf Grad unter dem der Küste liegt, zählt *Le Tampon* zu den beliebtesten Wohnorten der Südküste. An der Nationalstraße N3, acht Kilometer oberhalb von *Saint-Pierre* gelegen, begann die Geschichte der Stadt mit dem Kauf der Ländereien durch den *Comte Gabriel de Kerveguen* im Jahre 1830.

Geranium und Zuckerrohr prägten lange Zeit das Bild der gesamten Region und gehören auch heute noch, wenngleich in geringerem Maße, zu *Tampon* wie die alten kreolischen Villen und die traditionellen Boutiquen im Stadtzentrum. Seit dem Bau des Theaters *Luc Donat* und der Einrichtung einiger Fachbereiche der Universität von *Saint-Denis* hat sich *Le Tampon*, nach *Saint-Pierre* die zweitgrößte Stadt des Südens, zu einem kulturellen Zentrum gemausert. Abgesehen von der belebten Innenstadt und einer schönen Kirche hat *Le Tampon* keine großartigen Sehenswürdigkeiten zu bieten. Im Oktober lohnt sich ein Besuch des Blumenfestes *La Florilège*, das sich mit Ausstellungen und Vorführungen über die gesamte Stadt erstreckt.

Unterkünfte*

Mme Payet ($)
Chambre und Table d'hôte (Gîtes de France)
71, route du Petit Tampon
Tel.: 27 83 15

Exzellente Küche und zwei einfache Doppelzimmer. Dusche und WC auf dem Gang. Insgesamt ein gutes Preis-/Leistungsverhältnis.

Mme Mondon ($$)
Chambre und Table d'hôte (Gîtes de France)
58, chemin Zazo, Dassy
Tel.: 27 45 57

Schönes, kreolisches Haus mit Garten, etwa 5 km westlich von *Tampon*. Vier gepflegte Doppelzimmer mit eigenem Bad und Blick aufs Meer. Schwer zu finden, aber die Anreise lohnt sich.

Nützliche Adressen

B.R.E.D Banque Poulaire
260, rue Hubert Delisle
Tel.: 57 95 00
Geldautomat (EC-Karte wird akzeptiert)

Crédit Agricole
138, rue Hubert Delisle
Tel.: 57 92 12
An der Hauptstraße, nahe der Kirche.
Geldautomat (EC-Karte wird akzeptiert)

Postamt
46, rue Général de Gaulle
Tel.: 57 96 00
An der Kreuzung zur *Rue Jules Bertot*.
Geldautomat (EC-Karte wird akzeptiert)

*Erläuterungen und Preiskategorien S.218ff.

Seinen Namen trägt das Plateau nach den entflohenen Sklaven, die in der abgeschiedenen Gegend Unterschlupf vor ihren Peinigern suchten. Lange Zeit wurde hier Geranium kultiviert, aus dem man die für die Produktion von Parfum notwendige Duftessenz gewann. Heute erschließt sich dem Besucher eine Gegend mit Rinderherden, Weiden und viel Brachland. Eingefaßt wird die Hochebene von den Schluchten zweier Flußläufe: der des *Bras de la Plaine* im Nordwesten und der des *Rivière des Remparts* im Südosten. Durchschnitten von der *Route Nationale 3* reicht sie bis hin zum *Col de Bellevue* auf 1606 m Höhe.

Nach der Durchquerung des kleinen Ortes, der ebenso wie die Ebene *La Plaine des Cafres* heißt, trifft man auf das Tor zum Vulkan: *Bourg Murat*, nach seiner Entfernung zur Westküste auch *Le 27eme* genannt, gehört mit seiner Lage auf 1580 m zu den höchsten Orten der Insel. Neben der 30 km langen Forststraße zum *Piton de la Fournaise* stellt das vulkanologische Museum den Hauptanziehungspunkt dar.

Sehenswert

La Maison du Volcan
Museum für Vulkanologie
N3, Bourg Murat
Tel.: 59 00 26

Das 1992 gegründete Museum gehört welt-

weit zu den wichtigsten seiner Art und wurde nach den Vorstellungen der Vulkanforscher *Katja und Maurice Kraft* konzipiert. Der Eröffnung konnten die berühmten Franzosen nicht mehr beiwohnen, da sie ein Jahr zuvor bei einer Forschungsreise in Japan tödlich verunglückten.

Die enge Zusammenarbeit mit dem Landwirtschaftsmuseum *Stella Matutina* in *Saint-Leu* läßt sich schon an der multimedialen Art der Präsentation erahnen. Ebenso wie *Stella* versucht auch die *Maison du Volcan* ihre Besucher sehr ansprechend und bildhaft über Vulkane, ihre Entstehung und die verheerenden Auswirkungen zu informieren. Die interaktiven Animationen finden alle in französisch statt; wer der Sprache nicht mächtig ist, kommt aber dennoch auf seine Kosten. Sehr gelungen ist auch die architektonische Umsetzung des Themas Vulkan in Verbindung mit der Gebäudehülle. Montags geschlossen.

La Maison du Volcan

La Plaine des Cafres und Bourg-Murat

La Plaine des Cafres (Le 23ème)

M. Alicalapa-Tenon ($ bis ($$)
Chambre und Table d'hôte (Gîtes de France)
62, Route Nationale 3; Le 24ème Km
Tel.: 59 10 41

Indisch geführtes Haus an der N3, etwa einen Kilometer von *La Plaine des Cafres (Le 23ème Km)* entfernt, neben der Polizeistation. Die vier Zimmer präsentieren sich geschmackvoll, was nicht unbedingt für das spartanische Gemeinschaftsbad gilt.

M. Lacouture ($$)
Chambre d'hôte (Gîtes de France)
Route Nationale 3, Le 22ème Km
Tel.: 59 04 91

Neben einer großen Terrasse und einem liebevoll eingerichteten Aufenthaltsraum mit Kamin, bietet Familie *Lacouture* ihren Gästen fünf rustikal eingerichtete Zimmer mit dunkler Holzmöblierung. Die sanitären Anlagen werden gemeinsam genutzt.
Das große Haus liegt geschützt, von der N3 über eine kleinen Weg zugänglich, etwa 1 km von *La Plaine des Cafres* entfernt.

La Fermette ($$)
Hotel
48, route du Bois Court
Tel.: 27 50 08; Fax: 27 53 78

Gastfreundliches Hotel und Restaurant an der Straße in Richtung *Bois Court*.
Etwas altmodische Zimmer in einem langgestreckten, ruhig gelegenen Nebengebäude mit Fernseher, Telefon und eigenem Bad. Während der Hauptsaison häufig ausgebucht.

Mme Combelles ($$)
Ferme Auberge (Gîtes de France)
Route Nationale 3, Le 25ème Km
Tel.: 59 29 79

Idyllisch gelegener Bauernhof, etwas abseits der *Route Nationale*, zwischen *La Plaine des Cafres (Le 23ème Km)* und *Bourg Murat (Le 25ème Km)*. Vertrieb landwirtschaftlicher Produkte aus eigener Herstellung und drei moderne Zimmer mit Bad in einem Bungalow oberhalb des Hofes. Die Stromversorgung erfolgt über Solarzellen. Exzellente Küche.

Les Géraniums ($$$$)
Hotel
46. Route Nationale 3 (N3), Le 24ème Km
Tel.: 59 11 06; Fax: 59 21 83

Das weißgetünchte 2-Sterne Hotel datiert jüngeren Datums und liegt in Richtung *Saint-Benoît*, etwa einen Kilometer von *La Plaine des Cafres* entfernt. Gepflegte Zimmer mit Holzfußboden, Telefon und eigenem Bad. Der Weg zum Hotel-Restaurant ist beschildert.

*Erläuterungen und Preiskategorien S.218ff.

Notre-Dame de la Paix

Mme Mussard ($)

Chambre d'hôte (Gîtes de France)
CD 36; 180, chemin Notre-Dame
Tel.: 27 57 59; Fax: 59 09 34

Familie Mussard betreibt außer dem *Chambre d'hôte* in *Notre-Dame de la Paix* auch das Hotel *Adaret*. Auf Wunsch werden die Gäste abends zum Speisen dorthin gefahren. Die Gästezimmer der *Case créole* sind schlicht; das Bad müssen sich die Besucher teilen. Dafür gestaltet der herzliche Service den Aufenthalt zu einem kreolischen Erlebnis.

Bourg Murat (Le 27ème)

Auberge du Volcan ($$)

Pension und Hotel
Route Nationale 3 (N3)
Tel.: 27 50 91; Fax: 59 17 21

Altmodische Zimmer in einem Nebengebäude mit Dusche und Heizung. Die Toiletten befinden sich auf dem Gang. In jüngerer Vergangenheit wurden auf der anderen Straßenseite fünf Bungalows errichtet, die nun den Teil des Unternehmens darstellen, der sich Hotel nennt. Die Doppelzimmer unterscheiden sich in Preis und Komfort von denen der *Auberge* und haben Bad, Heizung, Fernseher und Telefon. Neben der *Maison du Volcan*.

Adaret ($$$)

Hotel
137, route Forestière du Volcan
Tel.: 59 00 85; Fax: 59 09 34

An der Straße, die von *Bourg Murat* zum Vulkan führt. Neue, gepflegte Zimmer mit eigenem Bad.

La Diligence ($$$)

Bungalowanlage und Reiterhof
Route Nationale 3 (N3), Le 28ème Km
Tel.: 59 10 10; Fax: 59 11 81

Altmodisch eingerichtete Bungalows mit eigenem Bad oberhalb des Reiterhofes. Helles, großzügig angelegtes Restaurant und Tennisplatz.
Für Pferdefans gibt es besondere Kombinationsangebote, die Ausritte, Essen und Übernachtung beinhalten.

L'Ecrin ($$$ bis $$$$)

Bungalowanlage
PK 27, Route Nationale 3 (N3)
Tel.: 59 02 02; Fax: 59 36 10

Von *Le Tampon* kommend am Ortseingang von *Bourg Murat*. Auch hier wurde vor kurzem angebaut, so daß das *Ecrin* neben den alten Gebäuden nun auch 2-Sterne-Bungalows mit Bad, Fernseher und einer der wenigen Zentralheizungen der Insel bietet. Breit gefächerte Tarife je nach Saison und Ausstattung der Zimmer.

Grand Bassin

Mme M.-Josée Sery ($)
Gîte d'Etape (Gîtes de France)
Tel.: 59 10 34

Einfache Zimmer mit Gemeinschaftsbad für vier bis vierzehn Personen.

Mme Sery-Picard ($)
Gîte d'Etape (Gîtes de France)
Tel.: 27 51 02

Vier schlichte Schlafsäle mit Stockbetten und drei Doppelzimmer. Bad und WC werden gemeinschaftlich genutzt.

Gastronomie*

La Plaine des Cafres (Le 23ème)

Auberge du 24éme ($$$)
Hotelrestaurant
36, rue du Père Favron
Tel.: 59 08 60

Bekannt für ihre hervorragende mit frischem Zutaten zubereitete Küche. Der etwas kitschige Speisesaal verfügt über einen Kamin, was auf dieser Höhe in den Monaten von Juni bis August eine echte Wohltat sein kann.

Das Restaurant hat durchgehend geöffnet; der Weg ist (ab dem *24ème*) beschildert.

Nützliche Adressen

Crédit Agricole
Route Nationale
Tel.: 59 19 70
Geldautomat (EC-Karte wird akzeptiert)

Postamt
Rue école
Tel.: 27 50 00
Geldautomat (EC-Karte wird akzeptiert)

Ausflugsziele in der Umgebung

Bois Court und Grand Bassin
Aussichtspunkt (1388 m) und Bergdorf

Von *La Plaine des Cafres* aus erreicht man den kleinen Höhenort *Bois Court* über die D70. Am Ende der Straße hat man Aussicht auf das 700 m tiefer liegende *Grand Bassin*. Ähnlich wie der *Cirque de Mafate*, ist der Ort mit einem herrlichen Wasserfall nur zu Fuß über einen steilen Pfad erreichbar. Die Versorgung der Bewohner findet vormittags an der Aussichtsplattform statt, wo mit Hilfe eines Seilzuges Lebensmittel und andere Waren in die Schlucht befördert werden.

Zum Wanderweg muß man direkt vor dem Aussichtspunkt links abbiegen. Nach etwa 200 m markiert ein Schild den Beginn des Pfades. Der Abstieg nimmt zirka anderthalb Stunden in Anspruch, für den Rück-

*Erläuterungen und Preiskategorien S.221ff.

weg allerdings sind zwei bis drei Stunden zu veranschlagen. Zur Übernachtung bieten sich vier *Gîtes* an.

D36 nach Notre-Dame de la Paix
Panoramastraße

Beginnend in *La Plaines des Cafres* führt die D36 zunächst in den verschlafenen Ort *Notre-Dame de la Paix*. Einige Kilometer weiter schlängelt sich die Straße entlang der Schlucht des *Rivière des Remparts*, wo dem Betrachter, bei gutem Wetter, unglaubliche Aussichten geboten werden.

Nach etwa 14 Km erreicht man, vorbei an Picknickplätzen und kleineren Siedlungen, wieder die *Route Nationale* (N3) auf Höhe von *Le Tampon*.

Blick über den Rivière des Remparts

Der Vulkan ist mit dem Auto nur über eine einzige Strecke zu erreichen, die Forststraße R.F.5, die in *Bourg Murat* von der N3 abzweigt. Busse verkehren hier keine. Generell gilt für Ausflüge zum Vulkan dasselbe wie für beinahe alle anderen Touren und Wanderungen: Nur wer ganz früh aufbricht, hat eine Chance, die Bergwelt der Insel frei von Wolken und Nebel zu erleben. Außerdem kann es auf diesen Höhen, vor allem in den Wintermonaten, empfindlich kalt werden. Entsprechende Kleidung sollte unbedingt zur Ausrüstung gehören. Von *Bourg Murat* aus erreicht man nach zirka 10 km den *Nez de Boeuf* (2019 m), einen Aussichtspunkt über die Schlucht des *Rivière des Remparts*. Etwas weiter empfiehlt sich ein kurzer Halt am *Cratère Commerson*, einem eindrucksvollen Explosions-

Plaine des Sables

trichter, der vor Tausenden von Jahren entstanden ist. *La Plaine des Sables* zeigt sich bald darauf als bizarre Mondlandschaft, in der die schnurgerade Forststraße etwas verloren wirkt. Eigenwillige Steinformationen inmitten einer schwarzroten Sandwüste prägen das Bild, bevor man sich an einer Kreuzung für den Weg zur *Gîte* oder die Auffahrt zum Aussichtspunkt über den Vulkan entscheiden muß.

Feuerspuckendes Monstrum oder wundervolles Mysterium, für alle etwas ganz Besonderes: der *Piton de la Fournaise*. Nichts zieht die Menschen so magisch an wie der immer noch aktive Vulkan im Süden der Insel. Wenn der Riese Feuer spuckt, strömen Touristen ebenso wie Einheimische zu Tausenden auf das Bergmassiv, um dem überwältigenden Schauspiel beizuwohnen, wie beim Ausbruch im März '98. Die Straßen zum Vulkan werden wegen des kaum zu bewältigenden Besucheransturmes gesperrt und die Menschenmassen in Bussen zum Gipfel gekarrt. Eingewickelt in wärmende Decken sitzt man dann inmitten von Zelten, Thermosflaschen und Rucksäcken vollgestopft mit Proviant und Kameraausrüstung am *Pas de Bellecombe* oder am *Nez Coupé de Sainte-Rose*, Aussichtspunkten über die riesige *Caldera* (s.S.178).

Richtig wahrnehmen kann man die leuchtenden Lavamassen eben nur nachts und wenn sich nach langem Warten die rot leuchtenden Nebelschwaden lichten und für einige Sekunden den Blick auf das Feuerspektakel freigeben, springt alles auf und von überallher erklingt das hektische Klikken der Fotoapparate. Wenige Augenblicke später ist der Krater wieder bedeckt und von hinten ertönen verärgerte Stimmen, die sich beschweren, daß gestern viel klarere Sicht vorgeherrscht habe, die Busfahrten aber so schlecht organisiert gewesen seien, daß nicht alle Interessenten zum Vulkan befördert werden konnten. Die Rufe verstimmen schnell und alle warten wieder gebannt auf das Spektakel hinter dem dichten Dunstschleier. Ganz nach unten zur Austrittsstelle darf man noch nicht. Bis feststeht, daß keine Gefahr besteht, bleibt dieses Privileg Forschungsteams vorbehalten, und die Zugangswege werden durch das französische Militär gesperrt.

Angst scheint niemand zu haben, wenn er

Schaulustige beim Vulkanausbruch

über 2000 m Höhe in den rotglühenden Schlund blickt und viele wünschen sich nichts sehnlichster, als dem Vulkan direkt ins Auge zu blicken. Meldungen von Massenevakuierungen, Tod und Vernichtung, wie man sie von anderen Schauplätzen dieser Welt kennt, gab es auf Réunion bislang nicht, und irgendwie scheinen in all' der Euphorie die immer wiederkehrenden Hinweise von Wissenschaftlern, daß Vulkane nie wirklich berechenbar sind, keinen zu stören. Glücklicherweise gehört der *Piton de la Fournaise* zu den freundlichen, sogenannten roten Vulkanen, die im Gegensatz zu den explosiven Grauen, dünnes ruhig fließendes Magma speien, auf das man nach einer Eruption entsprechend reagieren kann. Am tragischen Beispiel des *Mount Saint Helens* in den Vereinigten Staaten, dessen heiße Aschewolke 1979 innerhalb weniger Augenblicke einen ganzen Landstrich vernichtete, konnte man die tödlichen Auswirkung der grauen Vulkane sehen.

Um das überschaubare Risiko, das der *Piton de la Fournaise* darstellt, gegen Null zu halten, sorgt rund um die Uhr ein vulkanologisches Observatorium für die lückenlose Überwachung des Publikumsmagneten und leitet beim geringsten Anzeichen einer drohenden Eruption die nötigen Schritte ein. So gesehen, gibt es beim Urlaub auf Réunion wirklich keinen Grund, den Vulkan von der Besuchsliste zu streichen. Auch wenn man nicht das Glück hat, einen der kleineren Ausbrüche, die beinahe jedes Jahr

Vegetation in lebensfeindlicher Umgebung

vorkommen, oder sogar eine größere Eruption zu erleben, sollte man sich eine Wanderung in der wundersamen Landschaft nicht entgehen lassen.

Was vom Aussichtspunkt des *Pas de Bellecombe* zu überblicken ist, stellt allerdings nicht den Krater des *Piton de la Fournaise*, sondern den *Enclos Fouqué*, eine durch frühere Ausbrüche entstandene *Caldera*, dar. Die geleerten Magmataschen hatten großflächige Absenkungen zur Folge, die so das heutige Bild ergeben. Der *Piton de la Fournaise* liegt im Zentrum dieser *Caldera* und verfügt über zwei Hauptkrater: den seit Ende des 18. Jahrhunderts inaktiven *Cratère Bory* und den aktiven *Cratère Dolomieu*. Wie die Erfahrung der letzten Jahre zeigt, finden aber auch Ausbrüche außerhalb des eigentlichen Kegels statt, und man wartet gespannt, wo und wann der Riese mit dem leichten Schlaf das nächste Mal erwachen wird. Auch dann wird es sich wohl wieder bewahrheiten, daß die Naturgewalten, die als Winde über die Insel fegen, weit zerstörerischer sind, als die, die aus der Erde strömen. Selbst die Bewohner der Südküste, die im Einzugsgebiet des *Grand Brûle*, dem Bereich über den sich die Lava schon häufig bis ins Meer ergossen hat, leben, sehen dem nächsten Ausbruch eher gelassen entgegen. Schließlich war die launische Diva schon lange vor den Menschen auf Réunion, und ohne Vulkane gäbe es sie doch gar nicht, diese einzigartige Insel am Ende der Welt.

Unterkünfte*

Gîte du Volcan ($)

Gîte de Montagne (Maison de la Montagne)
Tel.: 21 28 96

Die gepflegte, mit etlichen Heckenskulpturen versehene Anlage, setzt sich aus drei *Gîtes* und einem Haupthaus zusammen. Die *Gîtes* wurden nach und nach errichtet und unterscheiden sich in Einrichtung und Komfort. Wer es vorzieht, moderner und großzügiger untergebracht zu werden, der sollte bei der Reservierung nach der etwas teureren Nummer 3 fragen. Die Unterbringung erfolgt generell in Mehrbettzimmern, denen gemeinsame Sanitäranlagen zur Verfügung stehen.

Die *Gîte du Volcan* bieten einen idealen Ausgangspunkt für Wanderungen zum *Piton de la Fournaise* und gehört zu den wenigen Berghütten der *Maison de la Montagne*, die mit dem Auto erreichbar sind. Während der Hauptsaison sind die Plätze teilweise über mehrere Wochen komplett ausgebucht.

Vulkanausbruch im Morgengrauen

*Erläuterungen und Preiskategorien S.218ff.

Von *Saint-Benoît* aus erreicht man *La Plaine des Palmistes* über die N3, vorbei am Aussichtspunkt *l'Echo*. Einst mit einer reichen Population an Palmen (daher der Name, gesegnet) hat der übermäßige Verzehr der Palmenherzen, die als Salate angerichtet eine Delikatesse sind, die Zahl der exotischen Bäume stark dezimiert.

Die Stadt spaltet sich in zwei Teile auf: *Le Premier Village* im Nordosten und *Le Deuxième Village* im Südwesten. Die vielen kreolischen Villen an der Hauptstraße zeugen von der Beliebtheit des klimatisch milden Ortes als Sommersitz für betuchte Familien der Küstenregionen. Das reiche Umland und die herrlichen Wälder von *Bébour* und *Bélouve* machen ihn auch heute noch zu einem beliebten Ausflugsziel. Die Gegend ist bekannt für ihre ausgezeichneten Käsesorten. Sehenswert ist auch das Rathaus, dessen Bau einige Millionen verschlungen hat. Das eigenwillige, in Holz gehaltene Gebäude erinnert eher an die Schweiz oder Österreich als an eine tropische Insel, womit es sich in die Bergregionen um *La Plaine des Palmistes* gut einpaßt.

Sehenswert

La maison des Tourelles
Historisches Gebäude
Rue de la République (N3)
Tel.: 52 08 92

Rathaus von La Plaine des Palmistes

Lange Zeit wurde die ehemalige Sommerresidenz der Familie *De Villeneuve* und das 5 Hektar umfassende Gelände von privaten Betreibern als Feriendorf genutzt. Als der Staat das Anwesen zurückkaufte, waren die Gebäude in solch desolatem Zustand, daß man sich entschloß, bis auf wenige Ausnahmen, den gesamten Komplex abzureißen und nach den alten Vorgaben wieder aufzubauen.

Nach Abschluß der Renovierungsarbeiten wurde das für die Hochebenen zuständige Fremdenverkehrsamt in die prachtvollen Räumlichkeiten verlegt. Zukünftig sollen sich die Bemühungen neben den Aktivitäten im Bereich Tourismus verstärkt auf die Förderung des lokalen Kunsthandwerkes konzentrieren.

Das *Relais des Hauts* ist besonders für größere Gruppen, die das gesamte Gebäude zu Sonderkonditionen mieten können, interessant; aber auch Einzelpersonen oder Paare können von dem schönen Gemeinschaftsraum mit Kamin und der dazugehörigen Küche sowie dem großen Garten profitieren. Die Zimmer des zweistöckigen Gebäudes sind einfach und verfügen über Waschbecken und Dusche. Die Toiletten befinden sich auf dem Gang. Der unkonventionelle, herzliche Service macht den Charme der Pension aus.

L'Hôtel des Plaines ($$$$)
Hotel (Logis de France)
Route Nationale 3 (N3), 2ème Village
Tel.: 51 31 97; Fax: 51 45 70

Die Fassade der 3-Sterne Herberge an der *Route Nationale*, präsentiert sich als ehemalige kreolische Villa. Die altmodischen Zimmer mit schönem Blick auf die Berge verfügen über Telefon, Fernseher, Heizung und Bad. Um der hohen Preisklasse zu entsprechen, benötigten einige Bereiche des Hotel-Restaurants eine Renovierung.

Unterkünfte*

Le Relais des Hauts ($$)
Pension
1 bis, chemin Robert Thomas, 1èr Village
Tel./Fax: 51 48 25

*Erläuterungen und Preiskategorien S.218ff.

Gastronomie*

La Petite Case ($$ bis $$$)
Restaurant
289 bis, rue de la République
Tel.: 51 48 08

*Erläuterungen und Preiskategorien S.221ff.

Charmante *Case créole* mit bepflanztem Dach und üppigem Garten, gleich an der Hauptstraße. Neben Pizzen und Crêpes oft ein kreolisches Tagesgericht. Mittags und abends geöffnet.

Le Pommeau ($$$)

Ferme Auberge
Rue de Peindray d'Ambelle
Tel.: 51 40 70

In kreolischem Ambiente kommt man in den Genuß regionaler Spezialitäten. Die edle, ganz in Holz gehaltene *Ferme Auberge* liegt etwas abseits des Ortskerns; der Weg ist gut beschildert. Nur über Mittag geöffnet.

Le Combava ($$$)

Restaurant
28, rue de la République, 1er Village
Tel.: 51 35 98

Von *Saint-Benoît* aus kommend, findet man den kreolischen Familienbetrieb am Ortseingang von *La Plaine des Palmistes*. Ganztags geöffnet. Nach 21 Uhr riskiert man, wie bei den meisten Restaurants der Hochebene, auch hier vor verschlossenen Türen zu stehen.

La Tanguière ($$$)

Ferme Auberge
1, rue de la République, Ravine Plate
Tel.: 51 32 83

Die *Tanguière* gehört zu den Institutionen dieser Gegend. Man züchtete hier den *Tangue*, eine Art Igel madegassischer Abstammung, ohne wirkliche Stacheln, der bei den Einheimischen als Delikatesse gilt. Wem, nachdem er die possierlichen Tierchen gesehen hat, die Lust darauf vergangen ist, muß aber nicht befürchten, daß es auf der Speisekarte keine Alternativen gebe. Während man früher direkt in den Räumlichkeiten eines kleinen Heimatkundemuseums speiste, sind die Ausstellungsräume und das Restaurant mittlerweile voneinander getrennt. Zu viele Gäste fühlten sich beim Essen von den Museumsbesuchern gestört. Der Weg zur abgelegen Aufzuchtstation führt über eine holprige Piste, die von *Saint-Benoît* aus kommend, etwa zwei Kilometer vor *La Plaine des Palmistes* links abgeht. Unbedingt reservieren.

La Petite Plaine

Auberge des Goyaviers ($$$)

Table d'hôte
63 bis, rue Henri Pignolet
Tel.: 51 30 26

In großen weißen Lettern prangt *Auberge* vom roten Dach des Gebäudes. Der schlichte Speisesaal bietet ein herrliches Panorama. Auf der Karte französische und kreolische Speisen; nur als Menüs. Die *Auberge des Goyaviers* liegt an der Straße in Richtung *Forêt de Bébour*. Nur mittags geöffnet.

Nützliche Adressen

Postamt
Rue de la République
Tel.: 51 31 81
Kein Geldautomat!

Fremdenverkehrsamt
Rue de la République; Dom. des Tourelles
Tel.: 51 39 92

Ausflugsziele in der Umgebung

Les forêts de Bébour et Bélouve
Ursprüngliche Waldgebiete

In *La Plaine des Palmistes* geht von der N3 die D55 nach *La Petite Plaine* ab. Von dort aus führt eine fünfzehn Kilometer lange Forststraße weiter in die Wälder von *Bébour* und *Bélouve*, die *La Plaine de Palmistes* vom *Cirque de Salazie* trennen. In den phantastischen Regenwäldern läßt sich die Natur in ihren Ursprüngen erleben. Im dichten Nebel, der häufig schon gegen Mittag aufzieht, zeichnen sich Silhouetten moosbewachsener *Höhentamarinden* und riesiger Farne ab. Orchideen, Schlingpflanzen und *Goyavier-Sträucher*, wer den Zauber wirklich spüren möchte, fährt nicht mit dem Wagen, sondern wählt einen der unzähligen Wanderwege, die zum *Plateau de Bélouve* führen. An Wochenenden versperrt eine Schranke nach dem *Col de Bébour* (1411 m)

die Durchfahrt zum Aussichtspunkt an der *Gîte de Bélouve* (s.S.195), so daß die letzten Kilometer zu Fuß zurückgelegt werden müssen. Mit dieser Maßnahme soll den Blechlawinen entgegengewirkt werden, die vor allem an Sonn- und Feiertagen zum Picknicken in das beliebte Waldgebiet rollen. Vom *Plateau de Bélouve* sind zahlreiche Wanderungen, wie zum Beispiel der Abstieg in den *Cirque de Salazie* oder ein Marsch zum *Trou de Fer*, möglich. Hin- und Rückweg nehmen zirka drei Stunden in Anspruch und entlohnen neben einer beeindruckenden Natur mit der spektakulären Aussicht über Wasserfälle, die eine Schlucht von über 900 m hinabstürzen.
Das *Trou de Fer* ist ein beliebtes Ziel für Helikopterflüge.

La cascade Biberon
Wasserfall

Am Ortsende von *La Plaine des Palmistes* (Premier Village) führt ein Wanderweg zu der herrlichen Bademöglichkeit. Der idyllische Pfad geht durch üppige Vegetation, bevor man nach einer halben Stunde den 240 m hohen Wasserfall erreicht.

Wanderungen

So vielfältig die Angebote einer Inselerkundung mit dem Hubschrauber, Flugzeug oder Geländewagen auch sein mögen, den Zauber Réunions kann man nur erwandern. Ein endloses Wegenetz erwartet Wanderfreunde und sorgt dafür, daß alle Bedürfnisse und Schwierigkeitsstufen abgedeckt werden. 3000 m hohe Gebirgsmassive wollen ebenso erstürmt werden, wie bizarr anmutende Vulkanlandschaften, tropische Regenwälder, zerklüftete Bergkessel und steile Schluchten, in denen sich reißende Bergströme ihren Weg zur Küste bahnen. Fernab großer Städte und Straßen zeigt sich Réunion von ihrer besten Seite, die sich Naturliebhabern und Fotografen in einer gleichermaßen faszinierenden wie auch zerbrechlichen Schönheit eröffnet.

Sorgfältige Vorbereitung und ein sensibler Umgang mit der Natur und ihren Bewohnern gewährleisten, daß Réunion auch weiterhin als Wanderparadies im Indischen Ozean erhalten bleibt.

Vorbereitung

Auf der Insel dreht sich eigentlich alles um *la Randonnée*, was unzählige Bücher, Veranstalter, Berghütten und Informationsstellen bekräftigen. Aus dem Überangebot der Wandertouren ist es nicht einfach, die für seine Bedürfnisse richtige Strecke auszuwählen, und man wird nach der Abreise wohl immer das Gefühl mit sich tragen, etwas verpaßt zu haben. Beratung geben die *Maison de la Montagne* in *Saint-Denis* und *Cilaos*, über die auch die entsprechenden Unterkünfte gebucht werden können. Wer plant, nur einige kleinere Touren zu unternehmen, sollte mit den Informationsbroschüren der *Maison de la Montagne* eigentlich ganz gut bedient sein.

Wichtiger als weiterführende Literatur ist ohnehin gutes Kartenmaterial, wie z. B. die Gesamtkarte des *Institut Geographique National (IGN)* im Maßstab 1:100 000 oder besser noch die Wanderkarten im Maßstab

1:25000 (sechs Stück für die gesamte Insel). Wer Réunion etwas genauer erkunden möchte, findet in jeder Buchhandlung, einigen Zeitschriftenläden und der *Maison de le Montagne* eine Fülle an Karten und französischsprachigen Publikationen, rund ums Wandern. Neben Kartenmaterial gehört zur Ausrüstung festes, knöchelhohes Schuhwerk und warme Kleidung. Die medizinische Ausstattung richtet sich nach den persönlichen Bedürfnissen und der geplanten Strecke. Des weiteren sollten eine Taschenlampe, ausreichend Proviant (vor allem Flüssigkeit), sowie Sonnen- und Regenschutz im Rucksack zu finden sein. Man sollte sich allerdings nicht mit Lebensmitteln überpacken, da in den *Epicerien*, *Kooperativen* und Kramläden zahlreicher Bergdörfer die Möglichkeit besteht Proviant nachzutanken.

Vorbereitung ist alles!

Auskunftsstellen

Maison de la Montagne (Saint-Denis)
10, place du Barachois
97400 Saint-Denis
Tel.: 90 78 78
Fax: 41 84 29

Maison de la Montagne (Cilaos)
2, rue Mac Auliffe
97413 Cilaos
Tel.: 31 71 71
Fax: 31 80 54

Weiterführende Literatur

GR1-GR2/Maison de la Montagne
Beschreibung der beiden wichtigsten Routen, die quer über die ganze Insel führen.

Les plus belles balades à la Réunion/ Les Créations du Pélican
Allgemeiner Wanderführer mit vielen Fotos und Hinweisen zu Flora und Fauna.

Itinéraires réunionnais/Office National des Forêts
Wandervorschläge der Forstbehörde mit Beschreibung und Kartenausschnitten.

Sentiers Marmailles/Office National des Forêts
Kleine Ausflüge unter Angabe von Picknickplätzen und Rastmöglichkeiten.

Einheimische Führer

Um Gästen die Flora und Fauna, die Sitten und Bräuche sowie die Geschichte der Insel auf anschauliche Weise näherzubringen, wurde vor einigen Jahren eine Initiative ins Leben gerufen, aus der die sogenannten Guide *P.E.I (P* wie *Patrimoine, E* wie *Environnement* und *I* wie *Île),* Führer, die sich dem Erbe und der Natur der Insel verpflichtet sehen, hervorgegangen sind. Dabei wollen sie nicht nur einfache Fremdenführer sein, sondern eine Verbindung zur Bevölkerung herstellen, die den Besucher ein wenig in das harte Leben der ländlichen Regionen eintauchen läßt. Um ihre Qualifikation zu gewährleisten, müssen alle *Guide P.E.I* ein staatliches Diplom vorweisen. Jede Region hat ihre eigenen Führer, die neben den normalen Programmen gerne auf individuelle Wünsche eingehen. Ob es sich um Spaziergänge von nur wenigen Stunden oder Wanderungen, die über einen ganzen Tag gehen, handelt, der *Guide P.E.I* eröffnet Einblicke in Bereiche, in welche man mit keinem noch so guten Buch vordringen kann. Er führt in die lokale Welt der Pflanzen ein und erzählt von den Traditionen, die beim Überleben halfen, lange bevor der technische Fortschritt die abgelegenen Gegenden der Insel erfaßt hatte. Sie sehen, fühlen, schmecken und riechen den Reichtum Réunions und begegnen den Einheimischen auf eine Art, die Ihnen ohne die Hilfe eines Führers vielleicht verborgen geblieben wäre.

Die Adressen der *Guide P.E.I* sind erhältlich in der *Maison de la Montagne* oder den lokalen Fremdenverkehrsbüros, wo im allgemeinen auch direkt gebucht werden kann. Die Preise richten sich nach Gruppengröße und Leistung. Für einen ganzen Tag mit Essen sind zirka 200 bis 300 *Francs* pro Person anzusetzen. Die Führungen finden in der Regel nur in französischer Sprache statt.

Laurent Techer – Guide P.E.I im Salazie

Sicherheit und Umweltschutz

Dank hoher Sicherheitsnormen und einer fachmännischen Versorgung bei eventuellen Unfällen, setzt man sich beim Wandern auf Réunion einem überschaubaren Risiko aus. Gerade diese Tatsache jedoch und die Annahme, auf einer Insel solch geringen Ausmaßes ohnehin nicht verloren gehen zu können, führt immer wieder zu Unvorsichtigkeiten, die schon des öfteren ein Menschenleben gefordert haben. Wer seinen Aufenthalt unversehrt genießen möchte, sollte sich deshalb auf jede Wanderung gut vorbereiten und einige Vorsichtsmaßnahmen beachten:

Gehen Sie niemals alleine ins Gebirge und informieren Sie immer Personen, die nicht an der Wanderung teilnehmen, über Strecke und geplante Ankunft.

Bleiben Sie auf den markierten Pfaden.

Informieren Sie sich über die Wetterverhältnisse und den Zustand der Wege. Gerade in der Regenzeit von Januar bis April werden Strecken schnell unpassierbar, was dann auch nach einiger Zeit ohne Niederschlag noch gelten kann.

Brechen Sie so früh wie möglich auf, da im Gebirge häufig schon am späten Vormittag so dichter Nebel aufzieht, daß man die Hand nicht mehr vor Augen sieht.

In den Tropen kann es innerhalb weniger Minuten zu heftigen Wetterumschwüngen kommen, denen man ohne entsprechende Ausrüstung schutzlos gegenübersteht.

Lassen Sie niemals einen Verletzten alleine zurück, sondern versuchen Sie sich lieber vom Ort des Geschehens aus bemerkbar zu machen, so daß andere Gruppen Sie hören.

Unterschätzen Sie nie den frühen Einbruch der Dunkelheit und das damit verbundene Temperaturgefälle. Tagsüber sengend heiß, kann das Thermometer im Gebirge nachts durchaus unter Null fallen.

Was den Umweltschutz angeht, sollte man annehmen, daß Menschen, die sich auf Wanderungen in die Natur begeben, auch zu deren Liebhabern gehören. Weit gefehlt! Wer einen Blick in die als Notunterkünfte oder Windschutz gedachten Blechhütten am Wegesrand wirft, wird sie leicht mit überfüllten Abfalleimern verwechseln. Das beste Beispiel ist der *Piton de Neiges*, dessen Gipfel viele Wanderfreunde mit reichlich Proviant erklimmen, für den Rückweg aber scheinbar nicht mehr die Kraft finden, die leeren Verpackungen wieder mit zurückzunehmen. Gerade an solch unzugänglichen Stellen ist es schwer, den angefallen Müll regelmäßig zu beseitigen, wodurch sie deutlich an Attraktivität verlieren. Es ist fraglich, ob das wirklich im Interesse der Menschen ist, die doch eigentlich hierher kommen, um die Schönheit der Natur zu erleben. Warum soll sie nicht auch nach ihrem Besuch noch erlebenswert sein?

Picknickplatz am Plateau de Bélouve

Unterkünfte

Erschöpften Wanderern stehen in den Bergregionen zahlreiche Hütten, sogenannte *Gîtes*, zur Verfügung. In einigen Dörfern gesellen sich private *Chambre d'hôte* und vereinzelt auch Campingplätze hinzu. Genauere Erklärung zu den verschiedenen Arten der Übernachtungsmöglichkeiten siehe Seite 218.

Ein großer Teil der Nachtquartiere, was insbesondere für die abgelegenen Berghütten gilt, muß im voraus bei der *Maison de la Montagne* gebucht werden. Während der Saison sind die Unterkünfte der beliebtesten Regionen, wie zum Beispiel dem Vulkan oder dem *Piton de Neiges,* schon über mehrere Wochen belegt. Wer auf Nummer sicher gehen möchte, sollte deshalb schon vor dem Urlaub von Europa aus mit der *Maison de la Montagne* Kontakt aufnehmen. Unbedingt die Quittung aufheben, da diese in den *Gîtes* als Nachweis für den Platzanspruch gilt. Das Abendessen muß in den meisten Fällen telefonisch beim Hüttenvater reserviert und bei der Ankunft vor Ort bezahlt werden.

Die Ausstattung der Unterkünfte richtet sich in der Regel nach ihrer Lage. Während die *Chambre d'hôte* und *Gîtes* in den leicht zugänglichen Bergdörfern häufig über Doppelzimmer und warme Duschen verfügen, müssen einige isolierte Hütten ihr Wasser strikt rationieren. Die Unterbringung erfolgt dort meist in Mehrbettzimmern für bis zu vierzig Personen. Decken und Laken werden gestellt, wer empfindlich auf Kälte reagiert tut aber gut daran, zusätzlich einen Schlafsack einzupacken.

Bei den Wanderrouten dieses Reiseführers finden Sie eine Auswahl an Hütten. Weitere Vorschläge siehe unter »Unterkünfte« im Kapitel Städte und Regionen.

Gîte de Montagne in Marla

Wanderwege

Die Insel kann ein dichtes Wegenetz von über 1000 km Länge vorweisen. Die Nationale Forstbehörde (ONF) kümmert sich um Instandhaltung und Markierung der einzelnen Routen und ist ebenfalls für die Errichtung von Picknick- und Rastplätzen sowie provisorischer Notunterkünfte, sogenannten *Abris*, die Wanderern Schutz gegen plötzlich auftauchende Unwetter bieten sollen, zuständig. Im allgemeinen sind die Wege gut ausgeschildert, die angegeben Zeiten sind aber oft wenig verläßlich, da sie sich sehr stark nach der individuellen Belastbarkeit richten, die bei Touristen im allgemeinen nicht ganz so hoch ist wie bei gebirgserfahrenen Einheimischen. In den vegetationsarmen Regionen der Berggipfel sowie am *Piton de la Fournaise* sind meist mit weißer, reflektierender Farbe Spuren auf den felsigen Untergrund gemalt worden, an denen man sich auch bei einem frühzeitigen Aufbruch in der Dunkelheit gut orientieren kann.

Die Königsstrecken Réunions sind der *GR R1*, der durch alle drei *Cirques* bis auf den *Piton des Neiges* geht und der *GR R2*, der vom Norden durch die Bergkessel *Mafate* und *Cilaos*, über den Vulkan bis zur Küste im Südosten führt. Bei den vorgeschlagenen Routen werden diese Strecken nicht näher behandelt, da sie nur von erfahrenen Wanderern zu bewältigen sind und eine sehr sorgfältige und ausführliche Vorbereitung erfordern.

Bei der Auswahl der Tour sollte man sich weniger an Längen, als vielmehr an Steigungen orientieren. Gerade im zerklüfteten Relief des Inselinneren werden die Anstrengungen, die zur Bewältigung schon geringer Distanzen notwendig sind, häufig unterschätzt.

Die Schwierigkeitsstufen der Wandervorschläge richten sich nach dem Zustand der Wege, Distanz und Steigungen sowie den allgemeinen Wetter- und Klimabedingungen der entsprechenden Regionen. Bei den Zeiten handelt es sich um Schätzwerte, die flexibel zu handhaben sind.

Wegemarkierungen am Roche Écrite

1 Le Brûle – La Roche Écrite

2 La Bretagne – La C. du Chaudron

3 Îlet à Vidot – Le Grand Sable

4 Hell-Bourg – La forêt de Bélouve

5 Le Bélier – Marla

6 La Nouvelle – Marla

7 Marla – Roche Plate

8 Roche Plate – Le Maido

9 Cilaos – Marla

10 Cilaos – Piton des Neiges

11 Takamaka – Abri du Tremblet

12 Nez de Boeuf – Le Depot/Saint-Joseph

13 Pas de Bellecombe – Piton de la Fournaise

©Comité du Tourisme de la Réunion

Wandervorschläge

Der Norden

1 Le Brûle – La Roche Écrite

Schwierigkeitsgrad: mittel
Dauer (Hin- und Rückweg): 5 bis 6 h
Startniveau: 1192 m (Mamode Camp)
Endniveau: 2277 m
Karte: IGN 4402 RT/ 1:25 000
Unterkunft: Gîte de la Plaine des Chicots
(Tel.: 43 99 84)

Mit dem Wagen über die D42 nach *Le Brûle* und weiter bis zum Parkplatz *Mamode Camp (1192 m)*. Von dort aus führt der gut markierte *Sentier de la Roche Écrite* durch wechselnde Vegetationszonen bis zur *Gîte*, auf 1839 m Höhe. Über die *Plaine de Chicots* geht es weiter in Richtung Gipfel, wo sich eine überwältigende Aussicht auf den *Cirque de Salazie* und den *Cirque de Mafate* bietet, über denen majestätisch der alles überragende *Piton des Neiges (3 070 m)* sowie die Gipfel des *Gros Morne (3 013 m)* und des *Cimendef (2226 m)* thronen. Ein Blick in die beiden *Cirques* wird mit hoher Wahrscheinlichkeit nur Frühaufstehern vorbehalten bleiben, da sich die Bergkessel häufig schon gegen Mittag mit dichtem Nebel füllen. Es empfiehlt sich in der *Gîte de la Plaine des Chicots* zu übernachten und im Morgengrauen aufzubrechen. Die Wanderwege der kargen Gipfelregionen sind mit reflektierender Farbe markiert, die in der Dunkelheit die Orientierung erleichtern.

Auf dem Rückweg bietet sich ein kleiner Umweg zum Aussichtspunkt *Mare aux Cerfs (1996 m)* an, der den *Cirque de Mafate* aus einer etwas anderen Perspektive zeigt. Neben dem Abstieg zum *Mamode Camp* gibt es die Alternative nach *Bois de Nèfles* und die steile Variante in den *Cirque de Salazie*, die, was ebenso für den panoramareichen Weg nach *Dos d'Âne* gilt, allerdings nur von erfahrenen Wanderern in Angriff genommen werden sollte.

Farnbäume entlang des Wanderweges

2 La Bretagne – La Cascade du Chaudron

Schwierigkeitsgrad: leicht
Dauer (Hin- und Rückweg): 3 h
Startniveau: 330 m
Endniveau: 380 m
Karte: IGN 4402 RT/ 1:25 000

Der Wanderweg durch die *Ravine du Chaudron* beginnt hinter dem Wäschereibecken von *La Bretagne*. Am schönsten zeigt sich die *Cascade* nach der Regenzeit, gerade dann ist der Weg aber häufig rutschig und schwer zugänglich. Am Fuße des Wasserfalles findet sich ein tiefes Bassin, in dessen eiskaltem Wasser nur abgehärtete Schwimmer Erfrischung suchen.

Der Cirque de Salazie

3 Îlet à Vidot – Le Grand Sable

Schwierigkeitsgrad: mittel
Dauer (Hin- und Rückweg): 7 bis 8 h
Startniveau: 945 m
Endniveau: 1065 m
Karte: IGN 4402 RT/ 1:25 000

Die D48 von *Hell-Bourg* aus weiter in Richtung *Îlet à Vidot* verfolgen. Am Ende der ausgebauten Straße führt eine Piste von zirka einem Kilometer zum Beginn des Wanderweges. Bereits nach kurzer Zeit geht ein Pfad ab, auf den Gipfel des hoch aufragenden *Piton d'Anchains (1352 m)*. Wer den strapaziösen Abstecher mit herrlichen Ausblicken wagen möchte, muß zusätzlich etwa drei bis vier Stunden einplanen.

Von *Grand Sable* aus, das 1875 bei einem Erdrutsch mehrere Dutzend Opfer zu beklagen hatte, führen Wege nach *Le Bélier* und in den *Cirque de Mafate*. Heute ist der von einem *Filaowald* bedeckte Fleck am *Rivière de Fleur Jaune* unbewohnt. Den Rückweg kann man von *Grand Sable* aus, an einem Abzweig zur *Source Pétrifiante* vorbei, wieder nach *Îlet à Vidot* nehmen.

Guette à li - Sehen ohne gesehen zu werden

4 Hell-Bourg – La forêt de Bélouve

Schwierigkeitsgrad: mittel bis schwer
Dauer (Hin- und Rückweg): 3 bis 4 h
Startniveau: 1000 m
Endniveau: 1507 m
Karte: IGN 4402 RT/ 1:25 000
Unterkunft: Gîte de Bélouve
(Tel.: 41 21 23)

Vorbei am Rathaus von *Hell-Bourg*, einem Forsthaus und Picknickplätzen erreicht man den Beginn des Aufstieges zur *Gîte de Bélouve*. Der steile Weg ist gekennzeichnet von einer vielfältigen Vegetation, die bald von Plantagen und Anpflanzungen in wilde *Goyaviersträucher* übergeht und sich schließlich in einen prächtigen Farbholzwald verwandelt.

Von der *Gîte*, neben der noch die Anlage einer stillgelegten Seilbahn zu bewundern ist, führen unter anderem Wege zum *Piton des Neiges (3070 m)*, zur Ostküste und nach *La Plaine des Palmistes (1400 m)*.

5 Le Bélier – Marla

Schwierigkeitsgrad: mittel
Dauer (Hin- und Rückweg): 4 bis 5 h
Startniveau: 1835 m (Petit Col)
Endniveau: 1645 m
Karte: IGN 4402 RT/ 1:25 000
Unterkünfte: siehe Seite

Mit dem Wagen erreicht man von *Le Bélier* aus über einen Forstweg den *Petit Col* (zu Fuß ca. 2 Stunden). Oberhalb eines kleinen Parkplatzes versperrt eine Schranke die Weiterfahrt zum *Col des Boeufs*, der in fünfzehn Minuten erklommen, das »Tor« zum *Cirque de Mafate* markiert.

Ein steiler Abstieg führt vorbei an zahlreichen neugierigen Kühen zur *Plaine des Tamarins (1766 m)*, an der man sich für das im südlichen Zipfel gelegene *Marla (1645*

m) oder die größte Siedlung des *Cirques, La Nouvelle* (1440 m) entscheiden muß. Der Weg nach *Marla* nimmt etwa 1,5 Stunden in Anspruch; *La Nouvelle* sollte man schon nach weniger als einer Stunde erreicht haben. Von dort aus führen unter anderem Wege in den nördlichen Teil des *Cirques* mit den *Îlets Aurère, Cayenne* und *Îlet à Malheur*, oder nach *Roche Plate*, von wo aus man den schweißtreibenden Aufstieg zum *Maido (2203 m)* in Angriff nehmen kann.

Der Cirque de Mafate

Beschreibungen der Siedlungen im Kapitel Städte und Regionen ab Seite 158.

6 La Nouvelle – Marla

Schwierigkeitsgrad: leicht bis mittel
Dauer (Hin- und Rückweg): 2,5 bis 3 h
Startniveau: 1440 m
Endniveau: 1645 m
Karte: IGN 4402 RT/ 1:25 000
Unterkünfte: siehe Seite 157f.

Von *La Nouvelle* gehen zahlreiche Routen nach *Marla*, wobei der Weg über *Roche Plate* und *Les Trois Roches* zu den längsten, wahrscheinlich aber auch interessantesten Varianten gehört. Weitere Möglichkeiten mit nicht ganz so großen Umwegen führen über die *Plaine des Tamarins* oder die *Plaine aux Sable* und nehmen jeweils etwa eine

Stunde mehr in Anspruch als die kürzeste Strecke, vorbei am *Bord de Mars*. Bei dieser Route verfolgt man nach zirka 30 Minuten an einer Abzweigung den Weg in Richtung *Marla*, der an der *Maison Laclos* vorbeiführt, einer der ältesten Hütten des *Cirques*, die nach ihren ehemaligen Bewohnern benannt, heute als Notunterkunft dient.

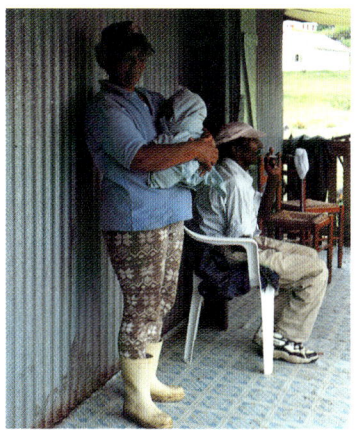

Bewohner von La Nouvelle

7 Marla – Roche Plate

Schwierigkeitsgrad: mittel
Dauer (Hin- und Rückweg): 6 bis 7 h
Startniveau: 1645 m
Endniveau: 1101 m
Karte: IGN 4402 RT/ 1:25 000
Unterkünfte: siehe Seite 157f.

In *Marla* schlägt man zunächst den Weg zum *Col du Taibit* ein und erreicht schon nach kurzer Zeit eine Kreuzung, an der es rechts ab in Richtung *Roche Plate* geht. Unter kontinuierlichem Gefälle gelangt man entlang dem Flußbett des *Rivière des Galets* zum Wasserfall von *Trois Roches*. Über glattgewaschenes Basaltgestein ergießt sich klares Gebirgswasser in eine tiefe Schlucht hinab. Durch wechselhaftes Gelände mit zahlreichen Steigungen führt die Wanderung von hieraus, unmittelbar an der Kesselwand vorbei, in drei Stunden nach *Roche Plate*.

8 Roche Plate – Le Maido

Schwierigkeitsgrad: schwer
Dauer (Hin- und Rückweg): 5 bis 6 h
Startniveau: 1101 m
Endniveau: 2203 m
Karte: IGN 4401 und 4402 RT/ 1:25 000
Unterkünfte: siehe Seite 157f.

Diese Variante den *Cirque de Mafate* zu verlassen, gehört zweifelsohne zu den schwierigsten. Für den Aufstieg werden mindestens zwei Drittel der angegeben Zeit benötigt, in der Regel wird man aber ohnehin nur eine der beiden Strecken in Angriff nehmen. Weniger strapaziös ist selbstverständlich der steile Abstieg; die hohe Belastung für Knie und Wirbelsäule sollte aber unter keinen Umständen außer acht gelassen werden. Bei der Besteigung beginnt von *Roche Plate* aus der schwierigste Teil erst in *La Breche (1291 m)*. Von hieraus gilt es auf einer Strecke von zirka fünf Kilometern eine Höhendifferenz von nahezu tausend Metern zu überwinden. Alternativ kann man von *La Breche* aus, über *Îlet des Orangers (979 m)*, auch den nördlichen Teil des *Cirque de Mafate* erkunden.

Schilderwald in Marla

9 Cilaos – Marla

Schwierigkeitsgrad: mittel
Dauer (Hin- und Rückweg): 6 bis 7 h
Startniveau: 1247 m (Parkplatz)
Endniveau: 2203 m
Karte: IGN 4402 und 4405 RT/ 1:25 000

Von *Cilaos* aus die Straße in Richtung *Îlet à Cordes* nehmen. Der Beginn des Wanderpfades ist markiert; ein kleiner Parkplatz bietet die Möglichkeit den Wagen bis zur Rückkehr hier abzustellen. Der steile Aufstieg führt durch reiche Vegetation, von Farbholzwäldern bis zu Eukalyptusbäumen, zum *Col de Taibit (2082 m)* mit herrlicher Aussicht über die beiden *Cirques Mafate* und *Cilaos*. Der anstrengende Teil ist geschafft, so daß die vierhundert Meter Höhenunterschied, die den Gipfel von *Marla* trennen, in weniger als einer Stunde zu bewältigen sind.

10 Cilaos – Piton des Neiges

Schwierigkeitsgrad: schwer
Dauer (Hin- und Rückweg): 8 bis 9 h
Startniveau: 1370 m (Le Bloc)
Endniveau: 3070 m
Karte: IGN 4402 oder 4405 RT/ 1:25 000
Unterkunft: Gîte de la Caverne Dufour
        (Tel.: 51 15 26)

Den höchsten Punkt der Insel zu bezwingen, ist ein Muß für Aktivurlauber und steht meist ganz oben auf der Wunschliste ambitionierter Wanderer. Die Besteigung des *Piton des Neiges* ist von verschiedenen Orten, wie zum Beispiel *Hell-Bourg* oder der *Plaine de Cafres* aus möglich, die beschriebene Route im *Cirque de Cilaos* zählt wegen der vergleichsweise kurzen Strecke von »nur« acht Kilometern aber zu den meistfrequentierten Varianten.

Um zum Parkplatz am Ausgangspunkt *Le Bloc* zu gelangen, muß man von *Cilaos* aus der D241 zwei Kilometer in Richtung *Bras Sec* folgen. Der Weg zum Gipfel des vor zirka 700000 Jahren erloschenen Vulkans ist geprägt von herrlichen Aussichtspunkten und permanenten Steigungen, die einen raschen Wechsel der Vegetationen mit sich bringen.

Auf einer Höhe von 2478 m erreicht man die *Gîte de la Caverne Dufour*, die zur Hauptsaison oft schon Wochen im voraus ausgebucht ist und wie beinahe alle Berghütten über die *Maison de la Montagne* reserviert werden muß. Da es größtenteils, ebenso wie die Lebensmittel, zu Fuß bis auf diese Höhe transportiert werden muß, wird Wasser in der schlichten *Gîte* streng rationiert. Es ist ratsam, hier die Nacht zu verbringen und mit den anderen Besuchern in aller Frühe (Taschenlampe!) den Weg zum Gipfel anzutreten. Die Chance, diese Region frei von Nebel und Wolken zu erleben, sinkt nach Sonnenaufgang kontinuierlich mit jeder Stunde.

Der *Sentier du Piton des Neiges* stellt den letzten und anstrengendsten Teil der Wanderung dar. Über rauhes Vulkangestein erreicht man in ungefähr zwei Stunden den Gipfel des Riesen, wo je nach Tages- und Jahreszeit eisige Temperaturen und starke Winde herrschen. Bei klarer Sicht sind Anstrengung und Kälte schnell vergessen, da sich ein atemberaubendes Panorama er-

öffnet. Der Blick über tiefe Schluchten, verschlungene Talkessel, Städte mit winzig anmutenden Häusern und phantastische Bergmassive zeigt Réunion aus einer Perspektive, die das Gefühl vermittelt, die Entstehungsgeschichte der Insel direkt vor Augen zu haben.

Der Süden und der Vulkan

11 Takamaka – Abri du Tremblet

Schwierigkeitsgrad: schwer
Dauer (Hin- und Rückweg): 6 bis 7 h
Startniveau: 89 m
Endniveau: 1 240 m
Karte: IGN 4406 RT/ 1:25 000

Der Ausgangspunkt der Wanderung befindet sich an der *Route Nationale (N2)*, zirka 6 Kilometer nördlich von *Saint-Philippe* (in Richtung *Sainte-Rose*). Der Weg beginnt an einem Ort namens *Takamaka* und führt durch einen der erstarrten Lavaströme des Ausbruches im März 1986, die vom *Piton de Takamaka* ausgehend, über die Nationalstraße bis zur Küste reichen.

Wegen des teilweise sehr scharfkantigen Vulkangesteins, dem langsam wieder Ansätze einer zarten Vegetation erwachsen, verlangt der beschwerliche Aufstieg höchste Aufmerksamkeit. Die Augen kleben oft so konzentriert am Boden, daß kurze Zwischenstops nötig sind, um die Reize der

Landschaft aufnehmen zu können. Am *Cratère de Takamaka* (1080 m) angekommen, der weit außerhalb des eigentlichen Herrschaftsgebietes des Vulkans entstanden ist, eröffnet sich ein herrliches Panorama über die Küste und die von hier ausgehenden Lavaströme. Die linke Schneise bildet die *Coulée des Citrons Galets*, deren Ausläufer sich im Gegensatz zu denen der *Coulée de Takamaka* bis ins Meer hinein erstrecken. Einige hundert Meter weiter oberhalb stößt man auf das *Abri du Tremblet*, eine Notunterkunft die ausgelaugten Wanderern als Nachtlager zur Verfügung steht. Als alternativer Rückweg bietet sich von hieraus der Pfad in Richtung *Pointe du Tremblet* an, der parallel zur *Coulée des Citrons Galets* zurück in Richtung Küste verläuft und an der N2, drei Kilometer oberhalb des Ausgangspunktes der Wanderung, endet. Wer die beschriebene Strecke deutlich ausdehnen möchte, kann anstelle dessen auch den *Sentier du Tremblet* einzuschlagen, der über *Nez Coupé du Tremblet* bis hinauf zum *Pas de Bellecombe (2311 m)* führt.

12 Nez de Boeuf – Le Depot/Saint-Joseph

Schwierigkeitsgrad: schwer
Dauer (Einfacher Weg): 9 h
Startniveau: 2019 m
Endniveau: 134 m
Karte: IGN 4406 RT/ 1:25 000
Unterkunft: Gîte de Roche Plate
(Tel.: 59 13 94)

Geformt durch mächtige Erdrutsche hat die *Rivière des Remparts* stetig ihr Gesicht verändert. Die Kräfte des Wassers haben im Laufe der Zeit eine gewaltige, facettenreiche Schlucht geformt, die sich vom Rande des Vulkans in 2000 m Höhe bis zur Südküste ausdehnt. Wasser führt das Flußbett kaum noch, da die Gebirgsströme im durchlässigen Untergrund schnell versickern. Über die *Route Forestière du Volcan (R.F.5)* gelangt man, kurz nach dem Aussichtspunkt *Nez du Boeuf*, der einen Eindruck des bevorstehenden Abenteurers vermittelt, zum Beginn der Wanderung. Den Ausgangspunkt zwischen *Nez de Boeuf* und *Piton dans l'Bout* markiert ein Schild der *Nationalen Forstbehörde*. Schon nach wenigen Metern beginnt der steile Einstieg in die Schlucht des *Rivière des Remparts*, bei dem es gilt, über eine relativ geringe Distanz einen Höhenunterschied von mehr als 400 m zu überwinden. Am Fuße des Abhanges tut sich dann in der feuchten Umgebung von *Le Mapou* ein üppiger Wald der Hochlagen auf.

Mit dem *Plateau de la Cascade* erreicht man eine Ausdehnung, die, ebenso wie andere flache Stellen der Schlucht, zu Beginn des Jahrhunderts von Landwirtschaft betreibenden Familien besiedelt war. Die ehemals verlassene Ebene *Roche Plate*, einige Kilometer weiter südlich, erfreut sich heute wieder dauerhafter Gegenwart von Menschen. Das nur aus Holzhütten bestehende Dorf bietet erschöpften Wanderern Unterkunft und die Möglichkeit neue Kraft zu tanken. Wer nicht in einer der *Gîtes* übernachten möchte, kann hier auch kampieren. Vorbei an der eindrucksvollen *Barrage Mahavel* und der *Cascade des Trois Sources* führt der Weg dann weiter auf eine Höhe von 134 m, nach *Le Depot*, von wo aus man über eine asphaltierte Straße den Küstenort *Saint-Joseph* erreicht. Zur Regenzeit ist mit deutlich erschwerten Bedingungen zu rechnen.

13 Pas de Bellecombe – P. de la Fournaise

Schwierigkeitsgrad: mittel
Dauer (Hin- und Rückweg): 4 bis 5 h
Startniveau: 2311 m
Endniveau: 2577 m
Karte: IGN 4406 RT/ 1:25 000
Unterkunft: Gîte de Bellecombe
      (Tel.: 21 28 96)

Über die *Route Forestière 5* erreicht man von *Bourg Murat* aus einen Parkplatz direkt unterhalb des *Pas de Bellecombe*, einem Aussichtspunkt über den *Enclos Fouqué* und Ausgangsort der Wanderung zum Vulkan. Der Weg zum *Piton de la Fournaise* ist länger und beschwerlicher als auf den ersten Blick zu vermuten. Nach einem steilen Einstieg in den *Enclos* entpuppt sich der von oben eben wirkende Untergrund schnell als rauh und rissig, was ohne festes, knöchelhohes Schuhwerk schnell zu Verletzungen führen kann. Die Sonne brennt erbarmungslos, und man möchte es kaum für möglich halten, daß nach Einbruch der Dunkelheit die Temperaturen gegen Null sinken können. Rechts erblickt man zuerst die *Formica Léo (2202)*, einen durch eine kleine Eruption im Jahre 1753 entstanden Kegel von auffallend rötlicher Farbe. Über den markierten Weg erreicht man die Gesteinsformation der *Chapelle de Rosemont*, von wo aus ein alternativer Weg nach links abgeht. Er ist etwas einfacher begehbar als die direkte Strecke zum *Cratère Bory* und führt in einer Stunde zu dem auf 2500 m gelegenen *Soufrière*, einem Schacht, dessen von Schwefelausdünstungen gelb gefärbte Kanten äußerst brüchig sind. Der Weg teilt sich erneut und man erreicht rechts nach kurzer Zeit den Rand des noch aktiven *Cratère Brûlant*, etwas weiter folgt dann der erloschene *Cratère Bory*. Von hieraus läßt sich direkt der Rückweg zum *Pas de Bellecombe* antreten, ohne zuvor die Umrundung des Vulkankegels zu vollenden.

Formica Léo

Praktische Hinweise

Altes Mühlrad an der Tour des Roches

robe auf keinen Fall außer acht gelassen werden sollte, da gerade bei Wanderungen im Gebirge gerne die kühlen Morgenstunden genutzt werden.

In der Zeit von Januar bis April muß mit Schlechtwetterperioden und heftigen Wirbelstürmen, den sogenannten Zyklonen, gerechnet werden.

Bei der Auswahl der Reisezeit empfiehlt es sich, nach Möglichkeit die Hauptsaison, die sich im allgemeinen an den französischen Ferien orientiert, zu meiden, da die Preise für Unterkunft und Flug unverhältnismäßig hoch sind und häufig Monate im voraus gebucht werden muß.

Zeitverschiebung

Von 31.März bis 25.Oktober +3h
Von 26.Oktober bis 30.März +2h

Informationsstellen

Réunion

Comité du Tourisme
Place du 20 décembre 1848
BP 615
97472 Saint-Denis Cedex
Tel.: +0262 21 00 41
Fax: +0262 20 25 93
E-mail: ctr@guetali.fr
Internet: http://la-reunion.web-france.com.

Reisezeit

Bei durchschnittlichen Temperaturen der Küstenzonen von 26° bis 27°C im feuchtschwülen Sommer (Nov. bis April) und 20° bis 21°C im trockenen Winter (Mai bis Oktober) fallen auf Réunion die jahreszeitlichen Unterschiede sehr moderat aus (s.S. 17). In den Bergregionen liegen die Werte etwa 10°C tiefer, was bei der Reisegarde-

FRANCE

DER CHARME DES
GENIESSENS.

Réunion
Insel der Inspirationen

Insel Réunion

STRAND UND MEER
*Blaue Lagune am
Korallenriff*

NATURERLEBNISSE
*Begegnung mit
exotischen Bergwelten*

ATMOSPHÄRE
*Am Kreuzweg
der Kulturen*

ROUTEN
*Dem Duft
auf der Spur*

**TOURS
DE FRANCE
2000/2001**

**Diese Broschüre ist beim
Fremdenverkehrsbüro Réunion
kostenlos erhältlich.
c/o Maison de la France
Westendstraße 47
60325 Frankfurt am Main
Tel.: 069/97 59 04 94
Fax: 069/97 59 04 95**

Deutschland

Vertretung der Insel La Réunion
c/o Maison de la France
Westendstraße 47
Postfach 100128
60325 Frankfurt am Main
Tel.: 069 97 59 04 94
Fax: 069 97 59 04 95
E-mail: ctr.guetali@t-online.de

Österreich

Maison de la France
Argentinierstraße 41a
1040 Wien
Tel.: 01 503 28 90
Fax: 01 503 28 71
E-mail: mdfvie@ping.at

Schweiz

Maison de la France
Löwenstraße 59
8023 Zürich
Tel.: 01 211 30 85
Fax: 01 212 16 44
E-mail: tourismefrance@bluewin.ch

Maison de la France
2, rue Talberg
1201 Genève
Tel.: 022 90 98 977
Fax: 022 90 98 971
E-mail: mdl.fgua@bluewin.ch

Einreisebestimmungen

Da Réunion ein französisches Überseedepartement ist, benötigen Bürger der Europäischen Union zur Einreise lediglich einen gültigen Personalausweis.
Für Passagiere aus der Schweiz ist ein Rei-
sepaß obligatorisch. Reisende aus anderen
Ländern brauchen einen gültigen Reise-
paß und gegebenenfalls ein Visum, sowie
Rückreise- oder Anschlußticket.

Impfungen

Für Reisende aus Europa sind Impfungen
weder vorgeschrieben noch nötig. Wer vorhat auch andere Länder des Indischen Ozeans zu besuchen, informiere sich vorher bei
den zuständigen Tropeninstituten über die
aktuellen Gegebenheiten.
Malaria existiert auf Réunion nicht mehr.

Ein- und Ausfuhrbestimmungen

Es gelten die Zollbestimmungen der Europäischen Union, d.h. es gibt keine men-
genmäßige Ein- und Ausfuhrbeschränkung
für mitgeführte Güter, solange erkennbar
ist, daß sie dem privaten Gebrauch dienen. Das Einführen von Pflanzen aller Art
ist streng verboten. Diese Maßnahme dient
dem Schutz der heimischen Flora gegen
eingeschleppte Krankheiten oder Parasiten.

Mit dem Flugzeug über Paris

Bislang gibt es keine Direktflüge von Österreich, Deutschland oder der Schweiz nach Réunion. Für Passagiere aus diesen Ländern werden zu Sonderkonditionen Transferflüge nach Paris angeboten. *Air France* fliegt mit eigenen Maschinen von allen großen Flughäfen die französische Hauptstadt an. Zahlreiche innereuropäische Flüge laufen allerdings über den Airport *Charles de Gaulle*, während die Maschinen nach Réunion in der Regel von *Orly* aus starten, was einen kostenlosen Flughafenwechsel voraussetzt. Nur wer frühzeitig bucht, kann seine Anschlußflüge so wählen, daß er sich diesen zeitraubenden Transfer spart. Weitere Gesellschaften wie *AOM* und *Air Liberté* fliegen nur von Frankreich aus, haben aber mit anderen Airlines Verträge geschlossen, die Passagieren aus europäischen Ländern mit Anschluß nach Réunion, Sondertarife für Flüge nach Paris gewähren. Häufig wird von dort aus noch ein Zwischenstop in *Marseille*, *Toulouse* oder *Lyon* eingelegt.

Die Tarife schwanken saisonbedingt stark und beginnen bei zirka 1400 DM. Günstige Flüge sind zu Stoßzeiten, wie den Sommerferien oder Weihnachen, oft schon Monate im voraus ausgebucht.

Fluglinien, die von Paris aus starten

Air France
Reservierungsnummer in Deutschland:
0180 5 830 830
Reservierungsnummer in Österreich:
01 50 222 2400
Reservierungsnummer in der Schweiz:
022 827 87 87
Reservierungsnummer auf Réunion:
+262 40 38 38
Internet: http://www.airfrance.fr

AOM

Reservierungsnummer in Deutschland:
069 92 00 45 20
Reservierungsnummer in der Schweiz:
0848 800 703 (c/o Swissair)
Reservierungsnummer auf Réunion:
+262 94 77 77
Internet: http://www.aom.fr

Air Liberté

Reservierungsnummer in Frankreich:
+332 47 88 48 48
Reservierungsnummer auf Réunion:
+262 94 72 00
Internet: http://www.air-liberte.fr

Anreise über eine der Inseln des Indischen Ozeans

Einige Inseln des Indischen Ozeans werden von Deutschland, Österreich und der Schweiz angeflogen, was die Möglichkeit eröffnet, von dort aus mit derselben oder einer anderen Gesellschaft nach Réunion zu gelangen. In der Regel ist diese Variante ein wenig teurer als der Weg über *Paris*, ermöglicht ggf. aber die Erkundung einer weiteren Insel.

Die kürzeste Strecke bietet die Verbindung nach *Mauritius*, das auch von zahlreichen europäischen Gesellschaften angeflogen wird. Von dort aus bietet sich neben der Inanspruchnahme einer regionalen Airline auch die Überfahrt mit dem Schiff an, die zwar etwas preiswerter ist, dafür aber auch um einiges länger dauert.

Wer Interesse hat, noch weitere Länder der Region kennenzulernen, dem offeriert die lokale Fluggesellschaft *Air Austral* auf Réunion ein interessantes Angebot.

Zu einem günstigen Pauschalpreis hat man die Möglichkeit einen *Pass Océan Indien* zu erwerben. Innerhalb eines festgelegten Zeitraumes kann sich der Träger dieses »Sondertickets« eine Flugroute zusammenstellen, die zum Beispiel die *Seychellen*, *Madagaskar* und *Mauritius* beinhaltet. Vorraussetzung ist ein Nachweis über den befristeten Aufenthalt auf Réunion (z.B. ein Rückflugticket).

Fluglinien des Indischen Ozeans

Air Austral
Reservierungsnummer in Frankreich:
+331 41 92 01 30
Reservierungsnummer auf Réunion:
+262 90 90 90
Internet: http://www.air-austral.com
(außerhalb Frankreichs und Réunions Auskünfte über Air France)

Air Mauritius

Reservierungsnummer in Deutschland:
0180 323 68 68
Reservierungsnummer in Österreich:
01 713 90 60
Reservierungsnummer auf Réunion:
+262 94 83 83
Internet: http://www.airmauritius.com

Air Madagaskar

Reservierungsnummer in Frankreich:

+33 1 44 32 12 87

Reservierungsnummer auf Réunion:

+262 21 05 21

Internet: http://www.air-mad.com

Fährverbindungen Mauritius - Réunion

Jet Océan Indien

Tel.: +262 21 47 21

Fax: +262 41 49 37

Ankunft am Flughafen Roland Garros

Der Flughafen der Insel Réunion befindet sich zirka 8 km östlich von *Saint-Denis*. Neben Restaurants und Boutiquen sind hier einige Autovermietungen und eine Filiale der *Crédit Agricole* vertreten.

Zur Weiterfahrt nach *Saint-Denis* hat man die Möglichkeit ein Taxi zu nehmen oder als günstige Alternative die *Navette* der regionalen Busline *Car Jaune* (s.S. 210f.), die beim Verlassen des Flughafens rechter Hand zu finden ist. Die Busse fahren alle ein bis zwei Stunden in die Hauptstadt, von wo aus weitere Linien rund um die Insel verkehren. Der zentrale Busbahnhof von *Saint-Denis* ist wegen Renovierungsarbeiten bis auf unbestimmte Zeit geschlossen, so daß man sich vor Ort über die provisorischen Haltestellen und Fahrpläne informieren muß.

Verkehrssituation

Der Zustand des Straßennetzes ist im allgemeinen gut; in den Bergen sollte man aber vorsichtig fahren, da die Passagen oft sehr schmal und unübersichtlich sind. Abgelegenere Wege sind zum Teil nur mit einem Geländewagen befahrbar.

Auf Réunion gibt es keine Autobahnen, dafür aber vierspurig ausgebaute Nationalstraßen (Routes Nationales), die unseren

Beliebtes Fahrzeug im Inland

Bundesstraßen entsprechen: Die N1 führt im Westen, entlang der Küste von *Saint-Denis* nach *Saint-Pierre*, die N2 im Osten über *Saint-Benoît* und *Saint-André* wieder zurück zur Hauptstadt. Das Innere der Insel wird auf der Höhe von *Le Tampon* und *La Plaine des Palmistes* von der N3 durchschnitten. Nach Zyklonen ist in den Küstenregionen häufig mit durch Steinschläge bedingten Straßenschäden zu rechnen, was über Tage hinweg Verkehrschaos und kilometerlange Staus nach sich ziehen kann. Ein ähnliches Phänomen tritt aber ohnehin fast täglich zur Feierabendzeit in den Stadtzentren auf: Dichtgedrängte Wagenkolonnen schieben sich in den engen Gassen Zentimeter für Zentimeter vorwärts und zeigen überdeutlich, daß Réunion zu den Regionen mit der höchsten Verkehrsdichte Europas zählt.

Landstraßen werden als *Routes Departementales* (z.B. D38, D5, D15, etc.) bezeichnet.

Mietwagen

Gerade bei kurzen Aufenthalten lohnt es sich, einen Leihwagen zu nehmen, da viele interessante Orte mit öffentlichen Verkehrsmitteln nur sehr umständlich oder gar nicht zu erreichen sind. Das Angebot an Mietfahrzeugen ist so riesig wie die Preisunterschiede der verschiedenen Anbieter. Ob man sich lieber auf die Reputation der großen internationalen Gesellschaften, die in der Regel auch am Flughafen vertreten sind, verlassen möchte, oder preiswertere lokale Anbieter vorzieht, muß jeder selbst entscheiden. Die Palette reicht bei fast allen Agenturen, die häufig rund

um die Insel über Filialen verfügen, von Kleinwagen über Transporter oder Geländewagen bis zu Luxuskarossen. Die günstigsten Angebote liegen je nach Saison und Mietdauer bei zirka 120-150 FF pro Tag, man sollte aber auf den Umfang der im Preis enthaltenen Versicherung achten. Das Angebot an Leihmotorrädern ist vergleichsweise dürftig, was wahrscheinlich auch den, gegenüber Mietwagen, unverhältnismäßig hohen Preis erklärt. Nichtsdestotrotz bietet die Insel, sieht man einmal von dem aggressiven Fahrverhalten vieler Verkehrsteilnehmer ab, ideale Voraussetzungen für eine Erkundung auf zwei Rädern.

Autovermieter

ADA (Tropic Auto)
9, Boulevard Doret
97400 Saint-Denis
Tel.: 21 59 01; Fax: 41 89 40
Flughafenbüro Tel.: 48 81 83

Au Bas Prix
35, rue Suffren
97460 Saint-Paul
Tel.: 22 69 89; Fax: 22 54 27
Flughafenbüro Tel.: 48 81 89

ERL
240, rue du Général de Gaulle
97434 Saint-Gilles-les-Bains
Tel.: 24 02 25; Fax: 24 06 02

ITC Tropicar

207, rue du Général de Gaulle

97434 Saint-Gilles-les-Bains

Tel.: 24 01 01; Fax: 24 05 55

Sixt Euro Rent

45, Avenue de Lattre de Tassigny

97490 Sainte-Clotilde

Tel.: 28 85 85; Fax: 28 86 00

Flughafenbüro Tel.: 29 79 79

Motorradvermieter

Max Moto

10, Avenue Gaston Monerville

97400 Saint-Denis

Tel.: 21 15 25; Fax: 21 45 66

Taxi

Da die Busse auf Réunion ihren Betrieb sehr früh einstellen, bleibt häufig keine andere Wahl als auf die relativ teuren Taxen zurückzugreifen. Es empfiehlt sich, den Preis schon am Telefon zu erfragen, um später vom Chauffeur nicht übervorteilt zu werden. An den Busbahnhöfen wird man häufig von Fahrern sogenannter *taxis collectifs* angesprochen. Diese Sammeltaxis, die meist nur über längere Distanzen verkehren, sind deutlich schneller als die öffentlichen Verkehrsmittel, akzeptable Preise sind aber in der Regel nur durch intensives Handeln zu erzielen.

Öffentliche Verkehrsmittel

Stadtbusse

Jede große Stadt der Insel verfügt über ein mehr oder weniger gut ausgebautes Liniennetz, das neben dem Zentrum und den Vororten häufig auch die nahen Bergregionen versorgt. Der Betrieb wird selbst in *Saint-Denis* bereits zwischen 18.00 und 20.00 Uhr eingestellt.

An Wochenenden und in abgelegenen Regionen werden bisweilen sogenannte *Taxibus* eingesetzt, kleine Busse mit festen Haltestationen, die mit normalen Taxen nicht viel gemein haben und deutlich moderatere Tarife verlangen.

Regionalbusse

Die gelben Busse der Gesellschaft *Car Jaune* sorgen die ganze Woche über für Verbindungen zwischen Küstenstädten, Hochebenen und Bergkesseln. Die Busbahnhöfe der Regionallinien sind oft dieselben, wie die der Stadtbusse.

Der Preis für die Fahrt von *Saint-Denis* nach *Saint-Pierre* liegt in etwa bei 45 FF. Auf den Hauptstrecken entlang der Küste verkehren die *Cars Jaunes* zirka alle 30 bis 50 Minuten; die letzten Fahrten finden gegen 18.00 Uhr statt.

Die Bergregionen werden bis zum frühen Nachmittag in unregelmäßigen Abständen von zwei bis vier Stunden angesteuert.

Liniennetz

car jaune

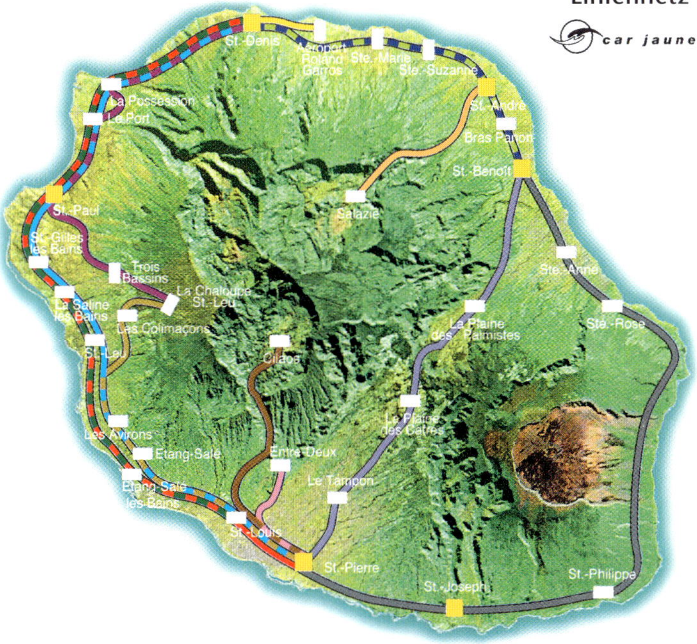

A St-Pierre <> St-Denis Express	**I** St-Benoît <> St-Pierre p. St-Philippe
B St-Louis <> St-Denis p.l. Bas	**J** Salazie <> St-André
C St-Pierre <> St-Denis p.l. Hauts	**K** Cilaos <> St-Pierre
D Chaloupe St-Leu <> St-Denis	**L** Entre Deux <> St-Pierre
E Chaloupe St-Leu <> St-Pierre	**M** Navette Aéroport <> St-Denis
F St-Benoît <> St-Denis Express	
G St-Benoît <> St-Denis	
H St-Benoît <> St-Pierre p.l. Plaines	

Gemeinschaftsstrecke der Linien:

A **B**　**G** **F**　**K** **L**

C **D**　**C** **E**　　Busbahnhof

Organisierte Touren

Tourenveranstalter sind auf Réunion so zahlreich, daß es kaum noch gelingt, sich in dem Angebotsdschungel zurechtzufinden. Die Programme sind sehr vielfältig und reichen von organisierten Busausflügen, bis hin zu mehrtägigen Exkursionen, die Geländewagentouren und Helikopterflüge beinhalten. In beinahe allen Hotels liegen bunte Werbebroschüren aus; man tut aber gut daran sich in den Fremdenverkehrsbüros beraten zu lassen.

Fahrrad

Extreme Steigungen und starker Autoverkehr gestalten Fahrradausflüge auf Réunion zu einem gleichermaßen gefährlichen wie anstrengenden Erlebnis. Die Bergregionen bieten dagegen, mit speziell dafür vorgesehenen Pisten, ein ideales Terrain für Touren mit dem Mountainbike (VTT). Über Veranstalter und Vermieter erteilen die *Maison de la Montagne* in *Saint-Denis* (Tel.: 90 78 78) und *Cilaos* (Tel.: 31 71 71) Auskunft.

Per Anhalter

Die Risiken sind dieselben wie überall auf der Welt. Nach Anbruch der Dunkelheit sollte man unter allen Umständen davon absehen, zu trampen.

Reisen mit behinderten Menschen

Nur wenige Hotels auf Réunion sind behindertengerecht ausgestattet. Ausnahmen sind vor allem in den höheren Preiskategorien zu finden. Auch die Sehenswürdigkeiten verfügen in den seltensten Fällen über entsprechende Einrichtungen.

Reisen mit Kindern

Kinder sind auf Réunion allerorts herzlich willkommen, und viele Veranstalter haben sich mit besonderen Angeboten und Preisnachlässen auf ihre kleinen Gäste eingestellt. Die Insel präsentiert sich als wahres Paradies für einen Urlaub mit der ganzen Familie. Der hohe Sicherheitsstandard und die gute medizinische Versorgung der »europäischen« Insel ermöglichen einen ruhigen und gefahrlosen Aufenthalt, obwohl man einige Risiken nicht außer acht lassen sollte: Kinderhaut reagiert besonders empfindlich auf Sonnenstrahlen, und die sind auf Réunion, auch bei bewölktem Himmel, sehr intensiv. Sonnencreme mit hohem Lichtschutzfaktor ist überall erhältlich, jedoch um einiges teurer als zu Hause. Beim Baden sind T-Shirt, Sandalen und Kopfbedeckung angebracht.
Vor Wanderungen bei der *Maison de la Montagne* in *Saint-Denis* (Tel.: 90 78 78) oder *Cilaos* (Tel.: 31 71 71) erkundigen, ob die Routen von Kindern zu bewältigen sind.

Gesundheit

Das Gesundheitssystem auf Réunion entspricht weitgehend dem des französischen Mutterlandes. Die Kliniken und Krankenhäuser verfügen über modernes medizinisches Gerät, und in allen Gemeinden gibt es nachts und an Wochenenden Notdienste für Ärzte und Apotheken.

In der Regel ist der Abschluß einer besonderen Auslandskrankenversicherung überflüssig, da im europäischen Ausland meist die gesetzliche Krankenkasse einspringt. Die Kosten für Arztbesuche und Medikamente werden im Normalfall bei Vorlage der Quittungen erstattet; über Einzelheiten sollte man sich aber in jedem Fall vor der Abreise bei seiner Versicherung informieren. Spezielle Impfungen sind nicht erforderlich. Die in einigen Teilen des Indischen Ozeans noch vorherrschende Malaria wurde auf Réunion Ende der 40er Jahre ausgerottet. Das Leitungswasser ist trinkbar und sollte nur nach starken Regenfällen oder Zyklonen gemieden werden.

Gefahren und Risiken

Wer sich auf der Insel genauso umsichtig verhält wie zu Hause, wird mit aller Wahrscheinlichkeit einen ruhigen Urlaub genießen. Außergewöhnliche Risiken sind rar auf Réunion.

Gefährliche Tiere gibt es nicht, sieht man einmal von den Stechmücken ab, die zwar keine Malaria mehr übertragen, aber durchaus lästig sein können. Vor Haien muß sich nur in acht nehmen, wer die Korallenriffe verläßt, und das ist angesichts der starken Strömungen ohnehin nicht ratsam. Beim Baden die Hinweisschilder zu beachten, die auf Strömungen und starke Wellen aufmerksam machen, sich vor der Sonne zu schützen und der Seeigel wegen Sandalen zu tragen, zählt zu den normalen Verhaltensregeln beim Strandaufenthalt, die nicht nur für Réunion gelten.

Zu den größten Risiken der Insel gehört der abrupte Wetterumschwung, der sich vor allem in den Bergregionen einstellen kann. Nicht selten werden Wanderer von starken Regengüssen oder dichtem Nebel überrascht, was bei steilen Hängen und schmalen Pfaden schnell zu Abstürzen führen kann (s.S.188f.). Informieren Sie sich unbedingt über die Wetterverhältnisse und den Schwierigkeitsgrad Ihrer Marschroute bevor Sie ins Gebirge aufbrechen. Nach Zyklonen oder starken Regenfällen ist von Wanderungen grundsätzlich abzuraten.

Fotografie

Im Grunde kann man auf Réunion alles an Material bekommen, was das Herz des Fotografen höher schlagen läßt; in Anbetracht der völlig überhöhten Preise für Filme, Entwicklung und Kameraaccessoires kommt es jedoch schnell zum »Herzstillstand«. Es empfiehlt sich in jedem Fall, die notwendige Ausrüstung von zu Hause mitzubringen und ausreichend Filme einzuplanen. Wegen der starken Sonneneinstrahlung bietet es sich in bestimmten Situationen an, einen Polfilter einzusetzen, Filme mit hohen ASA-Werten sind bei Aufnahmen in der Dämmerung oder zum Beispiel bei einem eventuellen Vulkanausbruch, der nur in der Nacht seine wahre Schönheit entfaltet, von Nutzen. Vor Ort entwickeln lassen sollte nur, wer sich lange auf der Insel aufhält und seine belichteten Filme nicht in einem Kühlschrank vor der schädlichen Hitze schützen kann.

Vor dem Fotografieren von Menschen unbedingt um Erlaubnis fragen. Spontane Aktionen stoßen meist auf großes Unverständnis, was uns wahrscheinlich nicht anders gehen würde, käme eine Horde Touristen auf die Idee, uns unerlaubt abzulichten. Gerade bei religiösen Festen ist die Fotografie ein sehr sensibles Thema, und man tut gut daran, sich vorher über die Gegebenheiten zu informieren.

Strom und Wasser

Die normale Spannung auf Réunion beträgt 220 Volt. Leitungswasser ist überall trinkbar, sollte aber nach starken Unwettern oder Zyklonen vorsichtshalber gemieden werden.

Geld

Das Preisniveau auf Réunion liegt durch Importkosten und zusätzliche Überseesteuern um einiges höher als das des französischen Mutterlandes, wobei die Differenzen je nach Artikel sehr unterschiedlich ausfallen. Auffällig ist, daß selbst Produkte, die auf der Insel hergestellt werden, vergleichsweise teuer sind.

Die Währung auf Réunion ist der Französische Franc (FF), der in einem ungefähren Tauschverhältnis von 3,40 FF = 1,00 DM steht. Durch den Status als französisches Überseedepartement hat die Einführung des Euro auf der Maskareneninsel dieselben Auswirkungen wie in allen anderen Ländern der Europäischen Union, die an der Währungsunion teilnehmen. Das bedeutet, daß sich Besucher aus Euroländern bald keine Gedanken mehr um Tauschkurse u.ä. machen müssen.

Banken

Auf Réunion sind beinahe alle großen französischen Banken (siehe »Nützliche Adressen« im Kapitel Städte und Regionen) vertreten. Als lokales Institut ist die zur *Crédit-Lyonnais-Gruppe* gehörende *Banque de la Réunion* zu erwähnen. Bei fast allen Kreditanstalten werden die gängigen Karten wie *Visa, Master-* bzw. *Eurocard, Diners* oder *American Express* akzeptiert; mit der *EC-Karte* oder *Euroschecks* sieht es schon etwas schwieriger aus. Generell ist zu bemerken, daß die Angestellten der meisten Bankfilialen oftmals selbst nicht wissen, ob ihre Automaten die *EC-Karten* akzeptieren, oder ob sie befugt sind, *Euroschecks* anzunehmen. In der Regel wird die Karte von den Filialen des *Crédit Agricole* akzeptiert, die in nahezu allen größeren Gemeinden über Niederlassungen verfügt; des weiteren kann man die Automaten der *B.R.E.D*, der *Banque Populaire* benutzen, die ebenfalls ein gut ausgebautes Netz hat. Für beide Banken gilt, daß nicht alle Automaten problemlos mit der *EC-Karte* funktionieren. Postämter mit Geldautomaten akzeptieren ebenfalls die *EC-Karte. Euroschecks* werden von verschiedenen Banken akzeptiert, reibungslos funktioniert der Umtausch bei Niederlassungen der *Banque Nationale de Paris Intercontinentale (BNPI).* Mit Reiseschecks bestehen normalerweise keine Probleme, wenngleich einige Institute auch für den Umtausch von auf Französische Franc lautende Schecks Gebühren verlangen.

Die Banken haben im allgemeinen Montag bis Freitag von 8.00 Uhr bis 16.00 geöffnet.

Post

Die Postämter (siehe »Nützliche Adressen« im Kapitel Städte und Regionen) sind Montag bis Freitag von 8.00 Uhr bis 18.00 Uhr geöffnet, samstags von 8.00 Uhr bis 12.00 Uhr. Häufig werden zur Mittagspause die Pforten geschlossen. Das Angebot der französischen Post reicht von Paket- und Briefannahme über Finanzdienstleistungen bis hin zur Auszahlungen von Sozialhilfen und Renten, ein Umstand, der zeitweise für Warteschlangen bis auf die Straße hinaus sorgt. Briefe und Postkarten nach Deutschland oder in andere Staaten der Europäischen Union werden mit 5,20 FF berechnet. Post nach Frankreich gilt als Inlandssendung (nicht schlecht bei 10000 km Distanz!) und ist dementsprechend günstiger. Die Automaten der Postfilialen akzeptieren die EC-Karte.

Telefon

Solarbetriebene Telefonzelle in La Nouvelle

Das Telefonnetz auf Réunion ist hervorragend, Störungen sollten bei Gesprächen nach Europa nur sehr selten auftreten. In Fernsprechkabinen werden nur noch vereinzelt Münzen akzeptiert; Telefonkarten sind zu 50 und 120 Einheiten in jedem Tabakladen oder Zeitschriftenkiosk erhältlich. Bei Telefonaten von Deutschland nach Réunion empfiehlt es sich, die Angebote der Gesellschaften genau zu vergleichen, da die Insel zur teuersten Tarifzone der Welt zählt und reguläre Gespräche extrem hoch zu Buche schlagen.

Von Réunion aus ist die Vorwahl für:

Deutschland: 0049 und dann die Ortsvorwahl ohne 0 am Anfang;

Österreich: 0043 und dann die Ortsvorwahl ohne 0 am Anfang;

Die Schweiz: 0041 und dann die Ortsvorwahl ohne 0 am Anfang.

Bei Gesprächen vom Ausland nach La Réunion wird die 00262 vorgewählt. Danach folgt die 6-stellige Ortsvorwahl- und Teilnehmernummer.

Presse

Gemessen an ihrer Größe bietet die Insel ein erstaunlich breitgefächertes Angebot lokaler Zeitungen und Magazine. Neben den Tageszeitungen *Le Quotidien*, *Le Journal de l'Île* und *Témoignages* findet man einige wöchentlich erscheinende Fernsehzeitschriften und im Monatsturnus herausgegebene Wirtschaftsblätter. Das Trendmagazin *Attitude* (erscheint alle zwei Monate) ist wegen seiner aktuellen Bewertungen von Diskotheken, Restaurants und Bars auch für Touristen von Interesse. Ohnehin lohnt es sich, ab und an einen Blick in die örtliche Presse zu werfen, da man neben lokalen Informationen auch über die Ereignisse der Nachbarinseln und Europas auf dem Laufenden gehalten wird.

Wer der französischen Sprache nicht mächtig ist, muß sich mit deutschen oder englischen Magazinen und Zeitschriften begnügen, die teuer und mit einiger Verspätung nur an wenigen Orten erhältlich sind.

Fernsehen und Radio

Neben den zwei nationalen Fernsehkanälen *RFO1* und *RFO2*, die auch Programme aus dem französischen Mutterland ausstrahlen, gibt es einige lokale Anstalten auf Réunion. Großer Beliebtheit erfreut sich der Pay TV-Sender *Canal+*. Ein breiteres Spektrum decken die unzähligen regionalen Radiosender der Insel ab. Auch hier sind Übertragungen aus Frankreich üblich. *France Inter* informiert rund um die Uhr über die aktuellen Geschehnisse im Mutterland.

Internet

Das *World Wide Web* hat sich auch auf Réunion zu einem wichtigen Medium entwickelt. Allmählich erkennt man, daß gerade im privaten Bereich viele Bedürfnisse durch die kostengünstige Datenübertragung abgedeckt und somit ein wenig die Nachteile, die sich aus der isolierten Position im Indischen Ozean ergeben, kompensiert werden können. Vor allem die Bewohner, die aus der französischen Metropole stammen, pflegen via *E-mail* ihre Kontakte im Mutterland. Das Angebot deutschsprachiger *Websites* ist bislang noch sehr dürftig, entwickelt sich aber stetig weiter. Die besten Ergebnisse lassen sich erfahrungsgemäß über die Suchmaschine *www.altavista.com* erzielen. Natürlich lohnt es sich auch unter *www.interconnections.de* vorbeizuschauen.

Öffnungszeiten

Die Geschäfte haben Montag bis Samstag von 8.00 – 12.00 Uhr und 14.30 - 18.00 Uhr, Büros Montag bis Freitag von 8.00 – 12.00 Uhr und 14.00 - 18.00 Uhr geöffnet. Zahlreiche Läden schließen Montag vormittag, dafür ist der Einkauf in einigen Supermärkten und Bäckereien auch Sonntag früh möglich.
Die großen Banken öffnen ihre Schalter im allgemeinen von 8.00 – 16.00 Uhr. Was

die Gastronomie angeht, so macht vor allem in den Bergregionen die Küche häufig schon um 21.00 Uhr zu. Eine Regel gibt es nicht, aber man muß sich darauf einstellen, daß die Bürgersteige auf Réunion um einiges früher hoch geklappt werden, als in den meisten Regionen Europas. Als Ausnahme sei das touristische *St-Gilles-les-Bains* zu nennen.

Andenken und Kunsthandwerk

Einkaufen gehört auf Réunion zu den Vergnügen, die man sicher nicht wegen des exzellenten Preis-/Leistungsverhältnisses unternimmt. Nahezu alle Produkte werden mit speziellen Überseesteuern belegt und auch die Transportkosten schlagen hoch zu Buche. Um Waren des täglichen Gebrauchs muß man sich dafür keine Sorgen machen, denn die meisten, von zu Hause bekannten Artikel, sind, wenn auch um einiges teurer, genauso hier zu bekommen. Was den Erwerb von Andenken betrifft, so verdient das lokale Kunsthandwerk besondere Aufmerksamkeit, wobei auch hier nicht Preis, sondern Qualität den ausschlaggebenden Faktor darstellt. Ohnehin ist es nicht einfach, unter der großen Masse günstiger Produkte der Nachbarinseln *Madagaskar* und *Mauritius* typische Erzeugnisse Réunions zu finden. Dabei ist beinahe jede Region auf die Herstellung bestimmter handwerklich gefertigter Erzeugnisse spezialisiert. Die Ostküste ist bekannt für die hervorragende Bourbonvanille, die ganz Réunion (ehemals *Île de Bourbon*) bekannt gemacht hat. Der Süden produziert alle Arten von Flechtwaren aus getrockneten *Vacoa-Blättern*, der *Cirque de Cilaos* Stickereien. Das Angebot reicht von kunstvoll gestalteten Musikinstrumenten über bunte T-Shirts, Gewürze und tropische Früchte, Rum und alle Arten von Punsch, Bildbänden und Kochbüchern bis hin zu Bambusmöbeln. Wer keine Zeit hat vor Ort nach den lokalen Spezialitäten zu suchen, sollte sein Glück auf den belebten Wochenmärkten der Städte *Saint-Paul*, *Saint-Pierre*, *Le Tampon* oder zum Beispiel *Sainte-Clotilde* versuchen.

In den entsprechenden Kapiteln der einzelnen Städte finden sich außerdem Hinweise auf Geschäfte und Produktionsstätten, die typisches Kunsthandwerk des Indischen Ozeans oder einfach originelle Andenken vertreiben.

immer noch den größten touristischen Anziehungspunkt darstellen. Mit einer langsamen Verlagerung der Wertigkeiten in Richtung Gebirge, das vor allem für Aktivurlauber einen immer größeren Reiz ausübt, steigt auch die Anzahl der Übernachtungsmöglichkeiten in diesen Regionen. Zwar unterscheidet sich dort die von Berghütten und

3-Sterne Hotel in Saint-Denis

Unterkünfte

Obwohl Réunion alles andere als ein Pauschalreiseziel ist, verfügt die Insel über ein weites Angebot an Unterkunftsmöglichkeiten, von denen landschaftsverschandelnde Bettenburgen nur einen geringen Teil bilden. Eine Konzentration großer Hotelanlagen läßt sich vor allem an der Westküste beobachten, da die nur auf dieser Seite der Küste vorkommenden Lagunen

Privatunterkünften dominierte Unterkunftsstruktur stark von der Situation der Küstenregionen, wie die jüngste Entwicklung zeigt, steigt aber auch hier der Bedarf an komfortablen Oberklasse-Hotels. Sowohl der *Cirque de Salazie*, als auch *Cilaos* und die Hochebenen verfügen bereits über solche Komplexe, und die Tendenz ist weiter steigend. Die günstigste Möglichkeit der Übernachtung, das Kampieren, ist auf Réunion nicht sehr weit verbreitet. Zwar gibt es einige mehr oder minder gut ausgestattete Plätze, nicht selten sind diese aber nur zu bestimmten Monaten zugänglich oder haben ohne Angabe von Gründen auf unbestimmte Zeit geschlossen. Im Zuge der Besinnung auf den sogenannten *Tourisme Vert*, den grünen, den Naturschönheiten verbundenen Tourismus, wird sich wahrscheinlich in den nächsten Jahren auch die Organisation der Zeltplätze verbessern. Die Tatsache, daß bei einem Reiseziel, das eigentlich nur per Flugzeug zu erreichen ist, die wenigsten Besucher eine schwere Campingausrüstung mitschleppen, verdient in diesem Zusammenhang allerdings besondere Beachtung. Am einfachsten und zuverlässigsten ist es sich vor einem geplanten Zeltausflug bei den lokalen Fremdenverkehrsämtern oder der *Maison de la Montagne* über die aktuelle Lage zu erkundigen. Egal welche Art der Übernachtung man auch immer wählt, bei einer Reise zur Hauptsaison sollten zumindest die Unterkünfte, die sich in für Touristen besonders attraktiven Regionen der Insel befinden, im Voraus gebucht werden. Das kann sowohl über die Fremdenverkehrsämter auf Réunion oder die Unternehmen selbst, als auch über europäische Reiseveranstalter geschehen. Informationen und Unterstützung bieten außerdem die Niederlassungen des Tourismuskomitees von Réunion

oder Verbände wie der *Relais départemental des Gîtes de France* (s.S231).

Hotel und Pension

Den Löwenanteil klassifizierter Unterkünfte findet man in der Region um *Saint-Gilles-les-Bains* und in der Hauptstadt *Saint-Denis*, wobei das Spektrum von Vier-Sterne-Hotels mit Schwimmbad, Restaurant und Animation (die Zimmer verfügen in der Regel über Fernseher, Klimaanlage und Telefon) bis zu einfachen Ein-Sterne-Herbergen reicht. Die Einhaltung der Klassifizierungsrichtlinien, die in etwa mit den europäischen Vorgaben korrespondieren, wird behördlich kontrolliert. Da die größeren Städte nur selten über private Gästezimmer (Chambre d'hôte) verfügen, bieten neben nicht klassifizierten Hotels kleinere Familienpensionen eine günstige Übernachtungsmöglichkeit. Festgelegte Normen gibt es hier nicht. Selbstversorger können sich in einigen Fällen über Gemeinschaftsküchen freuen; Bad und WC befinden sich nicht selten auf dem Gang. Die oft sehr charmanten Pensionen, welche sich in Ausstattung und Komfort ebenso stark unterscheiden wie bei den Preisen, sollten zu Saisonzeiten vorzeitig gebucht werden, da es vorkommen kann, daß ein beträchtlicher Teil der Zimmer von Dauergästen belegt wird.

Wer vorhat länger zu bleiben kann Sonderkonditionen aushandeln.

Appartement- und Bungalowanlagen

Die klassifizierten Bungalowanlagen unterliegen den gleichen Vorgaben wie die entsprechenden Hotels, nur daß die Zimmer nicht in einem großen Gebäudekomplex untergebracht sind und in einigen Fällen über kleine Küchenzeilen verfügen. In manchen Orten kann man zudem für längere Aufenthalte Appartements mieten, die meist von privater Hand vergeben, sehr unterschiedlichen Preisvorstellungen und Standards gerecht werden.

Chambre und Table d'hôte

Ähnlich wie die Familienpensionen werden auch die *Chambre d'hôte* von Privatleuten betrieben. Zahlreiche Häuser sind im Verbund des *Relais départemental des Gîtes de France*, der durch recht strenge Aufnahmekriterien gegenüber unabhängigen *Chambres d'hôte* gewisse Normen garantieren kann, zusammengeschlossen. In den meisten Fällen erfolgt die Unterbringung in Doppelzimmern.

Versteht sich das *Chambre d'hôte* gleichzeitig auch als *Table d'hôte*, so können Besucher einen Exkurs in die Welt der kreolischen Küche unternehmen. Die Mahlzeiten mit Vor- und Nachspeise, oft auch mit Wein und Aperitif, sind vergleichsweise günstig (70 FF bis 130 FF) und können in der Regel auch von Gästen, die nicht vor Ort übernachten, in Anspruch genommen werden. Der Aufenthalt in privaten Gästezimmern, vorwiegend abseits der größeren Städte, bieten sich vor allem Besuchern an, die auf traditionelle kreolische Unterkunft und Küche mehr Wert legen, als auf gewohnten Komfort. Unterkunft und Mahlzeit müssen in jedem Fall reserviert werden.

Gîte

Der Begriff einer *Gîte* umfaßt mehrere Unterkunftsarten. Die vorwiegend in den Bergregionen angesiedelten *Gîtes d'étape et de séjour* richten sich ebenso wie die *Gîtes de Montagne* vorwiegend an Wanderer, die in der Regel nach einem Aufenthalt von ein bis zwei Tagen ihre Route fortsetzen. Die Ausstattung ist einfach, die Unterbringung erfolgt in Mehrbettzimmern. Manchmal stehen eine kleine Küche oder ein Kamin zur Verfügung der Gäste, oder es werden ähnlich wie bei den *Table d'hôtes* auf Reservierung Mahlzeiten zubereitet.

Als *Gîte rural* bezeichnet man das Gegenstück zu dem oben beschriebenen Appartement der Stadt. Mit Küche und anderen Annehmlichkeiten ausgestattet, befinden sich die kreolischen Hütten, die für Wochenenden oder längere Zeiträume gebucht werden können, in ländlichen Zonen oder dem Gebirge. Die Aufnahmeka-

pazität reicht je nach Größe, von zwei Personen bis zu mehreren Familien, und auch bei der Einrichtung gibt es beträchtliche Unterschiede.

Wie *Chambre d'hôte* gehören auch zahlreiche *Gîtes* zum Verbund des *Relais départemental des Gîtes de France*. Die oben erwähnten *Gîtes de Montagne* stehen unter der Obhut der *Maison de la Montage* und müssen dort gebucht und im voraus bezahlt werden.

Ferme Auberge oder Auberge de Campagne

Ebenso strukturiert wie *Chambre* und *Table d'hôte*, erfolgt die Unterbringung hier auf einem Bauernhof. Ein Großteil der zur Verköstigung stehenden Produkte stammt aus lokalem Anbau und eigener Herstellung.

Jugendherberge

Es gibt drei *Auberges de jeunesse* auf Réunion. Die Unterkunft findet in Mehrbettzimmern statt und den Gästen steht eine Gemeinschaftsküche zur Verfügung.

Sowohl die Jugendherberge in *Bernica*, als auch die Häuser in *Entre-Deux* und *Hell-Bourg* setzten den Besitz eines internationalen Jugendherbergsausweises voraus, der aber auch vor Ort erhältlich ist. Der Preis, mit Frühstück bei 70 FF bis 90 FF, kommt dem eines Aufenthaltes im Mehrbettzimmer einer *Gîtes d'étape* oder *Gîtes de Montagne* nahe.

Kategorien der empfohlenen Unterkünfte*

$	bis 150 FF
$$	150 FF – 250 FF
$$$	250 FF – 350 FF
$$$$	350 FF – 500 FF
$$$$$	ab 500 FF

*günstigste Übernachtung für 2 Personen

Gastronomie

Ein Spaziergang durch die Gastronomie Réunions führt durch eine bemerkenswerte Vielfalt an Speisen unterschiedlicher Nationen. Neben indischen, chinesischen, französischen und afrikanischen Restaurants wird die Szene vor allem von Lokalen dominiert, die sich mit der kreolischen Küche, dem kulinarischen Spiegelbild der multikulturellen Mischgesellschaft der Insel, auseinandersetzten. Hinzu gesellen sich mittlerweile auch Pizzerien, amerikanische Fastfood-Ketten und sogar eine deutsche Gaststube. Wer authentische Küche in einfacher, kreolischer Atmosphäre genießen möchte, findet sein Glück in den *Table d'hôte* und *Auberge de Campagne* (s.S.219f.), die meist abseits der Städte in ländlichen Gegenden oder dem Gebirge angesiedelt sind. Die Mahlzeiten müssen unbedingt reserviert werden. Der Befriedigung des kleinen Hungers fühlen sich Snack-Buden und Straßenstände, die zahlreich in den Stadtzentren und

Snackbars am Barachois von Saint-Denis

entlang der Strandpromenaden zu finden sind, verpflichtet. Kleine Knabbereien werden hier ebenso angeboten wie Sandwiches, Fritten und einfache *Caris*.

Was die Trinkgelder betrifft, so sollte man dieselben Maßstäbe ansetzen, die man von Europa her kennt. Die Öffnungszeiten sind auf Réunion sehr unterschiedlich: Während in den größeren Städten auch nach 21 Uhr noch gespeist werden kann, beginnen in den Gebirgsregionen die meisten Restaurants um diese Zeit bereits, ihre Küche zu schließen.

Kategorien der empfohlenen Restaurants*

$	bis 40 FF
$$	40 FF – 60 FF
$$$	60 FF – 90 FF
$$$$	90 FF – 120 FF
$$$$$	ab 120 FF

*Durchschnittlicher Preis für eine Mahlzeit ohne Getränke.

Nachtleben

Der Tag endet auf Réunion ebenso früh wie er anfängt, und es ist beeindruckend, wie quirlige belebte Ortschaften nach Sonnenuntergang zu Geisterstädten werden. Während die großen Küstenorte, allen voran das touristische *Saint-Gilles, Saint-Denis* und *Saint-Pierre* auch abends noch einiges zu bieten haben, werden vor allem in den Bergregionen sehr früh alle Aktivitäten eingestellt, so daß man damit rechen muß nach 21 Uhr nicht einmal mehr auswärts speisen zu können.

In den Küstenregionen finden regelmäßig Theateraufführungen statt. *Saint-Gilles, Saint-Pierre* und *Saint-Denis* verfügen über Kasinos; vielerorts sind außerdem mehr oder minder große Kinos vorhanden.

Was die großen Diskotheken des Westens angeht, so beginnt hier der Spaß meist erst kurz vor Mitternacht und reicht häufig bis in die späten Morgenstunden des nächsten Tages hinein. Die Kleiderordnung variiert je nach Etablissement, was auch für die Eintrittspreise gilt, die bei Null beginnen und schnell hundert *Francs* überschreiten können.

Die Struktur der Nachtclubs und Discotheken unterliegt einer regen Dynamik: Ohne Unterlaß eröffnen neue Läden, andere schließen, wechseln den Namen oder den Besitzer, und es kann auch vorkommen, daß man für das nächtliche Abenteuer aufgestylt, vor verschlossenen Pforten steht.

Traditionelle Veranstaltungen und Feste

Der kreolische Kalender ist das ganze Jahr über mit zahlreichen Veranstaltungen gesegnet. Das Zusammentreffen verschiedener Kulturen und Glaubensrichtungen führt zu einer Fülle religiöser Feste. Besonders spektakulär sind die tamilischen Zeremonien (s.S.143), die in der Regel, ebenso wie die traditionellen chinesischen Feste, der Öffentlichkeit zugänglich sind. Wenige Einblicke gewähren hingegen die Muslime. Zwar können Nichtgläubige zu bestimmten Zeiten die großen Moscheen besuchen, aber der Zutritt zu den islamischen Festlichkeiten bleibt ihnen in aller Regel verwehrt. Zu den religiösen Veranstaltungen gesellen sich die staatlichen Feiertage, die mit Ausnahme des Tages der Sklavenbefreiung auch in Frankreich gültig sind sowie einige lokale Feste, bei denen häufig ganz bestimmte landwirtschaftliche Produkte im Mittelpunkt stehen.

Wahren Sie bitte beim Besuch traditioneller Feierlichkeiten den nötigen Respekt und fragen Sie, bevor Sie fotografieren, immer um Erlaubnis. Schlechte Erfahrungen in der Vergangenheit haben dazu geführt, daß sich verschiedene Glaubensrichtungen gegenüber unbeteiligten Beobachtern immer verschlossener zeigen.

Der unten aufgeführte Kalender soll zur Orientierung dienen und zeigt nur einen Auszug der zahlreichen Feste und Feierlichkeiten, die regelmäßig in den verschiedenen Regionen oder auf der ganzen Insel stattfinden.

Die Veranstaltungsperioden können sich von Jahr zu Jahr verschieben, Informationen über die genauen Termine und Örtlichkeiten entnehmen Sie bitte der Lokalpresse, oder richten Sie sich an die Fremdenverkehrsämter oder Rathäuser der entsprechenden Städte und Gemeinden.

Januar

Lauf über heiße Kohlen in versch. Orten
Cavadee-Prozession in *Saint-André*
La fête du miel vert in *La Plaine des Cafres*

Februar

Chinesischer Neujahrstag
Weinlese in *Cilaos*

März

La fête du Tangue in *La Grande Chaloupe*

April

Tamilisches Neujahrsfest

Mai

Bergwettlauf auf dem *Piton des Neiges*
Bergwettlauf *Saint-Paul - Le volcan*
La fête du chouchou in *Hell-Bourg*

Juni

Landwirtschaftsmesse in *Bras-Panon*
Surfwettkämpfe in *St-Leu* und *St-Gilles*
La fête de la musique auf der ganzen Insel
La fête des goyaviers in *La Plaine des Palmistes*

Juli

Lauf über heiße Kohlen in *Sainte-Rose*

Stadtfest in *Cilaos*

Berg-Triathlon in *Cilaos*

August

Tag der Stickerei in *Cilaos*

La fête du vacoa in *Saint-Philippe*

Fest der handwerklichen Produkte in *St-Pierre*

Vacoapalmen

Oktober

Tamilisches Lichterfest in *Saint-André*

Blumenfest (Florilège) in *Le Tampon*

November

Versch. internationale Sportwettbewerbe

Insellauf (Grand Raid)

Dezember

Tag der Sklavenbefreiung (20. 12. 1848)

Abstieg vom *Dimitile* nach *l'Entre-Deux*

Réunion bietet eine unüberschaubare Fülle an Möglichkeiten, sich körperlich zu betätigen; darin liegt wohl auch der eigentliche Reiz eines Besuches. Gesegnet mit einer phantastischen Bergwelt, Wasserfällen, Stränden und einer überwältigenden Natur stellt die Insel sowohl Erholungsuchende als auch Abenteuerlustige zufrieden. Die meisten Angebote richten sich ohnehin an ein breitgestreutes Publikum, und die Veranstalter sind in der Regel auch auf die Teilnahme von Kindern gut eingestellt. Nähere Informationen zu den verschiedenen Aktivitäten und den damit verbundenen Risiken geben die Fremdenverkehrsämter (siehe »Nützliche Adressen« im Kapitel Städte und Regionen) und die *Maison de la Montagne* in *Saint-Denis* (Tel.: 90 78 78) oder Cilaos (31 71 71).

Die unten aufgeführten Rubriken und Veranstalter sollen dem Überblick dienen und stellen lediglich eine unvollständige Auswahl des vielfältigen Angebots dar.

Baden und Schnorcheln

Die Strände liegen ausnahmslos im Westen der Insel und nehmen zusammen eine Strecke von zirka 30 km ein. Besucher, die einen reinen Strandurlaub planen, treffen mit Réunion als Reiseziel sicher nicht die ideale Wahl. Die Strände sind zwar besser als ihr Ruf, können aber mit denen der Nachbarinseln kaum konkurrieren. Abgesehen davon ist der Westen Réunions vergleichsweise teuer und zur Hauptsaison häufig überfüllt.

Während die seichten Lagunen mit ihrer bunten Unterwasserwelt ein ideales Terrain zum Schnorcheln darstellen, setzt man sich außerhalb dieser Bereiche nicht nur der Gefahr durch Haie aus; viel schlimmer sind die starken Strömungen, denen auch erfahrene Schwimmer nichts entgegenzusetzen haben. Zum Schutz gegen Korallen und Seeigel unbedingt Sandalen tragen und Hinweis- oder Verbotsschilder ernst nehmen. Nach Zyklonen und starken Unwettern sollte für einige Zeit aufs Baden verzichtet werden, Informationen verbreiten in diesen Fällen die lokalen Radiosender und Tageszeitungen.

Canyoning, Rafting und Klettern

Die Bedingungen für Bergsportarten könnten kaum idealer sein als auf Réunion. Gerade für *Canyoning* hat sich die Insel zu einem wahren Eldorado entwickelt, das die Ansprüche von Amateuren wie Profis gleichermaßen erfüllt. Das Ziel besteht darin, Flußläufen zu folgen, was in der Regel durch Wasserfälle, Schluchten und Bassins führt. Zahlreiche Routen decken jeden Schwierigkeitsgrad ab, so daß es keinen Grund gibt, sich dieses Vergnügen entgehen zu lassen, es sei denn, man ist wasserscheu.

Weniger steile Wasserläufe, die gerade nach der Regenzeit voll reißender Stromschnellen sind, eignen sich hervorragend zum Rafting. Beliebte Gebiete sind der *Rivière des Marsouins* im Osten der Insel und der *Rivière du Mât* im *Cirque de Salazie*.

Zum Klettern eignet sich das brüchige Vulkangestein Réunions nur bedingt, dennoch gibt es einige sehr interessante und gut vorbereitete Schluchten.

Für alle Aktivitäten dieser Art gilt, daß sie nie ohne kundige Führung unternommen werden sollten.

Austral Aventure
11, rue des Myrtilles
97435 Saint-Gilles-les-Hauts
Tel.: 55 69 55; Fax: 87 55 50

Jacaranda
34, chemin des Manguiers
97417 La Montagne
Tel./Fax: 23 82 58

Réunion Sensations
28, rue du Père Boiteau
97413 Cilaos
Tel.: 31 84 84; Fax: 31 84 85

Geländewagentouren

Ausflüge mit Geländewagen kosten zirka 600 FF pro Tag und Person. Die Veranstalter bieten ein vielfältiges Tourenangebot; es wird aber auch auf persönliche Wünsche Rücksicht genommen.

Indi 4x4
14, rue des Lanternes
97434 Saint-Gilles-les-Bains
Tel.: 24 23 87; Fax: 24 27 62

Kreolie 4x4
63, Grand-Fond
97414 Entre-Deux
Tel.: 39 50 87; Fax: 39 50 87

Gleitschirm- und Drachenfliegen

Die traumhafte Kulisse, die sich eröffnet, wenn man die Küste Réunions entlang schwebt, hat dem Gleitschirmsport in den letzten Jahren zu einem wahren Boom verholfen. Das Geschehen spielt sich vorwiegend im Westen ab, und auch wer selbst nicht fliegen möchte, sollte sich das Schauspiel ansehen, wenn bei schönem Wetter mehr als ein halbes Dutzend Schirme gleichzeitig zu den Landeplätzen gleiten. Paragliding ist auf Réunion dennoch kein einfaches Unterfangen, da die Wetterbedingungen sehr schwer einzuschätzen sind und jederzeit mit einem Umschwung gerechnet werden muß.

Die Schulen sind auf Anfänger ebenso wie auf Fortgeschrittene eingestellt, eine deutschsprachige Betreuung sollte man aber nicht voraussetzen.

Austral Aventure
11, rue des Myrtilles
97435 Saint-Gilles-les-Hauts
Tel.: 55 69 55; Fax: 87 55 50

Azurtech
97426 Trois Bassins
Tel.: 85 04 00; Fax: 33 91 36

Parapente Réunion
4, CD 12 – les Colimacons
97436 Saint-Leu
Tel.: 24 87 84; Fax: 24 87 15

Golf

Der Golfsport erfreut sich auf Réunion wachsender Beliebtheit. Drei Plätze nennt die Insel bislang ihr Eigen.

Golf Club de Bourbon
140, les Sables – B.P.11
97427 Étang Salé
Tel.: 26 33 39; Fax: 26 38 40

Golf du Colorado
52, Zone des Loisirs du Colorado
97417 La Montagne
Tel.: 23 79 50; Fax: 23 99 46

Golf du Bassin Bleu
Villèle
97435 Saint-Gilles-les-Hauts
Tel.: 55 53 58; Fax: 22 78 21

Hochseefischen

Schwertfisch, Hai oder Thunfisch, die Gewässer rund um Réunion genießen Weltruf. In der Zeit von Oktober bis Mai sind wahre Rekordfänge möglich. Der Preis für einen halben Tag *Pêche au gros* beginnt bei zirka 450FF. Die Bote liegen in den Häfen von *Saint-Gilles, Saint-Pierre* und *Le Port*.

Abaco	Tel.: 24 34 74
Abalone	Tel.: 22 72 72
Autres Mer	Tel.: 25 83 54
Blue Marlin	Tel.: 65 22 35
Croix du Sud	Tel.: 27 48 33
Jolly Jumper	Tel.: 24 48 94
Marine Ocean	Tel: 43 98 35
Octupus 2	Tel.: 24 40 06
Rapetou 2	Tel.: 86 47 64
Réunion Fishing Club	Tel.: 24 36 10

Reiten

Wer Lust hat, Teile der Insel auf dem Rükken eines Pferdes zu erkunden, wende sich bitte an folgende Veranstalter oder Clubs:

Centre Equestre du Maido
350, route du Maido
97423 Le Guillaume – Saint-Paul
Tel.: 32 49 15; Fax: 32 43 10

Centre Equestre de l'Hermitage
230, rue du Général de Gaulle

97434 Saint-Gilles-les-Bains
Tel.: 24 47 73

Centre d'Equitation du Colorado
90, chemin du Colorado
97417 La Montagne
Tel.: 23 62 51

Crinière Réunion
42, rue Henri Cornu-Cambai
97460 Saint-Paul
Tel.: 45 19 37

Ferme Equestre du Grand Étang
RN3, Pont Payet
97470 Saint-Benoît
Tel./Fax: 50 90 03

Ranch Kikouyou
4, chemin Cinaire, Grand-Fond
97414 Entre-Deux
Tel.: 39 60 62

Surfen und Bodyboard

Surfen gehört zu den populärsten Sportarten der Insel. Mittlerweile hat sich Réunion als Austragungsort einiger internationaler Wettkämpfe im Wellenreiten etabliert. Im Juni stellen sich die besten Surfer der Welt einem harten Kampf an der Küste *Saint-Leu's*.
Von Alleingängen außerhalb der Lagunen ist dringend abzuraten, da dort immer wie-

der Surfer Haien oder starken Strömungen zum Opfer fallen. An einigen Stränden auch Vermietung von Brettern und Surfunterricht.

École de surf des Roches Noires
4 bis, Lot des charmilles
97434 Saint-Gilles-les-Bains
Tel./Fax: 24 63 28

Tauchen

Was die Unterwasserwelt angeht, steht La Réunion ihren Nachbarn in nichts nach, wenngleich sich auch hier beinahe alle Aktivitäten auf den Westen der Insel konzentrieren. Außerhalb der Riffe eröffnet sich Tauchern ein faszinierendes Terrain. Zahlreiche Schulen bieten Lehrgänge für Anfänger und Fortgeschrittene an. Neben Kursen für Kinder stehen auch nächtliche Tauchgänge auf dem Programm. Die Betreuung erfolgt in der Regel durch staatlich geprüfte Lehrer, wobei die Preise für den ersten Tauchgang bei zirka 200 FF anzusetzen sind.

Abyss Plongée
7, boulevard Bonnier
97436 Saint-Leu
Tel.: 34 79 79; Fax: 34 72 06

Atlantis Centre de plongée
Route des Colimacons
5, ZA Pointe des Châteaux
97436 Saint-Leu

Tel./Fax: 34 77 47
E-mail: atlantis@guetali.fr

Bleu Marine Réunion
BP 78, Port de Plaisance
97434 Saint-Gilles-les-Bains
Tel.: 24 22 00; Fax: 24 30 04

Corail Plongée
Zone portuaire
97434 Saint-Gilles-les-Bains
Tel.: 24 37 25; Fax: 24 46 38
http://www.chez.com/corail

Manta Plongée
Plage de la rue des Brisants
97434 Saint-Gilles-les-Bains
Tel./Fax: 24 37 10

Réunion Plongée
13, ZA Pointe des Châteaux
97436 Saint-Leu
Tel./Fax: 34 77 77

Saint-Leu Plongée (Excelsus)
1, ZA Pointe des Châteaux
97436 Saint-Leu
Tel./Fax: 34 73 65

Wassersport

Das äußerst dynamische Segment des Wassersports unterliegt auch auf Réunion einem ständigen Wandel. Unentwegt tau-

chen neue Trendsportarten auf; die Westküste der Insel liefert dafür genau den rich-
tigen Nährboden. Zahlreiche Veranstalter
bieten alle erdenklichen Attraktionen an,
vom herkömmlichen Segeln, über Glasbodenboote bis hin zu Wasserscootern.

Blue Cat (Katamaran-Vermietung und Kurse)
Zone Portuaire
2, rue des brisants
97434 Saint-Gilles-les-Bains
Tel.: 24 32 04; Fax: 24 22 38

Compagnies des Alizés (Segelturns)
Pointe des Galets
97420 Le Port
Tel.: 24 13 91; Fax: 33 91 36

Planch'alizé (versch. Wassersportgeräte)
Plage de la Saline
97422 La Saline-les-Bains
Tel.: 24 62 61 oder 24 68 95

Visiobul Réunion (Glasbodenboote)
Porte de Saint-Gilles
97434 Saint-Gilles-les-Bains
Tel.: 85 23 46; Fax: 24 45 34

Inselrundflüge

Kaum ein Erlebnis hinterläßt so eindrucksvolle Erinnerungen wie der Anblick Réunions aus der Vogelperspektive. Inselrund-
flüge sind das ganze Jahr über möglich;

Voraussetzung sind allerdings gute Wetterbedingungen. Es gibt verschiedene Angebote, wobei ein Flug in die *Cirques* auf jedem Fall mit auf dem Programm stehen
sollte. Zur Auswahl stehen Hubschrauber,
Motor- und Ultraleichtflugzeug (ULM). Preise je nach Dauer zwischen 350 und 1200 FF.

Air Evasion (Flugzeug)
Aérodrome de Pierrefonds
97410 Saint-Pierre
Tel.: 25 19 72; Fax: 25 93 34

Helilagon (Hubschrauber)
Altiport de l'Eperon
97460 Saint-Paul
Tel.: 55 55 55; Fax: 22 86 78

Heli Pyrénées (Hubschrauber)
Hélistation de l'Hermitage
85, chemin Bruniquel (N1)
97434 Saint-Gilles-les-Bains
Tel.: 24 64 00; Fax: 24 16 13

Air Intense (Ultraleichtflugzeug)
Aérodrome de Pierrefonds
97410 Saint-Pierre
Tel.: 35 17 28; Fax: 31 26 58

Felix Ulm (Ultraleichtflugzeug)
ULM-Basis Le Port
Rue A. Artaud
97420 Le Port
Tel.: 43 02 59 oder 45 58 38
Fax: 45 63 08

Honorarkonsulate

Tel.: 21 00 41; Fax: 21 00 21
Intern.: http://www.la-reunion-tourisme.com
Deutschland
E-mail: ctr@guetali.fr

Hannelore Mellano
9C, rue de Lorraine
97400 Saint-Denis
Tel.: 21 62 06; Fax: 21 74 55

Maison de la Montagne (Saint-Denis)
10, place du Barachois
97400 Saint-Denis
Tel.: 90 78 78; Fax: 41 84 29

Schweiz

Maison de la Montagne (Cilaos)
2, rue Mac Auliffe
Sylvie Valette
97413 Cilaos
107, chemin Crève Coeur
Tel.: 31 71 71; Fax: 31 80 54
97460 Saint-Paul
Tel./Fax: 45 55 74

Touristische Informationsstellen

Auf Réunion stehen Besuchern unterschiedlich strukturierte Informationsstellen zur
Verfügung. Neben den unten aufgeführten zentralen Anlaufstellen gibt es die lokalen oder regionalen *Office de Tourisme*,
Syndicat d'Initiative und *Pays d'Accueil*, (siehe
»Nützliche Adressen (Fremdenverkehrsämter)«
im Kapitel Städte und Regionen). Für alle Fragen, die sich um Wanderungen und das In-
selinnere drehen, ist die *Maison de la Montagne* verantwortlich.

Comité du Tourisme de la Réunion (CTR)
Place du 20 décembre 1848
BP 615
97472 Saint-Denis Cedex

Fremdenverkehrsamt von L'Entre Deux

Relais Departemental des Gîtes de France
& Réservation loisirs accueil
10, place Sarda Garriga
97400 Saint-Denis
Tel.: 90 78 90; Fax: 21 00 21

Notrufnummern

Allgemeine Notrufnummer: 15
Notarzt (SAMU): 16
Polizei: 17
Feuerwehr: 18

Wettervorhersage

Allgemeine Vorhersage für die nächsten 24
Stunden: 08 36 68 00 00

Der Wetterbericht für die verschiedenen Regionen der Insel: 08 36 68 02 02

Informationsdienst für die Position von Zyklonen im Indischen Ozean: 08 36 65 01 01

Seevorhersage für die reunionnaisische Küste: 08 36 68 08 08

Register

Register